ちくま新書

アフリカ哲学全史

河野哲也
Kono Tetsuya

1803

アフリカ哲学全史【目次】

序章　アフリカ哲学への誘い

†本書の意図

本書は、アフリカ哲学を紹介することを意図した入門書である。「アフリカ哲学」。おそらく読者の皆さんの多くは、この言葉でどのような哲学を指すのか、具体的にイメージできないのではないだろうか。それどころか、「アフリカ哲学などあるのだろうか」と思われたとしても不思議ではない。これまで日本には、アフリカ哲学という分野が存在しなかったからである。

たしかに、個々のアフリカの哲学者や思想家の紹介はされてきた。たとえば、古代ギリシャ・ローマ時代では、アレクサンドリアのオリゲネス、カルタゴのテルトゥリアヌス、アレクサンドリアで学んだプロティノス、カルタゴ周辺に生まれ、ヒッポで司祭となったアウグスティヌスがよく知られている。しかし、彼らはキリスト教父の哲学者として、西洋哲学の一部として語られてきた。

そして、それ以降の中世・近代のアフリカの哲学者たちはほとんど顧みられないままに、突然に、二〇世紀の現代の哲学者たちが、アフリカ独立運動やアパルトヘイト廃止といった政治的な文脈で、俎上に載せられる。

たとえば、ネグリチュード運動のエメ・セゼールとレオポール・セダール・サンゴール、アフリカ独立期の哲学者であるフランツ・ファノンとアミルカル・ロペス・カブラル、クワメ・ンクルマ（「エンクルマ」と呼称されることもある）がそうである。これらの哲学者の著作は日本語に翻訳されているが、近年は日本ではあまり顧みられていない。

南アフリカのアパルトヘイト（人種隔離政策）を終焉させた哲学者であり政治家として、ネルソン・マンデラ、デズモンド・ムピロ・ツツ、バントゥ・スティーヴン・ビコについては、たくさんの研究がなされているが、彼らも政治運動の文脈で論じられる。

あるいは、ケニアのジョン・ムビティは『アフリカの宗教と哲学』を記したことで知られている。これは、日本語に翻訳されている数少ない重要なアフリカ哲学の著作であるが、どちらかと言えば文化人類学的な枠組みで紹介されている。

以上の哲学者の中で、その思想が詳しく研究されているのは、フランツ・ファノンとエメ・セゼールくらいであろう。現代哲学に詳しい人は、ロンドン生まれでガーナ育ちの哲学者であるクワメ・アンソニー・アッピアをご存知だろう。彼は著名であるが、これも現在の西洋の政治哲学や倫理学の専門家のひとりとして言及されている。

筆者が何を言いたいか、もうおわかりだろう。そう、アフリカの哲学者たちは、これまで日本では、政治運動を先導する思想家として導入されるか、あるいは、西洋哲学の周辺に位置づけられて紹介されてきたに過ぎないのである。アフリカの歴史の中で、その固有の哲学的・思想的な運動の中でアフリカの哲学者たちを紹介した先行研究は、日本ではほぼ見当たらない。一言でいうならば、「アフリカ哲学」という研究の枠組みが、いまだに日本には存在していないのである。

そこで、本書の意図は単純である。それは、アフリカ哲学という分野を作り、日本ではアフリカの哲学がほとんど知られていないという、あまりに大きい知的空白を埋めることである。日本の哲学の世界では、先の古代アレクサンドリアのキリスト教父哲学を除くと、アフリカ哲学はほとんど研究されていない。ラテン文学の分野では、ネグリチュード運動が研究されているが、それはアフリカ哲学から見れば、やや周辺的である。

もちろん、現代の日本には立派なアフリカ学会があり、アフリカの現状についての研究が日夜、進められている。しかし、その研究のほとんどは、(自然地理学や動物学などの自然科学は傍に置くとして)アフリカの政治や経済を扱ったものか、あるいは、アフリカ諸語の言語学か、あるいは、自然人類学、文化人類学的・民俗学的な研究である。アフリカの哲学や思想に関する研究がアフリカ学の分野で披露されることは、ごく少ない。

他方、すでに欧米では、ブラックウェル、ラウトリッジ、オックスフォードといった大手の出版社からアフリカ哲学の優れたアンソロジーが、この二〇〇〇年を前後して次々に出版されてきた。それらのアンソロジーは、アフリカ出身の哲学者たちによって編集され、現代を中心にして、かなり体系的にアフリカの哲学を紹介している。西洋においてはアフリカの哲学への関心が高まりつつあり、それに応じるだけのアフリカ人研究者が増えてきているのである。

†グローバル化とアフリカ

たしかに、日本とアフリカは地理的に遠い。悪い意味では、日本とアフリカの間の交流は、歴史的にも文化的にも深いものではない。良い意味では、政治的対立や衝突もこれまでほとんど存在していなかった。特にサハラ以南のアフリカに関してはそうであろう。私たちの多くが接するアフリカとは、マスコミの情報を通じてのアフリカである。ニュースでは、政治的動乱、内戦、自然災害、飢饉、難民、環境破壊などの極端に悲惨な状況が報じられ、それによってアフリカのイメージが固定されてしまっている。

そのニュースが伝えるものも、間違いなく、現在のアフリカの一側面であろう。筆者は、二〇二三年初頭、ケニアのナイロビでいくつかの大学を訪問した後、文化人類学者とともに、ナイロビ郊外にあるマサイ人の村落を訪れた。いくつかの親族が集まって五、六〇人の村を形成している。放牧を基本的な生業としているが、首都に近く、大学を出て、学校教員など街に働きに出ている若手もいる。電線は来ていないが、家の屋上にソーラー発電機を設置しており、それで電灯をつけ、スマートフォンを充電している。移動手段はバイクだ。とても美味しい山羊のスープをお昼に振る舞っていただいた。

マサイ人の村での放牧、草が少ないせいでかなりヤギも痩せている。(著者撮影)

研究のためにさまざまなことについてインタビューをしたのだが、数年前までは百数十頭いた牛が、この二、三年の旱魃によって二〇頭程度まで減ってしまったという。牛はその村の財産であり、貴重な現金収入の一つの手段である。前年の後半からようやく雨が降り出し、牛の数も増え出したという。ヤギや鶏などは旱魃に強かったとは言え、これ以上、旱魃が続き、牛が全滅するようなら、その村に住み続けることができただろうか。みんなで街に出ざるを得なくなるのではないだろうか。難民の問題が、思っていた以上に身近に迫っている気がした。

八〇歳をゆうに超えていると思われる村長は、少し白濁した目を私たちに向けて、こう言った。「こんな旱魃は、私が生まれてから初めて経験した。これは地球温暖化の影響だろうか」。筆者は、確かなことはわからないが、その可能性は低くない、と答えておいた。「あなたは学者だろう、この現状を世界に伝えてほしい」。筆者は、わかりましたと言って、村長と別れた。

自然災害、飢饉、難民といったマスコミで報道される環境危機の状況は、絵空事ではないし、ナイロビにある大学の教授たちは、口を揃えて、SDGsの重要性、とりわけ環境意識を高める必要性を訴えていた。

世界のどこの情報も他の世界の地域に知れ渡り、いくつかの問題は、文字通りに世界全体の問題である。日本での生活とアフリカの生活は、思っている以上につながっている。グローバル化する現代世界において、最も長い人類史をもつ大陸の哲学に無知であることは、憂うべき状態である。アフリカは、これから経済的にも、政治的にも世界での地位を高めていくことだろう。私たちは、アフリカの現状と未来を知るためにも、その思考の歴史を理解しておくべきだろう。

これから論じていくが、アフリカ哲学では、特にその現代哲学では、極めて興味深い、現代世界の根元を問い直す重要な問題提起が数多くなされている。簡単に言えば、私たちにこれまでにない思考法やアイデアをもたらしてくれる点で、アフリカ哲学は極めて面白いものである。

しかし、それらはただのエキゾティズムから学ぶべきでは決してない。アフリカ哲学も、独自の角度から人類に共通の問題に取り組んでいる。そして、アフリカ哲学の視点を取ることによって、私たちは、自分たちのこれまでの物の見方や発想法にどのようなバイアスがかかっていたのかに気づくことができるのである。純粋な知的好奇心として、あるいは、現在の生きる私たちの共通の問題として、日本におけるアフリカ哲学への無知を放置しておくことはできないだろう。

†アフリカ哲学と哲学の変革

本書を書く第二の理由は、哲学を含めた人文社会学的知の変革のためである。

大航海時代に始まった西洋による世界各地への進出とそれに伴う植民地化は、奴隷貿易を伴いながら、たくさんの非西洋社会を蹂躙していった。一九世紀になると奴隷制は徐々に廃止されていったとはいえ、植民地支配は、悪名高い一八八四年から八五年にかけてのアフリカ分割においてその罪悪が極まった。同時代の西洋哲学は、この植民地主義の罪悪から免れていないどころか、むしろ積極的に加担していたのである。

なるほど、一六世紀の征服者たちは、中南米の帝国を征服しては、恐ろしい殺戮と略奪を行った。しかし、彼らは剝き出しの征服欲を示すばかりであり、自分たちの行いは現地の人々を啓蒙するためだ、文明へと教化するためだ、などとは言わなかった。一八・一九世紀の植民地主義は、現地の社会を分断し、その文化的遺産を無力化し、地元の人々と自然を搾取した。

しかし、この時代の植民地化は、直接的な暴力であっただけでなく、それを正当化し、現地の人々への支配と虐待を制度化する思想的営為でもあった。その役割を担ったのは啓蒙主義であった。啓蒙主義の哲学と自然学は、聖書の影響下で、いまだに階層的に自然を分類する傾向があった。人類の最上位に白人を置き、そこに合理性や道徳性の高次の特徴を見ようとした。そうして、高度な文明たる西洋は植民地を統治し、文明化する権利があると言っては、自分たちに都合のよい支配を行い、現地の文化をそれに従うように懐柔し、解体していったのである。

日本は明治維新以来、文明開化・富国強兵を掲げ、西欧の近代化を見習いながら、同時に、その植民地主義や、人種主義、自文化中心主義をも受け継いできた。この流れは、第二次世界大戦後にはたして大きく変化しただろうか。大戦後、日本は侵略戦争については深く反省したのかもしれない。しかし、啓蒙主義に結びついた植民地主義や人種観についてはどうであろうか。人種や民族を階層的に上下に配置する傾向を、真摯に反省しただろうか。日本における近代的な啓蒙主義の負の側面については、まだ到底、総括に不足しており、哲学的に未整理にとどまっているのではないだろうか。

先にちくま新書から出版された『世界哲学史8』の担当章（「現代のアフリカ哲学」）でも述べたが、筆者には、自分が植民地主義に対して無反省であった、と痛切に自覚する経験がかつてあった。一九九〇年初頭、筆者が留学していたベルギーの大学院には、アフリカから多くの留学生が来ていた。南アフリカのアパルトヘイトが終焉に近づき、関連するイベントや講演会が開催され、活気付いていていた。特に、ザイール（現コンゴ民主共和国）とナイジェリアからの留学生が多かったが、彼らと授業を共にし、個人的にも親しくなると、彼らの西洋社会を見る視点が非常に厳しいことに気がつくようになった。

ガーナの首都アクラ近郊のフォート・ジェームズ。1673年にイギリスアフリカ会社によって金と奴隷の交易所として建設された。写真の場所は、奴隷が集合され、港に送られる出口。刑務所として2008年まで使用され、クワメ・ンクルマも1950-1951年まで収監されていた。（著者撮影）

授業でも、西洋哲学のテキストの中に西欧中心主義や植民地主義につながる言説を見つけると、彼らはそのたびに解釈を中止し、その内容を倫理的な観点から厳しく断罪していった。博士論文が毎月のようにアフリカ人院生から提出され、その公開審査会が行われていた。その多くは、フランクフルト学派やジョン・ロールズのような社会哲学や政治哲学をテーマとしたものか、あるいは、アフリカ伝統的文化についての現象学的・解釈学的分析をテーマとしていた。そのどちらの側の研究にも、常に、西洋の近代哲学への鋭い批判が含まれていたのである。

彼らと交流するなかでの、個人的なエピソードを一つ紹介しよう。筆者は、ザイールから来た一人の留学生と仲が良くなった。彼はカトリック神父でありながら、大学院ではフランクフルト学派をテーマとした博士論文を準備していた。あるとき、私たちはブリュッセルにあるアフリカ料理のレストランに出かけた。筆者は、留学中に、西アフリカの主食の一つであるフフという、ヤムイモ（?）を臼で擦り潰して餅状にしたものが大好物になったのだが（彼には、「アフリカ人以外で、こんなにフフが好きな人間を初めて見たよ」とちょっと珍しがられていた）、それと合わせた魚料理を注文して、会話を楽しんでいた。

レストランには、私たち以外にも何人か客がいたが、彼は奥の方でひとりで食事をしている西洋人の男性をちらりと見て、嫌悪感を表しながらこう言った。「ヨーロッパ人は一人で食事をする人がいる。日本でもそうなのか」。筆者は、そうするときもあると答えながら、なぜそれがいけないんだ、と尋ねると、彼はこう答えた。「アフリカ人の感覚としては、一人で食事をとる様子は動物じみて見えるんだ。動物は集団で狩りをすることはあっても、いざ食べるときとなると、背中を向けて自分の分だけ貪り食う。孤独な食事はその卑しい姿を思い起こさせる」。彼によると、たとえ少ない食事であっても、分かち合って食べるのは動物の中で人間だけだという。

誤解のないように言っておけば、私が行ったどのアフリカの都市でも、一人でランチを食べる人はいくらでもいる。動物行動学的に、彼の信念が正しいかどうかは知らない。問題は生物学的な事実ではない。どの社会であっても、人間と動物の間に引く線には、人間がどうあるべきかというその社会の規範や倫理観が反映されている。西洋では、人間は「理性」のある動物となっているだろう。アフリカ人にとっては、人間とは「分かち合う」動物なのだ。搾取し、排除し、独り占めする。植民地主義に見られるこうした西洋人たちの行動が、アフリカ人にどう映っていたか、これでわかるだろう。

暴力と軍事力に長けた野蛮である。コンゴは、一九六〇年までベルギー国王レオポルド二世の植民地だった。植民地主義の狂気と非人間性を描いたコンラッドの名作、『闇の奥』は、主人公はベルギーの首都ブリュッセルの汽船会社に勤め、コンゴ川を舞台にしている。「分け与えず、貪り食う西洋人」という表現には、まだそれほど遠い過去ではない植民地時代の収奪の記憶が重ね合わされていたはずである。

†脱植民地化した哲学へ

短かったが刺激的な留学の間に、筆者は、アフリカ人たちの西洋批判を思い出さずには、もはや西洋近代の古典を読むことができなくなった。それゆえ、帰国した筆者は、日本の哲学の現状には強烈な違和感を覚えた。西洋哲学の暗部が、あたかも存在しないかのように研究されていたからである。

アフリカ人に対する人種差別は、現在でもなくなっていない。アメリカ合衆国で、警官による無実のアフリカ人青年に対する暴行がまたもや発生し、全国規模のデモにまで発展したことは記憶に新しいだろう。人種差別はいまだに根深く、現代世界に巣食っている。それどころか、当時よりも剝き出しの人種主義が、先進国を覆っているように思われる。

人種主義は、西洋人の優越感に発しているが、それは、非西洋文化とそれに属する人々、とりわけ、アフリカの社会と文化に対する体系的で継続的な価値の切り下げから生まれてきた。西洋の近代化を支えたのは、植民地支配を通した収益であった。その搾取を正当化するために、アフリカの社会と文化は一貫して価値が低いものとして蔑まされ、その理論化を哲学が担ってきたのである。

後の章で詳しく論じるが、ヒューム、アダム・スミス、カント、ヘーゲル、ハーバート・スペンサーなどの一八、一九世紀を代表する哲学者たちが、アフリカ人に対する人種差別を論じ、植民地支配を後押ししてきた。これらの哲学者の暗黒面については、どの人間にもある光と影という言い方や、避け難い時代精神という言い方で、言い抜けられるものだろうか。これらの哲学者に親しみを感じている日本人には、耳が痛いかもしれないが、事実と現実から目を逸らさないでほしい。

コロナ・パンデミックの間に、アジア人も攻撃的な人種主義の対象となったことは憶えているだろう。上記の哲学者たちにとっては、アフリカ人も東洋人も大差あるまい。現在のアジア人への攻撃にも、その哲学者たち考えが引き継がれていることの証（あかし）である。自分を差別する人物たちの哲学などまともに取り上げるに値しないというのが、私の出会ったアフリカ人たちの態度であった。

†知の三点測量と世界哲学

残念なことに、日本の哲学、一般的に日本の社会は、アフリカなど開発途上の国々の文化や思想にほとんど関心を寄せない。この無関心は、かつての世界観の枠組みが残存している結果ではないだろうか。さまざまな面で古い枠組みのメンタリティを残したままの日本は、グローバル化や、多極化、多様化の流れに取り残され、閉鎖志向を強めながら、大変な衰退の時期を迎えているように思われる。

これまで西洋批判は、日本においてはしばしばナショナリズムと結びついてきた。西洋中心主義に対する批判があっても、それは、日本あるいは東アジアの伝統への回帰といった反動に陥り、自文化中心主義をかえって強めてしまうことがある。

そこで、筆者が提案するのが「知の三点測量」である。西洋の近代化に対してアフリカがどのように解釈しどのように向かい合ってきたかを知ることによって、同じく西洋の近代化に対して日本や東アジアがとってきた解釈や対応を相対化して理解できるであろう。たとえば、現代テクノロジーについて、アフリカがどのような解釈と受容を示したかを知れば、日本のテクノロジーの受容と発展をより広い自由な枠組みで特徴づけられるであろう。

筆者は長年、現代の西洋哲学を研究してきたが、たとえば、専門である心身関係についての西洋の哲学や諸科学は、著しく西洋近代の文化枠組みに拘束されている。端的に言えば、デカルト的な二元論、あるいは、その現代ヴァージョンがいまだに暗黙に認知科学や心理学の基本枠組みとなっているのである。だが、西洋の研究者のほとんどは——日本の研究者も同様に——他の文化圏の心の概念や心身関係についての別の見方を参照しようとはせず、自らの枠組みを超えられないでいる。しかしそれに対して、東アジアから「東洋的な心身論」のようなものを単純に押し出すだけでは、西洋とただ対立するだけであり、結局は、どちらもどちらだという相対主義に陥るだけだろう。筆者の「知の三点測量」という考えは、こうした反省からも生まれている。

二項間の比較は、二項間の政治的・経済的関係も含む既存の関係に左右されやすい。三点測量は、二項間の関係を客観化し、その暗黙の前提も明るみに出すことができる。本書は、アフリカ哲学を紹介することを第一の目的としているが、知の三点測量の一点をアフリカ哲学に求めることができると考えている。アフリカ哲学は、さまざまな新しいテーマと、新しい視点と新しい思考法をもたらしてくれるであろう。

このような方法に基づきながら、筆者が最終的に構想したいのは、「世界哲学」である。現代社会における哲学思想への関心は、これまで、いくつかの有力な文化圏、西洋、中国、インド、イスラム文化圏の哲学思想にのみ向けられてきた。しかし、アフリカを含めた世界のさまざまな社会と地域とで、固有の思索的活動が存在する。それらの活動は、一般性を持った大きなテーマと、対話性や自己反省性を伴っている点で、「哲学」と呼んでよいものである。

アフリカ哲学は、これまでの日本の伝統からは遠く離れており、西洋哲学に対する鋭い批判的な観点を有している。それは、私たちの視野を広げ、これまで知られてきた哲学を相対化すると同時に、複数の世界に共通する人間の思考のあり方を明らかにしてくれるだろう。

本書で試みるのは、アフリカ哲学と、西洋哲学、そして日本の哲学の三点測量であるが、こうした試みは、世界のさまざまな文化で育まれてきた哲学的思索を掘り起こすことによって多様な形で実践できるだろう。世界のなかでいまだに十分に知られていない諸哲学の多様な視点、思考、態度を相互に対話させること、あるいは、そのプラットフォームを構築すること。これが、これからの哲学の使命であり、それを「世界哲学」と呼ぶことができるだろう。世界哲学は、世界の多極化とグローバル化の反映したひとつの運動なのである。納富信留は近年、そのマニフェストとでも呼ぶべき『世界哲学のすすめ』（ちくま新書）を出版している（二〇二四年）。

†「アフリカ」の哲学の範囲

さて、本書ではアフリカ哲学を紹介するのであるが、最も長い人類史をもつ巨大な大陸の哲学を、一人の人間がすべて網羅して紹介することなど、到底不可能である。筆者ができることはそのほんの一部でしかないことは、謙遜ではなく、明らかな真実である。しかし、アフリカ哲学に関する日本語で書かれた書籍や論文はあまりに少ない。アフリカ哲学を全体として扱う著作は、残念ながら日本では本書が初めてなのではあるまいか。したがって、ほとんどの日本の読者は、アフリカにどのような哲学があるのかさえ、まったく知らないであろう。

本書では蛮勇を振るって、アフリカ哲学の歴史の全体像を描くことにしたい。

「アフリカ哲学」とは何であろうか。アフリカ大陸の地理像は明確である。しかし、ここでいうアフリカ哲学とは、アフリカ大陸在住者とアフリカン・ディアスポラ（アフリカから他の地へ移り住んだ人々）による哲学的営為を指すことにする。アフリカ大陸在住の黒人による哲学を「アフリカ哲学 African Philosophy」と呼ぶのに対して、アフリカン・ディアスポラによる哲学を「アフリカーナ哲学 Africana philosophy」と呼ぶ場合もある。たしかに、アフリカ大陸と、アメリカ合衆国やカリブ海諸国では、政治状況も歴史も異なる。だが、本論ではその区別をあえてあまり厳密にせずに、そのすべてを「アフリカ哲学」と呼ぶことにする。

アフリカ哲学は、北アフリカにおけるイスラム文化に基づいた哲学、サハラ以南の地域での哲学、アフリカ大陸の外で発展した哲学に大きく分けられるだろう。アフリカ大陸の外で発展した哲学は、今述べたように、「アフリカーナ哲学」と呼ぶべきであるが、そこには、カリブ海の島々で発展した哲学も含まれる。本書ではそのなかでも、とりわけネグリチュード運動に注目する。

他方でアフリカーナ哲学には、アメリカ合衆国で活躍する現代のアフリカ系アメリカ人の哲学者、たとえば、ベル・フックスやコーネル・ウェスト（Cornel Ronald West）、あるいはアフリカ出身であってもアメリカの大学で活躍しているクワメ・アッピアやルーシアス・アウトロー（Lucius Outlaw）などの哲学も含まれるだろう。しかし彼・彼女らについては、本書とはまた別の著作で論じる必要がある。というのは、彼・彼女らの哲学は、アメリカ合衆国の現状を踏まえた議論になっており、その文脈の中で論じた方がよいからである。本書では、二〇世紀のアメリカ出身のアフリカ系哲学者も扱うが、アフリカ大陸との関連において論じることにする。

また、本書では、イスラム文化圏の哲学も課題としない。それらはイスラム教哲学の範疇で扱うべきであると思われるからである。イスラム教哲学に関する研究には、日本でも十二分な厚みがあり、筆者のような非専門家に論じる資格はないだろう。

そこで本書では、地域的にはサハラ以南のアフリカと、カリブ海諸国で展開された哲学、アフリカ大陸での哲学に影響を及ぼしたアメリカやヨーロッパでのアフリカ人の哲学を扱うことにする。

†本書の構成

本書は、大きく分けて二部から構成される。第1章から第7章までの第Ⅰ部では、歴史的な視点からアフリカ哲学を紹介する。

第1章では「古代からキリスト教哲学へ」と題して、古代エジプトの世界観とグレコ・ローマン期のアフリカ哲学を紹介する。すでに古代哲学として著名な哲学者も含まれているが、彼・彼女らをアフリカの哲学という枠組みで捉え直してみたい。そこで、古代エジプトをギリシャ文明の起源と見て、その存在論、宇宙論、認識論、人間論を紹介した後に、クレメンス、オリゲネス、テルトゥリアヌス、プロティノス、アウグスティヌス、ヒュパティアなどを位置付けていく。

第2章では、日本ではほとんど知られていない前植民地期のアフリカ哲学や、西欧で活躍したアフリカ哲学者を紹介する。近世初期のゼラ・ヤコブ、ワルダ・ヘイワット、エチオピアの哲学、アントン・ヴィルヘルム・アモや重要な宗教哲学者たちを解説する。

第3章では、西洋の植民地主義と人種主義の哲学を論じる。西洋によるアフリカの植民地化と奴隷貿易、アフリカ分割の歴史を追いながら、それを正当化したイデオロギーを啓蒙時代の人種の科学、ロック、ヒューム、カントの哲学に見出し、西欧の近代哲学に人種主義的・植民地主義が根を深く張っていることを確認する。

第4章では帝国主義時代の西アフリカを中心に、反植民地主義を訴える思想闘争と汎アフリカ主義の哲学を紹介する。エドワード・ブライデンとエチオピア主義、アレクサンダー・クランメル、アフリカーヌス・ホートン、ジョン・メンサ・サルバ、ジョセフ・ケイスリー・ヘイフォードといった、現代のアフリカの哲学の基礎を作り出した重要な哲学とその政治的活動を見ることにする。

第5章では「汎アフリカ主義」を展開した国際会議と、アメリカでのハーレム・ルネサンスという音楽的・文化的活動の哲学的意義について考察する。ネグリチュード運動やアフリカ大陸での哲学の発展に大きな影響を及ぼしたアメリカの哲学者、デュボイスにおける汎アフリカ主義に焦点を当てる。ハーレム・ルネサンスという文化活動の哲学的意義、とりわけ、黒人音楽の特徴（リズムと即興性）とその政治性について哲学的に考察する。

第6章では、カリブ海諸地域で発展したネグリチュード運動について解説する。エメ・セゼールとサンゴールの哲学の形成、ダマスとナルダル姉妹の役割について論じる。

第7章ではアフリカ大陸に戻り、反植民地運動に関わった最も著名な二人の哲学者、フランツ・ファノンとアミルカル・カブラルを取り上げる。この二人については日本でも研究の蓄積があるが、改めてアフリカの哲学の流れに置き直してみたい。

現代のアフリカ哲学には、いくつかの流れが存在する。第一に、アフリカの古典的な信仰や神話、口伝、習俗にみられる世界観や人間観、道徳観を明らかにしようとする「エスノフィロソフィー」である。これは現在、現象学や解釈学という現代哲学の方法論を取り入れながら展開している。

第二に、汎アフリカ主義以来の解放の政治運動に結びつき、それを継承発展させる政治哲学・社会哲学である。現代のアフリカ哲学の特徴は、反植民地主義や独立解放運動、人種差別撤廃などの政治運動と密接に結び付いてきた点にある。哲学は、それらの政治的言説と分離できず、政治家である哲学者、また文学者や詩人でもある哲学者を生んできた。ここには、汎アフリカ主義、ネグリチュード、アフリカン・ヒューマニズム、アフリカ社会主義、科学的社会主義、良心主義（Conscientism）が含まれる。

第三に、アカデミックな比較哲学である。西洋の現代哲学の諸概念とアフリカの諸言語に見られる諸概念を比較しながら哲学的考察を進める哲学で、分析哲学を学んだ哲学者に、このタイプの研究が多いように思われる。たとえば、合理性、時間概念、真理概念、因果性概念などについての比較哲学のスタンスに立った興味深い論考がある。

第四に倫理学である。西洋の近代的な倫理観とは大きく異なった、アフリカ的な諸概念に基づいて倫理観を確立しようとする。たとえば、人間の相互扶助を強調した他者への思いやりとしての人間性である「ウブントゥ」、法による懲罰や排除ではなく「和解」による補償と関係修復を目指す道徳観、多数決ではなく徹底的な対話による民主的な意思決定である「パラヴァー」などの考え方の根源には、生きとし生けるものが支え合うことで、個としての生命が成り立つというアフリカ的な発想が息づいている。アフリカの伝統概念を受け継ぎつつ、「賢人」「賢者」のあり方を追求した賢者の哲学もここに含まれるだろう。

第Ⅱ部では、こうした現代のアフリカ哲学の流れを踏まえて、そのいくつかのテーマを取り上げて論じていきたい。

第8章では、現代のアフリカ哲学の固有のテーマとなるエスノフィロソフィーとその批判を紹介しながら、「アフリカに哲学はあるのか」「アフリカ的な哲学とは何か」について考える。

第9章と第10章では、アパルトヘイトに関係する哲学について考察していく。まず第9章では、アパルトヘイト廃絶に貢献したガンディー、ファノンの先行思想、そして、ビコとマンデラといった南アフリカの重要な哲学者における暴力と非暴力、和解と武力の間の緊張感ある葛藤を見ていく。第10章では、アパルトヘイト終了後に結成された南アフリカにおける真実和解委員会での活動を紹介する。そこではウブントゥ、和解、赦しと謝罪に関する極めて重要な哲学的・倫理学的思考の歩みを見ることができるだろう。

第11章では、現代哲学における重要な哲学者を紹介する。ガーナ独立を果たした政治家であり哲学者であるクワメ・ンクルマとそのアフリカ合衆国の構想と良心主義、アレクシス・カガメのバントゥ哲学、ヘンリー・オデラ・オルカと賢慮の哲学、分析哲学を身につけたクワシ・ウィレドゥによる比較哲学の提案、マルシアン・トワの「自由」の哲学を紹介する。

第12章ではヨルバ的認識論、アカン語の真理概念、アカン民族における心身関係、ヨルバ民族における人格の概念を解説し、比較哲学の実例としてみたい。それぞれ西洋の現代哲学でも重要なテーマが、ヨルバ語、アカン語といったアフリカの言語の枠組みに置かれると、どのような問題意識の変異が生じるかを見てみたい。こうして、アフリカ哲学が世界に哲学的問題を問い直している姿を紹介する。

I 歴史篇——アフリカ哲学全史

第1章 アフリカ哲学史1

古代からキリスト教哲学へ

†哲学とは何か？

アフリカの「哲学の歴史」という場合に、西洋や中国、インドなどと異なり、最初から問題となってくるのが、「アフリカに哲学は存在するか」という問いである。哲学をどのように定義するかは難題であり、専門家の間で完全に意見が一致することはないかもしれないが、本論では、以下のようにおおまかに定義することにしよう。

まず、哲学は、人間の知という大きな枠に入る。しかし、それは、個々の事実を知ろうとする知ではない。哲学は、対象一般を、抽象的に扱うという意味において理論的な知であるといってよいだろう。科学における理論知も、広い範囲の対象を扱うが、哲学はさらに一般的で、広い範囲にわたる対象を扱うことが多い。

とはいえ、科学の基礎的な理論知は、哲学とオーバーラップしている。「法とは何か」は法律学の基礎論であると同時に、哲学のテーマである。同様に、「生命とは何か」は生物学の基礎論であると同時に、哲学のテーマである。「歴史とは何か」は歴史学の基礎論であると同時に、哲学のテーマである。哲学は、したがって、自然観、社会観、人間観、道徳観など、世界の一般的な描像（世界観）を提示する理論知である。

哲学は技術知ではない。技術は、排水術から農耕技術など自然を扱うものから、弁論術や説得術など人間の心に働きかけるものまで、さまざまな分野にわたっている。だが、どの分野の技術であっても、その本質は、対象を操作する有効性にある。どのような技術も有益な効果がなければ採用されず、有効性が維持されなければ、歴史の中で継承されていかない。技術は、ある特定の対象を特定の目的のために操作する方法の知であり、手段の知である。

これに対して、哲学は、何かを直接に操作するための知ではなく、対象の姿を捉えようとする理論知である。それは、対象を「どう扱うか」以前に、「どうあるか」「どうなっているか」と問う知である。したがって、技術が有効性という基準によって審査されるものであるとすれば、哲学の知は、真偽、あるいは善悪・正不正という基準によって審査されると言えるだろう。

プラグマティズムという現代の哲学は、認識とは行為の一環であり、真偽と呼ばれているものは、その行為の成功・不成功に他ならないと捉える立場である。実は、筆者はプラグマティズムを強く擁護する立場に立っているが、今回は、それは一応傍に置いて議論を展開しよう。

第三に、哲学は宗教ではない。実は哲学は、「世界がどうあるか」という真理の問いだけ追求しているのではない。「世界（この「世界」には、「社会」や「人間」も含まれる）はどうあるべきか」という価値や意味の問題も追求している。宗教も、世界に関する全体的描像を持ち、それにより世界を意味づけたり価値づけたりする。

しかし、哲学と宗教の違いは、哲学が真理の追求であり、これまで「真理」とされてきたことであっても疑いがかかれば、それを知的に検討し、よりよい認識に到達しようとする点にある。すなわち、哲学は探究である。価値に関しても哲学は同じ態度を取るのであり、「より良い価値とは何か」「より根源的な人生の意味とは何か」と探究するのである。

宗教においても、よりよい信仰を、より優れた神への向かい方を、といった探究を行うことがありうる。そうした場合には、その宗教的態度は哲学的であると言うことができる。しかし、宗教においては、多くの場合、最終的に疑ってはいけない、あるいは前提として受け入れるべき教義が定まっているように思われる。同じく世界や人生の価値や意味について語る言説であっても、ここに哲学と宗教の間に決定的な違いがある。科学と宗教とは矛盾しなかったり、両立可能であったりするが、哲学と宗教はある場面では、絶対的に対立しうる。

以上のように、本論では、「テーマの一般性」、「真理探究の態度」、「価値と意味の追求」をもって哲学と呼ぶことにする。それは、人間の生活全体についての体系的な思弁ということができるかもしれない。この定義に当てはまる知的活動は、世界各地のさまざまな時代に見ることができる。

それが散文として、あるいは、現代のように論文や学術的著作という形式で表現されることもあれば、もっと形式張らない、文学や随筆、日記、書簡、詩歌の形で表現されることもある。

文学や随筆、詩歌は、一般的なテーマについて自分の考えを披露しているだけで、真理を探究する態度、すなわち、自分の考えを批判的に見る態度が欠けているのではないかと考える人もあるかもしれない。

しかし、文学にせよ、詩歌にせよ、まったく一人だけで行う活動ではありえないだろう。それは読者や聴衆、あるいは他の作者や先達の存在を前提としており、自分の表現に対する反応が期待されている。そこには、意見と応答のやりとり、真理探究の共同作業が見られるはずである。自分の意見を他の人の目に触れる形で述べたからには、それに対する応答を期待しているし、実際にそうした対話が口述にせよ書記によるにせよ、ありうるのではないだろうか。であるならば、文学や随筆、詩歌という形をとっていても、それをめぐる意見や応答、評価には対話的な過程が含まれ、そこには哲学的な反省が見出せるのではないだろうか。

さて、哲学的な議論が活発になされ、哲学的な諸理論が豊かに展開した時代や地域がある一方で、それが低調であったり、衰退してしまったりしている時代や地域もあるだろう。その活動の活発不活発の原因はさまざまであり、地域的・時代的・政治的な条件は非常に複雑に絡み合っている。本書では、それぞれを詳しく論じることなどできない。

しかし、たとえば、西欧、中東、中国やインドなどの地域のある時代に、哲学的活動が豊かに花咲いたことを否定する人はいないだろう。あえて、「哲学」という活動を西洋の知的活動だけに当てはめ、他の地域の知的活動には「思想」などの別の表現を用いたがる人も、上記の三つの特徴をもった知的活動が、他の地域や時代にも存在したことを否定はしないだろう。筆者の定義では、哲学はあらゆる場所と時代に存在したのである。

†「アフリカに哲学は存在するか」

「アフリカ哲学」という言葉を聞いた人の中には、そうしたものが存在するのかという疑問を持たれる向きもあるだろう。かつての「暗黒大陸」といった偏見と差別に満ちたイメージが残存していたり、マスコミから流される内戦や政治的混乱、難民と飢餓といったアフリカの断片的なイメージが、哲学という言葉から想像される静かで内省的な雰囲気とはかけ離れたりしているかもしれない。

そもそも、日本の学問の中で、アフリカの哲学を研究する人が、これまでほとんどいなかった。この事情は西洋でもあまり変わらない。さらに、日本ではアフリカについての関心そのものが薄すぎると言ってよいだろう。したがって、「アフリカに哲学は存在するか」という疑問は、アフリカ哲学を論じる上で、最初に通過しなければならない問いである。

さて、「アフリカに哲学は存在するか」という問いは、何を問うているのだろうか。「アフリカ（という場所）に哲学は存在するか」という問いだろうか。「アフリカ人（黒人）による哲学は存在するか」という問いだろうか。「アフリカ（的）哲学は存在するか」という問いであろうか。この三つへの解答は微妙に異なってくるだろう。この違いにも、後に述べるように、アフリカの哲学の歴史と現状が反映されている。

しかしいずれにせよ、アフリカへの問いかけは、「では、そもそも哲学とは何か」という問いとして、無自覚のままに哲学を西洋的な枠組みで捉えている者に跳ね返ってくる。それゆえに、ここでは最初に哲学の定義を行った。しかし後に詳しく検討することになるが、「アフリカに哲学は存在するか」という問いは、日本を含めて、西洋哲学のあり方をモデルとしている哲学のあり方への根源的な批判になりうるのである。アフリカ哲学は、西洋中心主義的な哲学を大きく変容させる可能性をもっており、アフリカ哲学を導入することによって、私たちは、新しい世界哲学のあり方を学ぶことができるはずである。

†ギリシャ文明の起源としてのアフリカ

「アフリカに哲学は存在するか」という問いに対しては、歴史を見れば、少なくとも「存在している」あるいは、「存在していた」というのが、当然の正解ではないだろうか。

哲学の起源をただ古代ギリシャのみに求めるのは、中国やインドなどの地域の哲学を無視していると同様に、ギリシャが属している地中海地域の歴史としても偏った考え方になってしまうだろう。ギリシャが含まれる古代の地中海周辺の地域では、アフリカ大陸は文化・文明における大きな役割を果たしていた。そもそも西洋的な偏見では、植民地化される以前のアフリカは、歴史のない停滞した社会であったとされていた。しかし、これは明らかに誤りである。

古代のアフリカでは、エジプトのナイル川沿いに哲学が花咲いた。ドイツの一九世紀の哲学者、ヘーゲルは、自分の歴史哲学の中でアフリカには歴史がないと断定し、エジプトについてはアフリカには属していない、と根拠なく主張した。この時代までの学者たちは、不確かな伝聞に基づいて別の地域の事柄について断言することがしばしばあり、実証主義がいまだに根付いていない時代の限界を思わせる。ヘーゲルも例外ではない。このヘーゲルの断定は、極めて残念なことに、その後のアフリカに関する通念に大きな影響を与えてしまった。

セネガルの歴史家・民俗学者であり、政治家であったシェイク・アンタ・ディオプ（Cheikh Anta Diop, 一九二三〜一九八六）は、ヘーゲルのように、アフリカを歴史の彼方に追いやるかのような西洋中心主義的な歴史観を厳しく批判している。ディオプは、当時の欧州歴史学における

「アフリカには歴史がない」という歴史観を批判するために、西アフリカ内奥部のドゴン民族研究で知られるパリ大学の民俗学者マルセル・グリオール（Marcel Griaule）のもとで学び、その後、『黒人の国家と文化』[1]を世に問うことになる。

彼は、アフリカ文化は、サハラ砂漠の北と南といった明確な分断は存在せず、アフリカは全体として連続性と共通性をもっており、古代エジプトはまさしく黒人の文明であり、サハラ以南のアフリカ文化の発祥地でもあるという説を唱えた。そして、古代エジプト人はサハラ以南の諸民族と遺伝的親和性を持っていることを科学的に証明しようとした。一般に、ディオプの古代エジプトに関する見解については高く評価されているが、その一方で、その理論は、黒人白人といった区別を行う、一種の人種主義的な枠組みを採用しているとの批判も存在する。

また、一九八〇年代には、マーティン・バナール（Martin Bernal）が『ブラック・アテナ』[2]という著作を発表し、西洋中心主義的な古代ギリシャ観を大きく修正するように迫るように求めた。彼によれば、ヘロドトスなど古代の歴史家たちは、ギリシャ文明が勃興するのは、紀元前一五〇〇年ごろから起こったエジプト人とフェニキア人による植民地化の結果であり、アフリカ・アジア地域の方がエーゲ海地域よりも先進的であることを、当然のこととして認めていたという。しかし、近代に入ると、「インド・ヨーロッパ」というアーリア人中心歴史観が幅を利かすようになり、ギリシャこそが広く西洋文明の起源とみなされるようになったのである。

いわば、人種主義に基づく歴史修正主義が世を席巻したわけである。

バナールは、このアーリア人モデルを修正し、古代ギリシャは黒人であるエジプトやユダヤ人系のフェニキアから大きな影響を受けていることを強調した。つまり、古代ギリシャは非西洋世界を中心に置いた混成文明によって発展したのであり、これを西洋文明のもとにおこうとする「アーリア人中心的歴史観」は、近代において捏造された歴史なのである。この見解は大きな反響を呼んだ。バナールは中国史の専門家であり、古代ギリシャの門外漢である。ここから歴史家や言語学者たちは、バナールは黒人の権利運動を擁護するあまりに、歴史的事実さえ歪めていると批判した。彼の叙述の実証性についても多くの論争や反論が巻き起こった。バナールはこれらの批判に再反論している。[3]

ディオプの説はいまだに論争中である。バナール史観の真偽については、歴史家ならぬ筆者には、検証しがたい。エジプト学者のショーによれば、エジプト人は、歴史を通して、自らを黒い縮毛のアフリカ人（ヌビア人）と白く髭を生やしたアジア人やリビア人の中間にあるとみなしていたという。[4] 絵に描かれたエジプト人は、肌の色としては薄茶色から黒色までを多様に含み、全体として広い範囲の人々として描かれている。つまり、当時の人々にとって「エジプト人」とは、文化的あるいは民族的な集団であって、生物学的・生理学的な特徴に基づいた「人種」という集団ではなかった。そもそも人種という分類は、当時には存在しなかったのである。

いずれにせよ、膨大な資料に支えられたこれらのバナールの大著は、従来の西洋中心主義的な歴史を相対化するのに十分であろう。エジプトが古代地中海文明の最重要の知的拠点であったことをもはや否定する研究者はいないだろう。[5]

旧約聖書に出てくる呼称、「ハム（エジプト人とエチオピア人のほとんど）」や「セム（アラブ人）」と呼ばれていた人たちが、「人種」として、西洋人によってどのように分類されてきたかという問題は、アフリカ人への差別と偏見を考える上で重要である。

近世ヨーロッパでは、すべてのアフリカ人は、「呪われた人々」であるハムの子孫であると考えられ、アフリカ人を劣等人種として貶められた。しかし近代になると、「ハム」という分類によって北東アフリカのエジプト人とエチオピア人を指すようになり、彼らは「白人」として扱われるようになる。その後も、エジプト文明をギリシャ文明よりも下位におこうとする言説では、エジプト人は「黒人（ネグロイド）」として扱われた。反対に、エジプトを偉大な文明の先駆として扱いたい場合には、エジプトはサハラ以南の「黒人」からは切り離されて、「白人」として論じられる。ある人たちが、都合が良ければ自分たちの仲間に含められ、そうでなければ排除される。白人の観点に立った御都合主義の分類である。西洋人による「黒人」という呼称は、常に差別的な意味を纏ってきたのかもしれない。

ヒトという種は、生物学的には連続したスペクトラムを形成していて、何人何人といった明確な線引きはできない。「人種」という線を引くことは、生物学的であるよりは、実に政治的な行為である。

一九九四年には、「ルワンダ虐殺」が発生し、ルワンダのフツ人系政府とその過激な同調者によって、何十万ものツチ人と穏健派のフツ人が殺害された。ルワンダにおける「ツチ人」と「フツ人」は、もともとは同一の民族であり、境界も曖昧な集団であったのだが、植民地時代に、西洋人の著述家がツチ人はハム族の末裔であり、ネグロイドであるフツ人に文明をもたらして支配してきたという説を流布した。この「ハム優位説」をルワンダ人自身が受容したことから、「ツチ人」「フツ人」という区別が先鋭化したとされている。[6]

人種概念は、この例からも明らかなように、虐殺の遠因となってきた。人は略奪したり攻撃したりしたい人々を、自分とは無関係であるかのような集合へとまとめ上げ、罪の意識を軽くしようとするのである。「人種」とは、そうした根本的に差別的な概念である。

†古代エジプトの存在論、宇宙論

古代エジプトの哲学は、歴史的資料の中に垣間見ることができる。エジプトでは、紀元前二七世紀から二二世紀にかけた古代王朝において、すでに「哲学者」あるいは「賢者」を表す

"Rekh" あるいは "Sai" という言葉が用いられていた。

そして、古代エジプト第一二王朝時代(紀元前一九九一〜一七八二)の「アンテフの碑文」では、哲学者は、「そうでなければ無視されるような事柄を心に刻んでいる人であり、問題に深入りしたときに明晰な視力を持つ人であり、自分の行動に節度を持つ人であり、古代の書物を読み解き、その助言を受けて、複雑な問題を解決する人である」と定義されている。そうした人は、常に「正しい道を探す人」であり、「昨日成し遂げたことを超える人」、「助言を求め、助言を求められる人」であり、「知者よりも賢い人」であるという。ここに、現代にも受け継がれている哲学者の定義を見ることができるだろう。

古代エジプトでは、〝イブ ib〟(心、心臓)が、知性や感情の座であると考えられており、理性、感情、精神、心と、身体とは分離した実体とは考えられていなかった。それゆえに、生活のあらゆる局面が知の対象となり、知は生活で実践されるべきものだったという。上に挙げた特徴は、問題発見力、古典の精読、絶えざる探究、既存の知識の批判的超克、対話的態度、知の一般性を意味しており、そうした人は「真理(maat)」を探し求めているのだとされる。この定義は、まさしく「哲学者」の定義にほかならないと言ってよいだろう。

哲学史家のオベンガは、古代エジプトの象形文字であるヒエログリフにみられる、抽象的な諸概念を紹介しているが、彼によるの言葉の分析は、西洋的な哲学用語と比較してみるとすでに興味深いものになっている。[7] ヒエログリフは、シンボリックな視覚的形象によって意味を表す言語であるが、その一見具体的に見える絵柄が同時に抽象的な意味を持つことは、漢字という同じく視覚的形象によって意味を表す言語に慣れ親しんできた人間には、容易に理解できるだろう。

たとえば、存在と生成に関するエジプト的概念を取り上げてみよう。"wnn"という言葉は、ヒエログリフでは耳の長い砂漠ウサギで表現され、「ある」「存在する」ということを意味する。しかしこの言葉は、ウサギが示すように、もともと「動く」「走る」を意味していたという。存在しているということは、動くことであり、走ることである。存在あるいは実在の反対であるのは、幻想や錯覚、単なる感覚印象であるが、これらの幻影は自ら動くことはない。

存在は、究極的には、完全性や永遠性と結びつく。至高の存在とは、神である「ラー（Ra）」である。エジプト人にとって存在はダイナミックであり、過去・現在・未来とあらゆる時間のもとにある。存在するということは、それが永遠の神であろうと、特定の状況に限定された者であろうと、いずれにせよ、常に動的であり、運動する。オシリス神は、死して復活を繰り返す不死の存在であり、これも永遠に動くものである。

"Kheper"という言葉は、あらゆる可能性を有する存在を意味している。したがって、それは、「生成する」「なる」「効力を及ぼす」という意味を持ち、因果性を含んだ存在概念である。創造主とは、「私は存在し、私におけるあらゆる可能性は、存在物として実現しうる」と言いうるような存在のことである。あらゆる存在者は、創造主が存在するゆえに存在している。創造者の存在は、「生成」あるいは「効果」として現れる。存在することとは、生成することであり、効果を持つことに他ならない。こうして古代エジプトの存在論は、存在が根源的にダイナミックであり、生成と効果こそが存在そのもののあり方であるという考えに立っている。

エジプトの存在論においては、心と物質は分離した実体などではまったくなく、存在の二つの局面に他ならない。太陽神ラーは、太陽という物質が神となったのであり、神－太陽（ラー・アトゥム、Ra-Atum）なのである。この世の始まりには、原初的な時空間として、水であり洪水であるナン（Nun）が存在していた。

そこからラーは、自分自身の力によって出現し、やがてあらゆる存在物を存在せしめた。真理と正しさの神である「マアト（Maat）」は、ラーの娘である。太陽神の生命力は、あらゆる生命に宿っており、その力ゆえに生命を存続させることができる。ラーの生命力は、生物だけではなく、非生命の無機物にすら潜んでいる。人間の目的は永遠の存在である神になることにあり、第五王朝（紀元前二四九八〜二三四五）以降、ファラオは「ラーの息子」を自認するようになり、人間から神への途上にある者と考えられていた。

古代エジプトにおいては、宇宙は、いかなる境界や限界も持たない無限の存在である。それは、限界のない全体性のことである。よって、古代エジプトの存在論は、以下のようにまとめられる。

①始原の存在であり、水・洪水、可能性の海であるナンは、それ自身が神である。それは、創造神の誕生以前に、天や地が生じるよりも以前に、さまざまな神が生まれる以前に、存在していた。創造神を含めあらゆる存在は、潜在的な状態で、ナンの中に隠れていた。ナンは、形象や境界のない流動体であり、暗く、隠されており、不可触で不可視な存在である。

②神-太陽（Ra-Atum）は、ナンから自己生成してきた創造神である。旧約聖書の創世記では、創造神はカオスと同時に存在しており、地はカオスであり虚無であった。これに対して、アフリカでは、太陽はナンから生じ、その最初の現れから神である。それは完成された終局のものであり、すべてであると同時に、無である。

③大地（ゲブGeb）と空（ヌトNut）は、この世の被造物の代表である。創造神は、名付けることによって、この世に存在物を作り出すことができる。存在物は、最初、創造神の聖なる「心」に生じた「考え」であり、それは発話されることによってこの世に生まれる。存在物が、「思考」と「発話」から生まれるというエジプトの考えは、神から発する「ロ

ゴス（言葉）」にこの世の始まりを見る旧約聖書に似ているが、時代的には、それに遥かに先んじている。

†古代エジプトの認識論、人間論

古代エジプトにおける数学、とりわけ幾何学が発展していたことはよく知られているが、そこにはエジプト人の論理的思考あるいは推論についての考察を見ることができる。たとえば、「解答（rekhet ef pw）」、「定義から導かれるところによれば（mi djed en）」、「正しい手続き（iret mi kheper）」、「証明の検討（seshemet）」、「結論、正答（gemi. ek nefer）」といった表現は、エジプトにおける批判的で反省的な思考の存在を表している。

古代エジプトは三五世紀も続いたが、奴隷制も男女差別もなく死刑制度もなかった。オベンガによれば、こうしたことは、「マアト」という概念の影響であるという。マアトという言葉は、エジプト、エチオピア、コンゴ、中央アフリカ、ギアナ、カメルーン、ガボン、ナイジェリア、スーダンの各地の言語に見出される。この概念は、公平性、真面目さ、真実性、真理、正しさといった含意を持つが、これらの概念についての考察はすでにこの古代において見られるという。

マアトは、先に述べたように、ラーの娘の女神であり、ラーの眼であるとされている。彼女は、頭に長いダチョウの羽飾りをした姿で表現され、天の主人であり、大地の女王であり、あらゆる神の支配者であるとされる。"Maa"は、もともと「実在」「現実」を意味しており、「人工」「偽物」と正反対のものである。"Maat"は、存在あるいは現実性を有する実在全体を意味している。それゆえ、マアトは遍在的であり、包括的であり、あらゆる被造物に行き渡っている聖なるものである。

宇宙における実在性と秩序はマアトの働きである。マアトは、「真理」であり、「正義」であり、「正しさ」であり、古代エジプトにおける物理的・精神的な法を表現する究極の概念である。だが、マアトは、ただ論じるための法ではなく、実践すべき法なのである。

さらに、マアトは単なる道徳性や倫理性以上のものである。というのは、創造神そのものがマアトに宿っているからである。それは、自然と人間の根底にあり、変化を司る世界の秩序であり、真理であり、正義であり、調和であり、完全さであり、スピリチュアルな力なのである。マアトは、真理－正義の普遍的な法が宇宙そのものの中に書き込まれていることを示している概念である。[8]

哲学者のアサンテによれば、マアトを述べる表現活動には、以下の一〇個の徳目があったという。[9]

①批判性：善と悪、善と悪を区別する能力。
②献身：マアトに誓いを立て、自分を捧げること。
③自己制御：心を整え、自己点検して、力を行使すること。
④規律：自制心、秩序ある行動を身につける訓練をする。
⑤寛容：他人が自分の意見を表明することを許し、許容すること。
⑥慈忍：恨み辛みを持たないこと。
⑦堅忍不抜：自分の信念や考えをしっかり持っていること。
⑧信仰心：楽観的な考え方の表現。
⑨精神的希求心：現在の状況に打ち勝とうとする意志を示すこと。
⑩イニシエーション：自己を克服すること。

人間であれ、動物であれ、神々であれ、植物であれ、個々の存在物が存在するようになるのは、"Ka"と呼ばれる「魂」「本質」がその中に宿っているからである。カー（Ka）は、両腕を曲げて天に向けられた形象で表され、個々人に授けられている聖なる力、個体の生命力を意味しており、その人の行動を統べているとされる。

カーが善である神からやってくるならば、悪はどこからやってくるのだろうか。悪は、人間自身からやってくる。人間的本質としてのカーは善きものであるが、人間にはもともと「心＝心臓、イブ（ib）」があり、この心はさまざまな働きをして、悪をなすことがある。社会における不平等は、神の計画のうちにはない。平等は神の聖なる御業であるが、不平等という過ちは人間の行為によるものである。人間は後者に責任を持つ。

古代エジプトでは、人間は、肉体、名前（レン rn）、影（シュト swt）、カー、そしてバー（b3）からできていると考えられていた。バーは、人の頭と両腕を持つ鳥の形で表現され、個人を形作る肉体以外のあらゆるものを意味していて、あえて翻訳すれば「人格」とか「精神的個性」とかいうべきものであろう。バーは、古代末期では、ギリシャ語で「プシュケー（ψυχή）」と訳されるようになる。この概念は、西洋では「サイコロジー（心理学）」というような表現で、現代まで生き続けることになる。カーとバーとが死後合体することにより、死者は「アク」となって永遠に居続けることができるとされた[10]。

以上のようなエジプトの宇宙観、生命観、人間観に関わる諸概念が、政治や宗教や日常の生活のなかで重要な働きをしていたとすれば、そこにはさまざまな哲学的テーマについての反省的考察が生まれたに違いないと推測される。

†グレコ・ローマン期のアフリカ哲学

おそらく哲学に詳しい読者は、以上の古代エジプトの存在や真理、認識、そして道徳性と人間性に関する諸概念を見て、いくつかの西洋哲学や他の地域の哲学との類似性あるいは先駆性を感じたであろう。実際に、タレス、アナクシマンドロス、アナクシメネス、ヘラクレイトス、ピタゴラス、クセノパネス、パルメニデス、アナクサゴラス、デモクリトスなどの古代ギリシャの重要な哲学者のほとんどすべてに、以上に述べたエジプト的・アフリカ的な宇宙観や生命観、人間観からの影響を見ることができる。古代ギリシャの文明、とりわけ、その哲学は、以上のような古代エジプトからの影響を抜きにして成立しなかったのである。[11]

ただし、アフリカ哲学史家のビョゴは、そのエジプト文明における哲学も、それに先立ってエチオピア地域において体系的な思索が開始されていて、そこから継承されたものではないかと論じている。[12] すなわち、エジプト文明の起源は、もっとナイル川の奥にあるという考えである。しかし、この説の真偽も、歴史家の判断に任せることにしよう。

その後の、私たちに馴染みのある古代ギリシャ・ローマ期においても、エジプトを始めとしてアフリカ大陸の地中海沿岸部では、優れた哲学者が生まれ活動している。[13] アフリカには、エジプトから受け継いだ宗教、キリスト教、イスラム教と三つの大きな宗教的源泉があると言えるが、新プラトン派の影響を受けた初期の教父哲学の中心のひとつはアフリカ北部にあったと言えよう。

とりわけ、エジプトのアレクサンドリアという都市の重要性は言うまでもない。アレクサンドリアは、マケドニアのアレクサンドロス三世によって、紀元前三三二年に設立され（その後、数カ月で去る）、彼の死後は、古代エジプト最後の王朝であるプトレマイオス朝の首都として発展した。学術研究所ムセイオンとその附属機関である図書館を擁し、七〇万冊の蔵書があったとされる。アレクサンドリアは、エジプトにおけるギリシャ人都市であったと同時に、ヘレニズム時代の文化と商業の中心として、多民族的な交流の場でもあった。

基本的に、プトレマイオス朝は、マケドニア人の王家を中核として、ギリシャ人とマケドニア人が社会の中枢を担い、多数派であるエジプト人を支配していたが、これは単純な上下関係とは言えず、すでに数千年の伝統をもつエジプト行政機関や神官職は、強力な勢力として配慮の対象であったとされる。おそらくは、ギリシャ人とマケドニア人の哲学も、それよりもはるか以前に成立していたエジプトの哲学から逆流の恩恵を受けていたはずであろう。

こうしたことを考えた時に問題なのは、エジプトなどアフリカからの貢献がもっぱら西洋哲学の中に組み入れられてしまい、あたかも、その後に西欧の発展へと吸収されたかのように扱われてきたことである。これまでの西洋哲学史では、アフリカの哲学からの西洋への影響や、世界の哲学史へのアフリカからの貢献といったことは、ほとんど述べられてこなかった。これは、アフリカ哲学の業績と貢献の収奪だと言えよう。

いわゆる、グレコ・ローマン期におけるアフリカの哲学者で、代表として知られているのは、アレクサンドリアのオリゲネス（Origen Adamantius, 一八五〜二五三）、カルタゴのテルトゥリアヌス（Quintus Septimius Florens Tertullianus, 一六〇?〜二二〇?）、リュコポリス生まれでアレクサンドリアで学んだプロティノス（Plotinus, 二〇五?〜二七〇）、カルタゴ周辺に生まれ、ヒッポで司祭となったアウレリウス・アウグスティヌス（Aurelius Augustinus, 三五四〜四三〇）といった哲学者である。彼らは、現在のエジプトやチュニジアといった北アフリカ、あるいはローマといった都市で活躍した。歴史に残っている初めての女性哲学者であるヒュパティア（Hypatia, 三五〇?〜四一五）も、アレクサンドリアで活躍した新プラトン主義の哲学者であり、数学者・天文学者である。

これらの哲学者については、すでに多くの著作が邦訳され、その哲学的な内容についても国内外で十二分な研究の蓄積がある。ここで専門家ならぬ筆者が、その思想内容を改めて論じる必要はないので、ここではあくまで、アフリカの哲学という枠組みで彼・彼女らの業績を位置付けることにしてみよう。

†クレメンスとオリゲネス

アレクサンドリアは、ローマ帝国の第二の都市であり、アフリカ大陸におけるローマ帝国の要衝であった。アレクサンドリアは、今述べたように、アレクサンドロス三世（大王）が構想し、プトレマイオス一世が建設した都市であることは知られている。ムセイオンという大図書館を付帯した学術機関によって知識の集中化が図られていた。アリストテレス、プトレマイオス、ユークリッド（エウクレイデス）、アリスタルコス、アルキメデス、ガレノスなどの人物を輩出したこの大都市は、多くの地域から数多くの知識人が訪問し、詩作、修辞学、哲学、天文学、数学、物理学、芸術といったさまざまな学問と教育の中心となっていた。

アレクサンドリアは、一世紀には世界最大のディアスポラを擁するようになり、また、キリスト教の初期の重要な拠点となる。哲学で言えば、二世紀になるとキリスト教神学の中心地として栄え、ここから新プラトン主義運動が創始され発展してくる。ここで活躍した哲学者たちは、アレクサンドリア学派と呼ばれる。

アレクサンドリアのクレメンス（Titus Flavius Clemens, 一五〇～二一五）とその弟子のオリゲネスは、そうした最初期のキリスト教の教理を探究する哲学者であった。しかし彼らは、教会外部からのキリスト教への迫害と、教会内部での異端の疑いによって不安定な立場にあった。実際に、クレメンスは、カルタゴ出身のローマ皇帝ルキウス・セプティミウス・セウェルス（Lucius Septimius Severus）による迫害によって逃亡を余儀なくされた。

クレメンスの弟子のオリゲネスは、初期の教父哲学者として最も著名である。[14] アレクサンドリアの裕福なキリスト教徒の家庭に生まれたとされるが、迫害によって父を殺される。ただし、「オリゲネス」という名前は、エジプト神、オシリスとイシスの息子ホルスの子という意味である。オリゲネスが生まれた時には両親はキリスト教に入っていなかったかもしれないが、オリゲネス自身は幼くして洗礼を受けている。

オリゲネスは、生きている間は「アフリカ人」とみなされ、子どもの時にギリシャ語とギリシャ哲学を学んでいたことから、ギリシャ人ではなく、アウグスティヌスのように、ベルベル人かカルタゴ人系ではないかと推定される。オリゲネスは、哲学がキリスト教教育のための重要な方法になると考え、プラトンの思想をキリスト教と結びつけていくが、これが、キリスト教的な新プラトン主義の基礎となった。

彼の主著である『諸原理について』では、神、三位一体（さんみいったい）、天使について論じてある。オリゲネスは、プラトンを参照して、魂が肉体よりも先に存在しているとする「魂の先在性」を主張しているが、正統教義では、これに対して、人間ははじめから魂と肉体を持つとされている。さらに、オリゲネスの教えは、いくつかの重要な点で正統教義から逸脱している。たとえば、彼は、神の万能と善良さは常に現れているので、創造は「外部行為 external act」であると説くが、正統教義では、神の完全性は内在外在という分離に反するとされる。

また、オリゲネスは、普遍救済説（apocatastasis）、すなわち、世界の終末では世界は最初の状態に回帰し、すべてのものが救われるとする考えを説くが、これは、地獄を認める正統教義の考えに反する。彼の死後、三〇〇年を経た六世紀になって異端宣告が出される。

こうした異端性は、オリゲネスが、キリスト教の研究以前に、他の哲学から深く影響を受けていたことを意味する。一世紀ごろに地中海で生まれたオフィス派と呼ばれるグノーシス主義の一種は、キリスト教以前にエジプトに入ってきており、すべてのものが流出してくる普遍の魂が存在し、すべてのものが戻ってくるという普遍救済説をすでに含んでいたという。

グノーシスとは、古代ギリシャ語で「認識」「知識」を意味しており、自己の本質の追求と真の神の認識に到達することを目指したキリスト教の一派である。物心二元論に特徴がある。一世紀に生まれ、三、四世紀に地中海からイラン、メソポタミアに広まったものである。後に述べるマニ教はグノーシス主義の代表である。

古典的なエジプト的な世界観、その地域固有の信仰や習俗など多様な思想的要素がオリゲネスを取り囲んでおり、彼のキリスト教の教義はそれらの多様な要素を土台として形成されたがゆえに、異端となったのである。その中でも、人間のスピリチュアルで神聖な要素が、「プネウマ（pneuma）」であるとしたオリゲネスの教えは、上で述べた古代エジプトの生命力の説を思い起こさせるであろう。

また、復活や再生に関わる普遍救済説も、エジプトの死と復活の神であるオシリス神と来世信仰に通底していることは明らかである。三位一体の説も、エジプトの古典的な信仰の中に見ることができる。オリゲネスは、こうしてキリスト教的教義を、古代エジプトや地域固有の信仰、グノーシス主義などを折衷させながら体系化していったのである。

†テルトゥリアヌス

テルトゥリアヌスは、同じく教父哲学者とカテゴライズされるが、オリゲネスとはかなり違う背景をもっている。

テルトゥリアヌスは、現在のチュニジアに位置するカルタゴに、異教徒の法務官の息子として生まれる。ローマで洗礼を受け、法学や修辞学を学んだとされている。カルタゴは、もともとは地中海東海岸、現在のレバノン付近に住んでいたフェニキア人によって紀元前九世紀に建設された都市である。ローマの歴史家がカルタゴに関連したものを「アフリ」と形容したことから、「アフリカ」という名称が生まれたとされている。

カルタゴは、フェニキア本土が衰退しても経済的に繁栄を続け、法律や修辞学が発展するが、紀元前三世紀にローマと三度のポエニ戦争（紀元前二六四〜一四六）を戦い、滅ぼされてしまう。こうしてカルタゴを含む北アフリカはローマ帝国の支配下に入り、農産物に恵まれた土地として発展することになる。テルトゥリアヌスやアウグスティヌスが生まれたのは、こうした都市であった。

テルトゥリアヌスは、『護教論』など多くの著作をラテン語で著述し、キリスト論、三位一体論を体系的に論じた初めての人物であると評される。[15] 三位一体論は、後の西洋の神学に大きな影響を及ぼしている。

彼の著作は、三つの種類に分けられるといわれる。まず、正統教義を護教する趣旨のもの、教訓的で聖職者として説教をするもの、そして、モンタノス派の影響である。厳格なキリスト教徒として生きることを望んだ彼は、モンタノス派に加わったとされる（彼がモンタノス派に近いことは疑いないが、それに転向したかについては近年、議論が起きている）。[16] モンタノス派とは、小アジアのフリュギア（現在のトルコ）で、二世紀後半にモンタノスが創始した初期キリスト教運動である。

モンタノス派は、キリスト教神学の基本的な教義については正統派と同様の見解を持っていたが、新しい予言的啓示を信じる点が異端とされた。モンタノスは、神の使者として語るのではなく、三位一体の神が憑依して語ると主張し、第二の救世主が現れて救済されると説いた。

モンタノスは、人々に初代教会の純粋な信仰への回帰を求め、厳しい禁欲的な生活と苦行を行った。同調者は、北アフリカに多かったといわれる。

テルトゥリアヌスの厳格な信仰と自己規律は、モンタノス派からの影響を思わせる。しかし、モンタノス派の終末論や女性預言者については拒否的であった。テルトゥリアヌスは、モンタノス派に加わったがゆえに、聖人崇敬を行う他の教派からは聖人に列されていない。

また、テルトゥリアヌスがオリゲネスと大きく違うのは、テルトゥリアヌスが哲学的知識は信仰に役立たないと考えていた点である。神の子が死んだというのは不条理であるがゆえにそのまま信じるに値する。彼が墓に葬られ復活したのも、不可能であるがゆえに確かだ。このように彼は述べ、「不合理であるがゆえに私は信じる（Credo quia absurdum）」という立場として評されるようになる。

テルトゥリアヌスはストア派を批判していたが、その影響も見られ、特にストア派の唯物論的な思想には影響を受けていたとされる。それゆえに、彼は、神は身体と魂を同時に持つと考えており、唯物論と心身二元論の折衷的な立場に立っている。ここに、アフリカの伝統的な考え方からの影響を見ることも可能である。[17] クラウス・ヘルトによれば、テルトゥリアヌスの哲学の特徴は、第一に法学的な傾向と、第二に北アフリカ的な特徴であるという。[18] 典型的な北アフリカ出身の文化を担った者だからこそ、キリスト教のローマ的特徴を際立たせ、強化するような哲学が展開できたのではないだろうか。

†プロティノス

プロティノスは、プラトンのイデア論を受け継ぎ、それを一元論的に徹底しようとした哲学であると言えるかもしれない。すなわち、多様なものがあるところには、そのもとに、それに先立って単純なものがあるという考え方である。プラトンが説いた「一なるもの」を神と同一視し、万物(霊魂、物質)は、この無限の存在であり神である「一者」(ト・ヘン)から流出したヌース(理性)により生じるという「流出説」を唱えたことは、哲学史ではよく知られている。

プロティノスの生涯に関しては、弟子のポルピュリオスが三〇一年に書いた『プロティノス伝』がほぼ唯一の史料となるようであるが、他に言及されている資料でもプロティノスは「エジプト人」とされている。出身がエジプトであるだけではなく、アフリカ人であったと推定される。[19] 裕福な家庭に生まれ、幼児から教育を受け、アレクサンドリアの神秘哲学者であるアンモニオス・サッカス(Ammonius Saccas)のもとで学んだ。オリゲネスもサッカスの弟子である。ローマ皇帝ゴルディアヌス三世のペルシャ侵攻軍に参加したが、その目的は、ペルシャ人やインド人の哲学を知るためだったといわれる。[20] 皇帝がメソポタミアで暗殺されるとローマに逃げ、そこから学校を開設して二十数年間、教育を行う。

プロティノスは、五〇編以上の論文を書いたが、その哲学はローマで発展しているので、彼は確かにアフリカ出身であるが、活動の中心を考えると、ローマの哲学者であると言えるかもしれない。実際に、アフリカ哲学の枠ではあまり彼は論じられない。

†アウグスティヌス

アウグスティヌスは、初期の教父哲学で最も著名である哲学者であると同時に、最初期の中世神学者、スコラ哲学者と見ることも可能である。(21) 彼の半生は、『告白』に記されている。彼は、カルタゴの西に約二五〇キロ、後に活躍する海港都市のヒッポから一〇〇キロほど内陸にあるタガステ（現在のアルジェリアのスーク・アフラース）のベルベル人の家庭に生まれた。

この時代には、カルタゴのような大都市はローマの影響を強く受けていたが、この小都市はいまだにベルベル人の伝統が息づいていたという。父パトリキウスは異教徒の下級官吏であったが、母モニカはキリスト教徒であった。言語的にはラテン語を母語とする家庭であったようである。

青年期には、ラテン語や弁論術を勉強していたが、同時にかなり奔放な生活を送り、若い女性と一児をもうけている。しかし、そのうちに人間の罪について反省するようになり、当時、修辞学の教師として赴任したカルタゴで占星術に関心を持ち、さらに、北アフリカで影響力を持っていたマニ教に入信する。

マニ教は、サーサーン朝ペルシャ時代の預言者のマニ（二一六～二七七）によって創始された宗教で、ユダヤ教、ゾロアスター教、キリスト教、グノーシス主義に加え、仏教や道教からも多様な影響を受けているといわれる[22]。その教義の特徴は、善良な精神世界である光と、邪悪な物質世界である闇の間の闘いを描く二元論的宇宙論にある。悪しき原理によって創造されたこの世界において、本来の自分こそが全き善の断片として残っているというのである。

マニ教の厭世的な世界観は、周辺地域において抑圧され、世界を全体として肯定することのできない人々にとって魅力的であっただろう。三世紀から七世紀にかけて繁栄し、最盛期には東は中国、西はローマ帝国まで広まった。イスラム教普及以前の世界ではキリスト教の重大なライバルとなったが、最終的にローマ帝国によって制圧された。

アウグスティヌスは、三八四年に弁論術の教師として赴任したミラノで、プロティノスなどの新プラトン主義に大きく影響を受け、マニ教に懐疑心を抱いて離れていく。同時に、ミラノで正統キリスト教を擁護してきた司教アンブロシウスの説教に触れ、キリスト教に回心する。この西方キリスト教への回心によって、彼は妻を離れ、信仰と思索の生活に専心するようになる。

三九一年にヒッポ（現在のアンナバ、アルジェリア北東部、チュニジアの国境付近）で司祭となり、三九五年には主教となる。アウグスティヌスは、哲学的にはさまざまなテーマについて著述した。マニ教を批判し、北アフリカで勢力をもっていたドナティウス派と呼ばれる異端派とカルタゴ会議で三日間にわたる論争を行う。

また、ブリタニカ出身の神学者ペラギウス（Pelagius, 三五四〜四二〇／四四〇）が率いる異端派がカルタゴで影響を強めていくと、原罪、幼児洗礼、恩寵についてのペラギウスの考えを弾劾して論争した。これらの論争は、彼自身の理論を固めると同時に、教会教義全体の基準を形成していく。彼の著作『神の国』の中で論じられたキリスト教会と国家の関係、『三位一体論』、『自由意志論』などの著作で展開された哲学は、トマス・アクィナスを含め、後世に多くの影響を与えた。

アウグスティヌスは、後にデカルトが展開した「コギト」、つまり、自己反省的な意識の存在に注目した先駆的な哲学者とみなされている。しかし、彼の「私は誤るがゆえに、私は存在する」という考えは、三位一体を説明するために言及されている原則である。私たち自身の自己意識の中に、神のイメージ、神の三位一体のイメージを知ることができる、というのである。

アウグスティヌスは、西洋哲学史上において非常に重要な人物であるが、その彼が北アフリカに生まれ、ローマ帝国の衰退と東西分裂によってさまざまな民族が移動と侵入を繰り返した時代、地中海地域の多様で混合的な文化と宗教――マニ教、新プラトン主義、グノーシス主義、ペラギウス主義など異端のキリスト教――のなかで、揺らぎながら自己を形成し、大きな哲学的体系を構築していく過程は、その時代のひとりのアフリカ人の人生としても極めて興味深いのである。

†ヒュパティア

ヒュパティアは、歴史の中ではじめて記されている女性の哲学者として知られている。ソクラテス＝スコラティコスの『教会史』、弟子のシュネシオスの書簡集など、ヒュパティアに関する資料は非常に少ないが、以下のようなことが明らかにされている。

彼女は、アレクサンドリアで活躍した新プラトン主義の哲学者であり、数学者・天文学者である[23]。アレクサンドラの数学者であり教師であった父テオンの娘として生まれた。プロティノスと、プロティノスの哲学を発展させたテュロス出身のポルピュリオス（二三四〜三〇五）による新プラトン主義を受け継ぎ、三八〇年ごろ、新プラトン主義の学校長に就任した。そこには、キリスト教徒の弟子も多数集まり、ヘレニズム期とローマ帝政期に典型的な思想や宗教において混交的な時代で教育と研究を行った最後の世代であると考えられる。

アレクサンドリアは、ヘレニズム文化の中心地であったとともに、最も影響力のあるキリスト教司祭の出身地でもあるという二面性をもっていた。彼女は、数学と天文学に秀で、さまざまな算術の書物に注釈を記し、天体観測儀などの意見を求められている。哲学的な見解に関しての資料はないが、その授業の中心はプロティノスとポルピュリオスの理論にあったとされる。

この時代には、女性は公的な職務を担うことができなかったが、傑出した知恵と知識をもち、当時の要人に隠然たる影響力をもっていたとされる。弟子であったエジプトの長官オレステス（オレステース）はキリスト教に改宗したのちも、彼女に意見を求め、政治的な後援を求めていた。

テオドシウス一世（三四七〜三九五）は、三八〇年に異端アリウス派（アレクサンドリアのアリウスに従うキリスト教の一派）と非キリスト教に対して、ローマ帝国全土で迫害する方針を決め、三九一年には、宗教施設・神殿を破壊する許可を与えた。そのため、キリスト教の暴徒は、ギリシャとエジプトの宗教の混合であるサラピス寺院やアレクサンドリア図書館など施設や記念碑、神殿を破壊した。

こうした状況において、ヒュパティアは、キリスト教聖職者でありアレクサンドリア総主教であったキュリロスとオレステスの政争に巻き込まれる。そして、オレステスはヒュパティアの影響で和解を拒否していると信じた暴徒によって、四一五年に惨たらしい殺され方をされてしまうのである。

†アフリカにおけるアラビア哲学と科学

イスラム教の哲学やそれで育まれた科学を、アフリカ哲学から外してしまうのは、キリスト教をアフリカの哲学から抹消してしまうことと同じくらい恣意的である。哲学史家のディアニェが指摘しているように、イスラム研究はサハラ以南の広大な地域を自分たちの研究範囲から外してしまっているし、逆に、アフリカの文化や思想についての研究は、「真正に」アフリカ的なものを追求する、などといった口実で、やはりイスラム文化を外してしまっている[24]。

アフリカの哲学といえば、文化人類学者が研究するような「土着」の思想のことであって、イスラム哲学のような専門性の進んだプロフェッショナルな哲学は、アフリカ的ではないとされてしまうのである。

しかし、アッピアが述べるように、ムスリムには長い哲学的な著述の歴史があり、その多くがアフリカで書かれている[25]。イスラムを通じて、さまざまな形式の哲学的思考が一〇世紀以上も前からアフリカに導入され、定着してきた。一〇〇〇年もの伝統を、「真正」にアフリカ的ではないなどと言うことはできないだろう。「アフリカに哲学に存在するか」という問いは、したがって、古代エジプト、グレコ・ローマン期の教父哲学、イスラム哲学といった大きな文明の流れをアフリカから剝奪することで成り立っている問いなのである。

古代ギリシャ・ローマの哲学や科学が、イスラム圏に移入され、そこで保存され発展されてきたことは、もう世界史の常識なので繰り返す必要はないだろう。アッバース朝五代目のカリフであるマアムーン（Al-Ma'mūn）は、教養の高い君主であり、ギリシャの学問に精通し、八三二年に医学、天文学、数学、哲学とその注釈書などのギリシャの文献を収集して、アラビア語に大々的に翻訳する機関「知恵の家」をバグダッドに設立したことで知られている。

哲学は、アラビア語で「ファルサファ（falsafa）」と呼ばれる。ファルサファは、イスラムの合理主義的な神学とは矛盾しなかったが、他方で、あらゆる知識をコーランのみに求める人々からは抵抗も受けた。ディアニェによれば、実際に、イスラム神学、カラム（Kalam）の中には、思弁や論理のような合理主義的な哲学といってよい議論の伝統が存在していた。

また、イスラム「神秘主義」とされるスーフィズム（Tasawwuf）は、イスラム教の世俗化・形式化を批判し、修行によって自我を滅却し、忘我のなかで神との合一を経験しようとする思想運動であった。これも、イスラム教の形式化を批判して、神秘的な経験に哲学的な問いの答えを見つけようとする点で、宗教的であると同時に哲学的と呼んでもいいだろう。また、ディアニェが指摘しているサハラ以南のイスラム哲学の特徴は、神学や哲学などの書籍があったとはいえ、それらは希少であり、書記されたテキストから口語へ変換されて、学者たちはそれらを記憶したとのことである。[26]

哲学者の紹介に戻るとすれば、アフリカにおける初期の最も著名なイスラム哲学者として、トンブクトゥ（ティンブクトゥ、現在のマリのニジェール川中流域）のアハマド・バーバー（Ahmad

Baba al-Timbukti, 一五五六～一六二七）が挙げられるだろう。[27] トンブクトゥは、サハラ以南にある知的中心地の一つで、そこでの知的エリートは、モロッコのマラケシュのような都市の知識人に匹敵したとされている。彼は、当時「スーダン（黒人の土地）」と呼ばれていた土地のベルベル人のイスラム教徒である。

バーバーはそうした一人である。アラワン（現在マリ）にベルベル人のアキット家に生まれた彼は、幼い頃にトンブクトゥに移り、父と学者モハメド・バガヨゴ（Mohammed Bagayogo, 一五二三～一五九三）から薫陶を受ける。一五九一年、モロッコのサード朝マンスール王は塩と金の貿易を支配するためにソンガイ王国へ侵攻したが、バーバーはイスラム法の観点からこれを批判し、反乱罪でマラケシュに追放され、一四年間留まった。ここで彼は優れた学者として著名になり、多くの知識人が訪れ、法学を講義するようになった。やがて亡命者の帰国が許されると、バーバーは、一六〇八年にトンブクトゥに戻り、生涯をそこで過ごすことになる。

バーバーは多くの著作を残したが、現代の哲学史家のモノ・ンジャナ[28]によれば、彼の哲学的な貢献は次の三点にある。第一に、政治と知識の共存の条件を示したこと、第二に、知識と合理的な宗教的実践は無反省な信仰に優っていることを主張したこと、第三に、反人種主義を唱えたことである。西アフリカのイスラム教徒のイスラム的地位を受け入れるようモロッコ・アルジェリア地域の学者を説得し、人種差別による奴隷制の廃止に尽力した。

しかし、彼は、奴隷貿易全般の廃止を主張したわけではなく、宗教に基づく奴隷制は提唱した[29]。したがって、彼は普遍的な人権を表明したとは言えないが、少なくとも人種差別に反対する普遍的な立場をとったのである。

バーバーは、西アフリカのイスラム教徒の学問的功績を世に知らしめるため、西アフリカと北西アフリカの学者たちの膨大な人名辞典を編纂した。このことから、植民地化以前のサハラ以南にも、本格的なイスラムの諸学問が存在していた事実を確かめることができるだろう。

イスラムの哲学的探究は一九世紀にも続けられ、ウスマン・ダン・フォディオ（Usman dan fodio, 一七五四〜一八一七）は、ナイジェリア北部に存在していたソコト帝国の建国者および初代カリフであるが、コーランの講義を行い、スーフィズムの禁欲生活を実践し、イスラムの教義に反した支配者層を批判したとされる。

一七世紀のアフリカからは、バーバーのようなムスリムの哲学者以外にも、重要な哲学者が輩出されている。これは後の章で見ることにする。

註

（1）Diop, Cheikh Anta（1955/1979）*Nations nègres et culture*. 3e éd. Paris: Éditions Présence Africaine; （1959/1982）*L'unité culturelle de l'Afrique noire: Domaines du patriarcat et du matriarcat dans l'antiq-*

uité classique. 2 éd. Paris: Éditions Présence Africaine;（1960/1987）*L'Afrique noire précoloniale: Étude comparée des systèmes politiques et sociaux de l'Europe et de l'Afrique noire, de l'antiquité a la formation des états modernes*. 2 éd. Paris: Éditions Présence Africaine.

（2）Bernal, Martin（1987/2007）『ブラック・アテナ――古代ギリシア文明のアフロ・アジア的ルーツ I　古代ギリシアの捏造 1785-1985』片岡幸彦訳、新評論
――（1991/2004）『黒いアテナ――古典文明のアフロ・アジア的ルーツ 考古学と文書による証拠II』（上・下）金井和子訳、藤原書店

（3）Bernal, Martin（2001/2012）『『黒いアテナ』批判に答える』（上・下）金井和子訳、藤原書店

（4）Shaw, Ian（2007）『古代エジプト』近藤二郎・河合望訳、岩波書店。特に第6章「自己認識――エスニシティ、人種、ジェンダーをめぐる問題」を参照。

（5）野町啓（2009）『学術都市アレクサンドリア』講談社学術文庫；Pollard, Justin and Reid, Howard.（2009）『アレクサンドリアの興亡――現代社会の知と科学技術はここから始まった』藤井留美訳、主婦の友社

（6）川田順造編（2009）『アフリカ史』（新版世界各国史10）山川出版社、pp. 53-58.

（7）Obenga, Théophile（1998）"Egypt: Ancient History of African Philosophy" in Wiredu（ed.）（2005）*A Companion to African Philosophy*. Melden, MA: Blackwell, pp. 31-49.

（8）Biyogo, Grégoire（2006）Histoire de la philosophie africaine. Livre I: Le berceau égyptien de la philosophie. Paris: L. Harmattan, p. 99.

（9）Kete Asante, Molefi（2000）*The Egyptian Philosophers: Ancient African Voices from Imhotep to Akhenaten*. Chicago: African American Images. Kindle, NO. 1192-1217.

(10) 柴田大輔(2020)「第2章 古代西アジアにおける世界と魂」pp. 47-77, 伊藤邦武・山内志朗・中島隆博・納富信留編『世界哲学史1——古代I 知恵から愛知へ』ちくま新書, pp. 75-76.
(11) Olela, Henry (2005) "The African Foundation of Greek Philosophy" in Eze, Emmanuel Chukwudi (2005). *African Philosophy: An Anthology*. Blackwell, pp. 43-49.
(12) Biyogo (2006), p. 142.
(13) Masolo, D. A. (2004) "African Philosophy in the Greco-Roman Era" in Wiredu (2004), pp. 50-65; Mana, Kä (2018) *Philosophie africaine et culture*. Beau Bassin, Mauritius: Editions universitaires européennes; Olela, Henry (1998) "The African Foundation of Greek Philosophy", in Eze (1998), pp. 43-49; 草光俊雄・北川勝彦(2013)『アフリカ世界の歴史と文化——ヨーロッパ世界との関わり』放送大学教育振興会
(14) 小高毅(1992)『オリゲネス』(人と思想シリーズ) 清水書院.
(15) テルトゥリアヌス(1987)『キリスト教教父著作集13 テルトゥリアヌス1』土岐正策訳; (1987)『キリスト教教父著作集14 テルトゥリアヌス2』鈴木一郎訳; (2002)『キリスト教教父著作集16 テルトゥリアヌス4』木寺廉太訳, 以上, 教文館
(16) Brennecke, Hanns Christof (2014)「カルタゴのテルトゥリアヌス」pp. 37-55, Graf, Friedrich Wilhelm 編 (2014)『キリスト教の主要神学者(上)——テルトゥリアヌスからカルヴァンまで』片柳榮一監訳, 教文館
(17) Masolo, pp. 56-59, p. 58.
(18) Held, Klaus (1998)『地中海哲学紀行——ベルガモンからイスタンブールへ』(上・下) 井上克人・國方栄二監訳, 晃洋書房, pp. 110-125.

(19) 田中美知太郎編（1980）『世界の名著15 プロティノス ポルピュリオス プロクロス』中央公論社、pp. 7-26.

(20) 水地宗明・山口義久・堀江聡編（2014）『新プラトン主義を学ぶ人のために』世界思想社

(21) アウグスティヌスの生涯とそのアフリカ的性格については以下のものを参考にした。Masolo (2004); 金子晴勇（2004）『アウグスティヌスとその時代』知泉書館、宮谷宣史（2016）『アウグスティヌス』（人と思想39）清水書院、山田晶（1968）「教父アウグスティヌスと『告白』」田中美知太郎責任編集『世界の名著14 アウグスティヌス』中央公論社、pp. 5-54.

(22) 青木健（2020）「第7章 ゾロアスター教とマニ教」pp. 163-184, 伊藤邦武・山内志朗・中島隆博・納富信留編『世界哲学史2——古代Ⅱ 世界哲学の成立と展開』ちくま新書

(23) Watts, Edward J. (2021)『ヒュパティア——後期ローマ帝国の女性知識人』中西恭子訳、白水社

(24) Diagne, Souleymane Bachir (2004) "Precolonial African Philosophy in Arabic" in Wiredu (ed.) (2004) *A Companion to African Philosophy*. Melden, MA: Blackwell, pp. 66-77.

(25) Appiah, Kwame Anthony (1992) *In My father's House. Africa in the Philosophy of Culture*. London: Methuen, p. 144.

(26) Diagne (2004), pp. 73-74.

(27) Hunwick, J. O. (1964) "A New Source for the Biography of Aḥmad Bābā al-Tinbuktī (1556-1627)," *Bulletin of the School of Oriental and African Studies*, University of London, Vol. 27, No. 3, pp. 568-593.

(28) Mono Ndjana, Hubert (2009) *Histoire de la philosophie africaine*. Paris: L'Harmattan.

(29) Cleaveland, Timothy (2015) "Aḥmad Baba al-Timbukti and His Islamic Critique of Racial Slavery in the Maghrib," *The Journal of North African Studies*, 20(1), pp. 42-64.

第2章 アフリカ哲学史2

前植民地期から反植民地闘争へ

第一章では、アフリカにおける古代エジプトの哲学からキリスト教哲学へ変遷を垣間見た。本章では、時代をすすめ、西洋列強による植民地支配が強化される前の、近世、一七〜一八世紀のアフリカ人による哲学を見てみることにしよう。

ここで注目するのは、一七世紀のエチオピアにおいて、有神論的合理主義を唱えたゼラ・ヤコブ(Zera Yacob, 一五九九〜一六九二)と、その弟子のワルダ・ヘイワット(Walda Heywat, 一六三三〜一七一〇)、そして、一八世紀において、ガーナ出身で、ドイツのハレ大学やイエナ大学で学び、そこの教師を務めたアントン・ヴィルヘルム・アモ(Anton Wilhelm Amo, 一七〇三〜一七五九)である。[1]

†ゼラ・ヤコブ――人生

文字は優れた発明物であるが、人間のあらゆる活動を表現するには、根本的には視覚的形象化に過ぎない文字には明らかな限界がある。哲学という営為についても同様であり、これまでのように、ただ書かれた著作や書簡のみを考察の対象とするのでは、限られた表現にしか目を向けていないことになるだろう。アフリカの哲学には、文字で表現されたものもあれば、口語的な表現、たとえば、歌や詩、格言などによって口頭で表現されたものもある。ヤコブは、エチオピア近世の一七世紀における前者を代表する哲学者である。

ヤコブは、一六六七年に自分の人生と思想を、エチオ・セム語系のゲエズ語（古代エチオピア語）で『探究（あるいは、問答、Hatata）』に記した。ゼラ・ヤコブという名前は、ソロモン朝エチオピア帝国の偉大な指導者である第一五世皇帝（一三九九〜一四六八）の名前にちなんだものとされる。ヤコブ帝の治世には、ゲエズ文学が盛んになり、キリスト教の内政とイスラム教徒の外政の両方によく対処したという。このヤコブの著作は、時代的な近さとその内容の面から、しばしばデカルトの『省察』に比較される。

ヤコブは、エチオピア北部で紅海に近くに位置する、古代アスクム王国の首都アスクム近郊の貧しい農家に生まれたとされる。アスクム王国は、東ローマ帝国と同盟して、当時のペルシャ帝国に対峙したキリスト教国であった。父は貧しくともヤコブに、エチオピアの伝統的な教育を受けさせた。ヤコブは、旧約聖書ダビデの詩篇、音楽（zema）、詩歌（qene）、聖典の解釈（sewasewa）を学んだ。ヤコブの論述法や批判的な思考法は、この教育で育まれた。

エチオピア帝国・ソロモン朝の皇帝であるスセニョス一世は、イエズス会の布教活動の活発化に伴い、一六二二年にカトリック改宗を公式に表明した。ヤコブはスセニョス帝の前で糾弾されたが、カトリックの信仰を拒否して亡命する。南に向かう途中のテケゼ(Täkkäze)川の谷間の洞窟で二年間暮らし、孤独のなかで哲学を発展させたとされる。

スセニョス一世の死後、その息子ファシレデス(Fasilides, 一六〇三〜一六六七)が権力の座につき、エチオピア東方正教会を堅持して、イエズス会を追放し、王国内のカトリック信仰を排除した。ヤコブは洞窟を出て、エチオピア北部、アムハラ地域の北ゴンダール地帯にあるエムフラズ(Enfraz)に住み、通称ハブツという裕福な商人の庇護を得て、その家の女中と結婚した。彼は修道士として生きることが優れた生き方であるという考え方を拒否し、結婚をしたが、聖書に基づいて一夫多妻制も否定した。ヤコブはハブツの二人の息子の教師となり、『探究』はその息子のワルダの依頼に応じて書かれたものである。

†神義論

ヤコブは、世界的にみて、この時代の最も傑出した哲学者のひとりである。まず、彼の最も重要な貢献は、神義論と呼ばれる分野であろう。神義論とは、悪の存在や無神論に対して、神の存在、神の正義、神の善良なる道を擁護する神学の分野である。彼によれば、あらゆる信仰は、信じられる前に、理性的な吟味にかけられるべきである。神への信仰は、深い理性的な論証ののちに得られるべきであり、それに耐えられないような信仰は受け入れられるべきではない。すべての人間の知覚、想像力、判断、理解はこの論証的な方法に付されなければならない。しかし一方で、理性は神の導きなくては不完全である。

この観点から、ヤコブはさまざまな宗教的な戒律をただの人間による決め事として退ける。たとえば、タブーの食材や絶食などは人間が勝手に決めた決め事であり、そのような身体に害を及ぼしかねないことなど神が命じるわけがない。神は、自分の子たちに残酷なことを命じるはずもないという。

神は人間を平等に作った。神は人間に等しく理性を与えた。同じく人間は等しく死ぬ。それゆえに、真理とはすべての人間が認める物事であり、虚偽はそうではない。ヤコブによれば、他者への愛とは、それに従うべき価値を持つ真理である。憎しみは、その逆に、人間の理性に反するものである。誤った信仰は、神の導きによる理性的吟味に耐えられない。虚偽は、人間が理性を放棄する弱さからやってくるものである。

†人間観

人間は身体と魂からなる存在である。人間は理性によって真実を虚偽から区別する能力を発揮できる。しかしその弱さゆえに、人間は神の導きなくては理性を十全に行使できないことがある。ここで、ヤコブ哲学の特徴は、非理性的な信仰ではなく、神に与えられた理性に基づいた信仰を強調していることである。ヤコブによれば、世界には神の法と人間の法が存在し、人間が道徳的に自律した人生を送るには、神の法に従う必要があり、神の法こそが不完全な人間の法を糺すことができる。人間の法を無前提に信頼することは虚偽への道である。人間は皆不完全であり、究極の真理は神の導きなしで、人間だけによっては到達できない。

こうした考え方は、既存の宗教のあらゆる教義や慣習・儀式に疑いをかける批判的なものであり、合理主義的理神論に近い立場であると考えてよいだろう。ゼラ・ヤコブにとって、信仰とは自分と神との間の関係であり、個人的なものである。人々は根本的には怠け者であり、真理を自分自身で追求することは難しい。人間は、しばしば単に他人の言っていることを鵜呑みにしているだけである。

†倫理学

ヤコブの倫理学は、個人としての倫理を主題にしており、それは、旧約聖書の詩篇から大きな影響を受けている。人間の根本的な義務は神に向かっている。神は人間を神のことを知るように知性を与えた。神に関する知に満たされることによって、人間は、すべての他者への義務に向かう。自分自身を愛するように他者を愛するように命じているのは、神が人間に与えた理性である。私たちの他者への義務は、世俗的な形では瞑想として、宗教的な形では祈りとして表現される。祈りは思考の最も深い形である。その祈りは、詩篇のなかに書かれている。

†ワルダ・ヘイワット

ワルダ・ヘイワットはゼラ・ヤコブの弟子であり、ヤコブの研究を引き継ぎ、それをゲエズ語で書き記した。彼は、エムフラズでヤコブを庇護したパトロンであるハブツの息子である。ワルダ・ヘイワットは、自分の師にその哲学を執筆するように依頼し、師の死後は、ヤコブの教えに関する注釈を著述した。ヘイワットの人生や人物の詳細については伝わっていない。

ヘイワットの論考は、ヤコブの哲学を受け継ぎながらも、決して師の考えを単純に繰り返すだけではなく、独自性も備えていた。ヤコブが伝統を批判し、時に敵対的であったのに対して、ヘイワットは伝統を同化し、発展させる方法をとった。ヘイワットの論述には、話しかけるような口語的な特徴があり、教育する上で優れたものである。また哲学の内容としては、ヤコブにとって神と人間との関係が個人的な紐帯であったのに対して、ヘイワットにとって神は、何よりも人類の生みの親であり、神の法も教えも命令もすべて人間全体に対してなされたものである。その意味で、神と人間との関係は個人にとどまらない。

同様に、倫理に関しても、ヤコブが個人的な色彩が強いのに対して、ヘイワットは社会的であり、伝統に融和的であった。ヤコブは男女が平等であると言ったが、ヘイワットは男性の優位を述べた。

†エチオピアの哲学――普遍性と口伝の伝統

さて、ヤコブとヘイワットの師弟の哲学についてはどのように評価すればよいだろうか。論証的な理性に重きを置き、伝統的な約束事を根拠のないものとして批判し、社会に距離をとる個人主義的な態度は、非常に近代的、あるいは現代的な印象を私たちに与える。教育的で融和的な性格の持ち主であるヘイワットは、ヤコブのような厳しい個人主義者ではなかったとはいえ、その合理主義は師の哲学を受け継いでいる。ヤコブはデカルトに比較されるが、デカルトが伝統的な宗教観に忠実であり、「異教徒」を糾弾しているのに対して、ヤコブは、エチオピア正教会やカトリックも含めて、あらゆる宗教教団に対して批判的であった。この点は、ヤコブの方がより徹底的に合理主義であったと言えるだろう。

こうして、エチオピアという紛う方なきアフリカの地で発展した哲学であるにもかかわらず、ヤコブの哲学は、私たちが想像する「アフリカ的」と呼べるような要素を有していないように思われる。それは、どこの地で生まれてもおかしくない合理主義的な哲学であり、いかなる地であれ伝統的社会から距離を置く人々なら抱くはずの個人主義的な倫理観である。アフリカ哲学はアフリカ的であるのか、あるいは、アフリカ的である必要があるのか、こうした問題をヤコブの哲学は提起していると言えるだろう。アフリカ哲学者の普遍性、あるいはローカルなものを超え出た特徴については、現代の哲学者がさまざまに言及しており、後の章で再度論じることにする。

哲学史家のテオドロス・カイロスによれば、エチオピアには、ヤコブやヘイワットのような書かれた哲学の伝統が存在する一方で、口伝による哲学の伝統が力強く存在している。エチオピアの『賢き哲学者の書』には、口伝で伝わってきた伝統的な格言・箴言が集められている。その内容の多くは、プラトンやアリストテレス、ピタゴラスなどギリシャの哲学者に由来しているが、それらはエチオピア流に解釈されており、同時に、エチオピアの哲学者の言葉も集められている。口伝による哲学は、叡智、信仰、人生、人間性などをテーマとして、「賢者はかくの如く述べる」という始まりで、格言を伝える。

エチオピアの哲学の特徴は、知識と行為を分けないことである。賢さとは行為に表れるものであり、賢人とは行為において賢い人のことである。また、エチオピアの口伝哲学でも、知恵と信仰は分けられることはなく、知恵は信仰の基盤であるとされる。これらの点で、書かれた哲学と口伝の哲学には一定の共通性があることがわかるだろう。

†アントン・ヴィルヘルム・アモ

アモは、ヨーロッパの大学に通ったことが知られている最初のアフリカ出身者であり、一八世紀のライプニッツ＝ヴォルフ哲学の流れの中で重要な役割を果たした哲学者である。アモは以下の重要な著作をラテン語で残している。

『ヨーロッパにおけるムーア人（アフリカ人）の権利について（*Dissertatio inauguralis de iure maurorum in Europa*）』（一七二九）紛失

『人間精神の無感覚性について（*Dissertatio inauguralis philosophica de humanae mentis apatheia*）』（一七三四）博士論文

『節度と正確さをもって哲学する技術についての論考（*Tractatus de arte sobrie et accurate philosophandi*）』（一七三八）

以上に加え、『私たちの精神と生きた有機的な身体それぞれに帰属する属性についての明確な観念を含んだ哲学的議論（*Disputatio philosophica continens ideam distinctam eorum quae competunt vel menti vel corpori nostro vivo et organico*）』（一七三四）は、一六頁の短い論考で、アモの指導のもとで弟子によってまとめられ、『人間精神の平静さについて』の核となったものである。この『人間精神の平静さについて』は、後に述べる現代の哲学者、クワメ・ンクルマの哲学に大きな影響を与え、現代でも生き続けている哲学だと言えるだろう。

アモは、一七〇三年頃に西ガーナのアシムという町に、アカン民族のひとつであるンゼマ(Nzema)人の家庭に生まれた。彼が三歳の時に、地域の聖職者がキリスト教徒の親からアモを預かり、洗礼とドミニコ会士としての教育と訓練を受けさせるために、オランダ西インド会社によってオランダへ移送する。

しかし翌年、一七〇七年、預け場所を見つけるのに難儀したオランダ西インド会社によって、アモは、ドイツのアントン・ウルリヒ・ブラウンシュヴァイク＝ヴォルフェンビュッテル公(Anton Ulrich von Braunschweig-Wolfenbüttel、一六三三〜一七一四)に渡された。アントン・ウルリヒは、ライプニッツを司書に置くなど、学問と芸術の庇護に熱心であり、聖歌の作曲もした。アントン・ウルリヒの死後は、その三男のアウグスト・ヴィルヘルムが引き継ぐことになる。アモは、翌年にザルツダールムの宮殿で幼児洗礼を受け、一七二一年に堅信礼を行い、アントン・ヴィルヘルム・ルドルフと名乗ることになる。

アモは、ヴォルフェンビュッテルのリッターアカデミーで教育を受けた後、一七二一年から二四年までヘルムシュテット大学で法律を学ぶが、ルター派のプロテスタント教育中心のこの大学にはあまり関心を持てなかった。そこで一七二七年にハレ大学法学部に移る。

当時のハレ大学はヘルムシュテット大学とは異なり、啓蒙思想や自由思想が花開いていた。敬虔主義思想のアウグスト・ヘルマン・フランケや、哲学者のクリスチャン・ヴォルフ、法学者のクリスチャン・トマジウスがそこで教育をしていた。ヴォルフは、ライプニッツの哲学を広め、数学、科学、哲学を講じた啓蒙主義者であった。またトマジウスは、ドイツ啓蒙主義の父と呼ばれ、学問の自由、迫害からの発言の自由を訴えた啓蒙主義の法学者であった。しかしこの自由な大学は、教会と為政者から危険視され、フランケとヴォルフは一七二六年ごろに解雇されてしまう。

ハレ大学でアモはこれらの自由思想に感化されながら、二年のうちに予備教育を終えて、法学者であり歴史家であるヨハン・ペーター・フォン・ルーデヴィヒ（Johann Peter von Ludewig）の指導のもと、上記の論文『ヨーロッパにおけるムーア人の権利』を提出する。ムーア人は、一般には、北アフリカのイスラム教徒のことを指しているが、ここでアモはアフリカ人全体にまで意味を広げている。この原稿は失われたが、要約は大学の紀要に掲載された。ここでアモは、キリスト教徒によってもたらされたヨーロッパにおけるアフリカ人の隷属は、一般的な法に違反しているとの結論を導き出している。

この論文提出の後、おそらくはルーデヴィヒの導きで、アモは直ちにヴィッテンベルク大学に避難するように移動する。ハレ大学から一七三〇年に哲学とリベラル・アーツの修士が与えられ、一七三〇年から三四年までヴィッテンベルクで講義を担当する。ヴィッテンベルクでも、論理学、形而上学、生理学、天文学、歴史学、法学、神学、政治学、医学を学び、英語、フランス語、オランダ語、ラテン語、ギリシャ語、ドイツ語を習得する。

とりわけ医学の研究は、彼の哲学的思考に大きな影響を及ぼすことになる。ルーデヴィヒの友人であり、ヴィッテンベルク大学に近代物理学をもたらした科学者であり医学者であったレッシャー（Martin Gotthelf Löscher）の指導のもと、一七三四年、『人間精神の無感覚性について』によってヴィッテンベルク大学の哲学の博士号を取得する。アモは、レッシャーの物理学、医学、心理学の講義に出席した。アモは医学の修士も獲得し、講義を担当した。

アモは、子ども時代にライプニッツに直接会った経験があるが、その哲学的影響は主にヴォルフを通してであった。彼は、ヴォルフの影響を受けつつ、デカルトの心身論について研究し、その矛盾や問題点を指摘した。デカルトは精神とは身体から独立の実体であり、その本質は思考にあるとした。身体は物質の一部であり、その本質は延長にあるとした。デカルトによれば、精神は常に能動的である。

しかし、感覚は外界との直接の接触によって影響を受けることであり、デカルトがいうように、感覚が精神の働きであるとすれば、精神は受動的で延長を有するものになってしまう。したがって、感覚とは精神の働きではなく身体の働きである。感覚器官がなければ感覚は生じず、精神は感覚することはない。感覚の生理学的基盤をあまり詳しく検討されなかったが、感覚はさまざまに分割されていると指摘される。人間の心は定義上、非物質的であり、部分からなる組織である身体ではないので、心自身が感じるということはありえないと結論する。

この精神の無感覚性は、当時の哲学論争の文脈に位置付けて捉える必要がある。[2] すなわち、機械論と生気論の論争である。機械論は、生命現象を物理現象に還元できるとする考えで、デカルトは、身体を複雑な機械に模した。これに対して生気論は、生命現象を、物理学、化学、数学などに還元できない独自の法則、すなわち、生命力によって動いていると見る立場である。

当時は、ゲオルク・エルンスト・シュタール（Georg Ernst Stahl, 一六五九〜一七三四）の生気の概念が生気論の根拠とされていた。アモは、機械論の立場から生気論を退ける。論文のなかでシュタールを引用していないが、アモは、シュタールの弟子であるハレ大学医学部のゲオルク・コシュヴィッツ（Georg Daniel Coschwitz, 一六七九〜一七二九）を批判している。コシュヴィッツは、物体は受動的で自ら動かず、それが動くには、能動的で非物質的な動力が必要であり、そしてその動力は合理的な精神だと考えていた。そこでアモは、上記の議論、精神が能動的であるならば、受動的である感覚はできないと論じたのである。

驚いたことに、アモは、石も精神も感覚できないと指摘している。感覚のような多様に分節されたものが生じるのは、部分が組織されたものだけである。石はそうした有機体としての組織はなく、精神もまた組織ではない。この組織されたものとしての身体という考えは、アモの医学的知識から来ているといえるだろう。ここでアモが示したかったことは、感覚の心理学が不可能であること、そして生気論的心理学が不可能であることであった。感覚は、生きている組織された身体の特定の配列だというのが、アモの主張である。感覚は神経系の中で生じ、感覚能力は血流にあるというのである。

こうして、アモはデカルトと生気論を批判して、ある種の有機体説と経験主義を提示したと言えるだろう。

ヴォルフ流の哲学が再びハレ大学で生じると、アモはハレ大学に戻ることができ、アントニウス・ギレルムス・アモ・アファー（Antonius Guilielmus Amo Afer）という名前で哲学の講義を行い、一七三六年には教授となる。アモは、ヴォルフの政治哲学も講じていた。

アモは、学生指導の点でも傑出していた。彼は、モーゼス・アブラハム・ヴォルフというユダヤ人医学生を、同僚のフレデリック・ホフマンと共に指導し、ハレ大学で学位を取得させた。当時、ユダヤ人は激しく差別され、一七二六年以降、医学を学ぶことができなくなっていたのである。一七三八年に二番目の著作『節度と正確さをもって哲学する技術に関する論考』を発表した。この著作では、精神の本性と限界、知識の分類とその基礎、哲学とその他の知的探究との関係が示される。この論考では、哲学的思考の方法論が論じられる。アモにとって哲学とは、第一に明晰かつ無矛盾に思考することである。また、論理学、存在論、合理的心理学、倫理、政治哲学も論じられる。その基調は、上記のように機械論的である。

一七四〇年、アモはイエナ大学で哲学の職に就くが、そこでも、ヴォルフ的な哲学を講じることになる。同じ年に、プロイセン王フリードリッヒ二世からベルリンに招聘される。フリードリッヒ二世は、人文主義的な活動を重んじ、啓蒙主義的な改革を行った君主であった。その間にアモはいくつかの悪い変化を経験することになる。アモに関する記録は、一七四七年のハレ大学の揶揄的な記録が最後である。アモの後ろ盾であったルートヴィヒ・ルドルフ・ブラウンシュヴァイク＝ヴォルフェンビュッテル公爵は一七三五年に死去した。また、ドイツは、知性的にも道徳的にも狭量で、反動的になり、ヴォルフのような啓蒙主義的運動家たちは批判に晒されるようになった。

アモは、オランダの西インド会社の船を使い、ギニア経由でガーナに帰国した。一七四七年頃に到着したときには、まだ父と妹が住んでいたという。また、彼は一七五三年ごろにオランダ政府によって、ガーナ西部のシャマの町にある牢獄として使われていたサン・セバスチャン砦に連行された。アモは、医学者としてガーナの迷信に基づく医療を批判し、他方で、オランダの奴隷貿易に抗議しつづけたからである。以降、アモの記録は途絶える。正確な日時、場所は不明だが、おそらく一七五九年ごろにシャマで亡くなったと推定される。

アモの哲学について、現代の哲学者であるウントンジはそこに、アフリカ的な特徴がまったくないことを指摘する。[3] それは、機械論と有機体説の哲学であり、人間の精神と神の精神との違いを強調し、神の精神の不可知性を説く点でほとんど無神論に近いものになっている。ここには、西洋近代哲学のある立場が表明されていても、アフリカ的な要素は何もない。

アフリカで生まれたアモは、欧州で教育を受けて、欧州の読者のために哲学を展開した。それはアフリカ人の同胞に向けられたものではなかった。彼は、アフリカ哲学史ではなく、西洋哲学史のなかに組み込まれるべきだろう。彼のアフリカからの孤立と、そして最終的に、あれだけの先進性と学問への貢献にもかかわらず、欧州から追われるように去らざるを得なかったアモの蹉跌は、アフリカが抱えている問題を如実に表現している。

†重要な宗教的な哲学者たち

ヤコブス・エリサ・ヨハネス・カピテイン（Jacobus Elisa Johannes Capitein, 一七一七頃〜一七四七）は、オランダの作家、カルヴァン派の牧師、宣教師で、アフリカ系で初めてプロテスタント教会の牧師として叙任された。[4] 彼は、オランダ領ゴールドコーストのエルミナで生まれ、奴隷として売られた後、奴隷商人ヤコブス・ファン・ゴッホと共に一七二八年、オランダに移り、奴彼の養子となる。オランダでは奴隷が制度化されておらず、カピテインはそのまま自由人となる。ハーグに住むうちに神学に興味を持ったカピテインは、ゴッホの庇護のもと、ギムナジウムで学びはじめる。ギムナジウムを卒業すると、ライデン大学の奨学金を得て、一七三七年、同大学の神学科に入学した。

一七四二年、カピテインはキリスト教的根拠に基づいて奴隷制を擁護する論文を書いて、ライデン大学を卒業する。その論文によれば、アフリカ人がキリスト教化できることから、奴隷であっても魂は自由になることができるのであり、キリスト教の奴隷所有者が奴隷にした人々を公平に扱うべきことを主張している。卒業と同年、カピテインはオランダ改革派教会で牧師に叙され、エルミナにチャプレンとして派遣される。現地で、聖書を現地の言葉に翻訳するなど、布教活動に勤しむが、現地住民のキリスト教への改宗は少なかったという。

カピテインは、アモよりも十数歳若いが、欧州での活動時期を同じくしており、またアフリカに帰る時期もそれほど違っていない。これは欧州におけるアフリカ人に対する扱いに大きな変化がはじまったことを意味しているだろう。植民地主義の本格化である。

コッチ・バルマ・フォール(Kocc Barma Fall, 一五八六〜一六五五)は、一七世紀のセネガル最大の哲学者であり、宇宙論を展開し、当時のカヨール王国のダメル王の圧政を批判した。[5]

註

（1）本章は以下の著作を参照した。Mono Ndjana, Hubert（2009）*Histoire de la philosophie africaine*. Paris: L. Harmattan. Yacob, Zera（1998）"God, Faith, and the Nature of Knowledge" in Eze, Emmanuel Chukwudi（1998）*African Philosophy: An Anthology*. Blackwell, pp. 457–461. Sumner, Claude（2004）"The Light and the Shadow: Zera Yacob and Walda Heywat: Two Ethiopian Philosophers of the Seventeenth Century," Wiredu（ed.）（2004）*A Companion to African Philosophy*. Melden, MA: Blackwell: pp. 172–182; Kiros, Teodros（2004）"Zera Yacob and Traditional Ethiopian Philosophy," Wiredu（ed.）（2004）*A Companion to African Philosophy*. Melden, MA: Blackwell, pp. 183–190; Kiros, Teodros（2005）*Zera Yacob: Rationality of the Human Heart*. New Jersey: Africa World Press.

（2）Hountondji, Paulin（1996）*African Philosophy: Myth and Reality*. Second ed. Trans. By Henri Evans, Bloomington and Indianapolis: Indiana University Press, Chap. 5.

（3）Hountondji（1996）, pp. 128–130.

（4）Mono Ndjana（2009）, pp. 45–46.

（5）Mono Ndjana（2009）, p. 49.

第3章 アフリカ哲学史3 西洋の植民地主義と人種主義の哲学

†最大の哲学的テーマとしての植民地主義

アフリカの現代哲学については、いくつかの特徴を挙げることができる。ひとつは、後に述べるように、アフリカの伝統的な世界観、人間観、社会観、道徳観に基礎を据えた思考である。たとえば、「ウブントゥ」といった伝統的な人間概念の倫理性について考察するといった哲学がそうである。二つ目は、これも後ほど説明するように、アフリカの言語を概念的に分析することで得られる思考である。たとえば、ガーナのアカン語に含まれている真理概念を真偽の基準を分析するといった言語哲学がそうである。

この二つの特徴は、他の地域の哲学と比較することではじめて、それが哲学的テーマになることにある。というのは、伝統的な考えにせよ、ある言語の概念にせよ、それが日常の生活で当然のこととして流通しているのでは特別に思考を喚起することなく、他の伝統や言語と比較されることではじめて、それらを対象とした反省的な思考が生じるからである。伝統にせよ、言語にせよ、それが「アフリカ的」と呼ばれるからには、アフリカ以外の伝統や言語と比較される必要がある。アフリカ哲学とは、アフリカ以外の地域のそれとの比較で成り立つものである。この点は、アフリカに限らず、「西洋哲学」と呼ばれるものはそれ以外の地域の哲学と比較する視点が最初から含まれていることからもわかるだろう。

以上がアフリカの文化や社会に内在している思考をテーマにした哲学の特徴であるとすれば、それに加えて、アフリカが経験してきた歴史的・政治的な事象をテーマにした哲学も論じられるべきであろう。

アフリカの現代哲学にとって、いや、現代のアフリカ人にとって最も重要な歴史的・政治的な事象とは、西洋による植民地化の経験である。植民地化とは、宗主国からの移住民によって経済的に統治され、宗主国に政治的に従属するようになることである。古代にも植民地は存在したが、ここで論じるのは、近世以降の帝国主義的な列強諸国が、植民先の土地で原材料の取得、農園や工場などの経営を行うと同時に、その場所のもともとの住人に対して政治・文化・言語において抑圧的な統治を行っている状態を指している。

現代のアフリカ哲学は、一五〜一六世紀に始まる西洋列強諸国からの抑圧、とりわけ、植民地支配の中心がポルトガルやスペインから英仏独に移り、アフリカへの搾取が一段と激しくなった一八世紀からの植民地支配の経験を抜きにして語ることはできない。

私たちは、前章ですでに、一八世紀の哲学者であるアモやカピテインが、植民地化と奴隷の不当な扱いを強く批判していたことを見た。その時代を境として、西欧諸国のアフリカへの支配と略奪は非道徳性を極めていく。その時代の悪しき影響をいまだに現代のアフリカは引きずっており、植民地主義の害悪は、現代のアフリカ哲学の最重要テーマといってよいだろう。

この章では、まず、西洋による植民地化と、そこから生じた奴隷制と奴隷貿易の歴史を振り返る。そして、アフリカ人を対象にした奴隷貿易が盛んになる一八～一九世紀の西洋における人種主義の理論を、その時代の哲学者や科学者の著作に探ることにしよう。

一八世紀は、西洋では啓蒙主義の時代と呼ばれる。西洋の中で普遍的な理性や人権、民主的制度といった考えが発展するのだが、その裏側では、世界各地での植民地化とアフリカ人たちの奴隷化が進行していたのである。人種主義とは、ただ一定の人たちを差別と偏見の目で見て、その人たちを使役させ搾取するというだけではなく、それを科学的・学問的に正当化する言説を作り上げていく試みである。この時代の著名な哲学者や科学者たちの多くがこの試みに加担していたという事実を、この章ではしっかり確認しておこう。

†西洋によるアフリカの植民地化と奴隷貿易

まず、アフリカにおける植民地主義の歴史について振り返っておこう。[1] 近世における西洋による植民地主義は、スペインとポルトガルによって開始された。一四九二年にコロンブスが西インド諸島に到着すると、スペインはアメリカの植民地化をはじめ、一四九八年にヴァスコ・ダ・ガマが希望峰回りでインドに到着すると、ポルトガルもその航路にあたる地域を植民地化していった。トルデシリャス条約やサラゴサ条約によって両国は調停しながら、新大陸とアフリカを次々に植民地としていった。

アメリカ大陸では、スペインに対抗する強力な敵がおらず、比較的容易に現地の大帝国を攻略した。圧政に加えて、旧大陸からの天然痘など伝染病に抵抗力をもたなかったインディオたちは瞬く間に激減した。それゆえ、人口の減少を補う農業用の奴隷が必要となった。他方、ポルトガルが到着したアフリカとアジアには、内陸部に強力に武装した国家や帝国が存在し、容易に外国の侵入を許さず、ポルトガルは海岸沿いに城塞都市を作って維持するので精一杯であった。ポルトガルの植民地は、南北アメリカ大陸のように地域全面を支配するまでに至らなかった。

ヨーロッパ人のアフリカ遠征の動機は複合的であった。アラブ人の支配地域を通過することなくアジアへの交易ルートを確保するという経済的動機、キリスト教布教という宗教的動機、そしてアフリカについての知識を得たいという知的動機である。ポルトガルは、海岸部の交易で、金、胡椒、象牙、奴隷を得るのに安価なヨーロッパ製品を交換していた。その後、ポルトガルは、オランダとイギリスという西欧のライバルからの挑戦を受けるが、沿岸部のアフリカ諸国は強力であり、内部への侵入に抵抗し、交易条件の交渉もたくみであった。ポルトガルは、他のヨーロッパ商人との競争にも敗れていった。

今述べたように、アメリカ大陸ではプランテーションのための労働力が不足していた。そのため、ヨーロッパ人のアフリカにおける最大の交易上の関心は、奴隷の獲得になった。カリブ海諸島では、フランス、オランダ、イギリス、スペイン、デンマークが植民地を築き、ブラジルではポルトガルが入植型の植民地を作り、スペインは中部と南北アメリカに植民地を形成し、それぞれに労働力を必要とした。これによりいわゆる三角貿易が成立するようになる。すなわち、ヨーロッパからアフリカへは工業製品（ナイフ、宝石、酒類、貴金属、銃など）が、アフリカからアメリカとカリブ海諸島に奴隷が、アメリカ・カリブ海諸島からはプランテーションの作物（砂糖、タバコ、綿花、藍など）が輸出されるようになったのである。

アフリカ大陸において奴隷売買は、西欧諸国の参入以前から存在していた。犯罪者や戦争捕虜が奴隷として売られ、所有者のために家事労働、農業、職人仕事に従事した。外国へは主にアラブ諸国への輸出が存在していた。

しかし西洋の進出とともに、奴隷貿易は一六世紀から急増し、一七世紀には、二八六万八〇〇〇人、一八世紀には頂点に達して七四三万三〇〇〇人の奴隷が売買された。移送先は、紅海沿岸、北アフリカ、東アフリカ、そしてアメリカ大陸とカリブ海諸島であった。このうち、アメリカ大陸とカリブ海諸島への奴隷輸出は、一七世紀には約六五％で、一八世紀には八二・五％に達していた。一五世紀から一九世紀にかけてヨーロッパ商人によってアメリカ大陸に運ばれたアフリカ人奴隷は、総数で一五〇〇万人から二〇〇〇万人と推定される。

また、サハラ経由、もしくは東アフリカからアラブ人に連れ去られた奴隷は、七世紀から一九世紀にかけて一四〇〇万人と言われている。それゆえに、この時期にアフリカの人口はほとんど増加しなかったのである。

西アフリカでは、強い部族がだいたい内陸部に王国や帝国を作り、弱小の部族を大西洋岸に追い落とす傾向が認められるが、その弱小部族がヨーロッパ人に買収され、奴隷貿易に手を貸すようになる。そして、次第に奴隷を得るために、他部族と戦争を行ったり、交戦的な部族に依頼したりして、内陸での奴隷入手に努めるようになった。

一八世紀になると沿岸には、奴隷貿易に利害を持たない部族はほとんどいなくなった。奴隷の出身地は、西・中央アフリカであった。奴隷貿易の影響は、沿岸部から徐々に内陸部に及ぶようになった。奴隷貿易で勢力を伸ばした、たとえばファン民族の国家などは急速に成長して、沿岸部も支配下に置くようになった。

こうした奴隷貿易の浸透によってもっとも被害を被ったのは、やはり小さな集団であった。内陸部で強大な軍事力を持つ王国や帝国、たとえば、ボルヌ、ワダイ、ルンダなどは自衛が可能であったが、赤道沿いの地域で、小さな集団として暮らしていた民族は、奴隷狩りから身を守ることができなかった。西からの侵害に対して東に移動しても、やはり奴隷狩りが待ち受けていたのである。

ガーナにあるケープ・コースト城。奴隷売買のためにヨーロッパ商人によって建設された。西アフリカの海岸には、同様の城・砦が約40箇所あった。オバマ米大統領が2008年に訪問した。(著者撮影)

奴隷貿易の害悪は、第一にアフリカ社会における労働力の喪失と、人口増加の停滞である。これが直接に

ケープ・コースト城の総督の部屋から見える中庭。総督はこの高みから奴隷の値段を見定めたという。（著者撮影）

生産力の麻痺を帰結した。三角貿易の中で、アフリカは一番弱く失うことの多い役回りを演じることとなり、アメリカの植民地やヨーロッパの国々が、貿易を通して富裕になっていったのに対して、アフリカは弱体化し、低開発化した。現在でもアフリカの最も貧しい地域と奴隷貿易が激しかった地域は一致している。

第二に、奴隷貿易と引き換えに得た西洋の安価な製品は、アフリカ職人の生計を奪い、アフリカにおける熟練した技術の継承を喪失させ、工業の発展を阻害した。ヨーロッパから購入した兵器や消費財は再生産につながらなかった。

第三に、アフリカ内部での国々や民族同士の分裂と敵対を増大させ、奴隷貿易で富を得た、王や民族長、商人層と、被害の対象となった人々の間で政治的にも経済的にも大きな格差を生むことになった。戦争や略奪から逃れるために難民化した人々は農業生産力を失った。奴隷貿易の被害にあった地域は、政府、民族、共同体、家族への信頼度が低くなった。

ポルトガル	1460	ギニアビサウ支配
		大西洋沖のカボ・ヴェルデ占領
	1471	サントメ・プリンシペ支配
	1498	モザンビークの一部支配
	1574	アンゴラの一部支配から植民地化
スペイン	1497	モロッコ、メリラ支配
	1640	メリラ東方のセウタ支配
	1778	赤道ギニア支配
オランダ	1652	南アフリカのケープ地方支配
イギリス	1783	ガンビア支配
	1808	シエラレオネのフリータウン支配
	1814	パリ条約により南インド洋モーリシャスとセイシェル島をフランスから譲り受ける
	1814	南ア、ケープ地方をオランダから奪取
	1843	南ア、ナタール地方も支配
	1866	南ア、レソト、スワジランドを保護領
	1883	ナミビア中部沿岸、ウォルヴィス・ベイ地区をオランダから奪取
	1884	ソマリア北部を支配
	1885	ボツワナを保護領
フランス	1816	ウィーン会議によりセネガルの支配権を獲得
	1839	ガボン、リーブルヴィル地区獲得
	1887	マリの首都、バマコ占領
	1884	ジブチ（エチオピアとソマリアの中間地）を仏領ソマリランドとする
ドイツ	1884	トーゴ、カメルーン、ナミビアを植民地化
	1884-85	タンガニーカ支配権をザンジバルのスルタンから購入
アメリカ	1821	アメリカ植民地協会がリベリアを地域の民族長から借地

表　19世紀末までの西欧各国の植民地化の状況

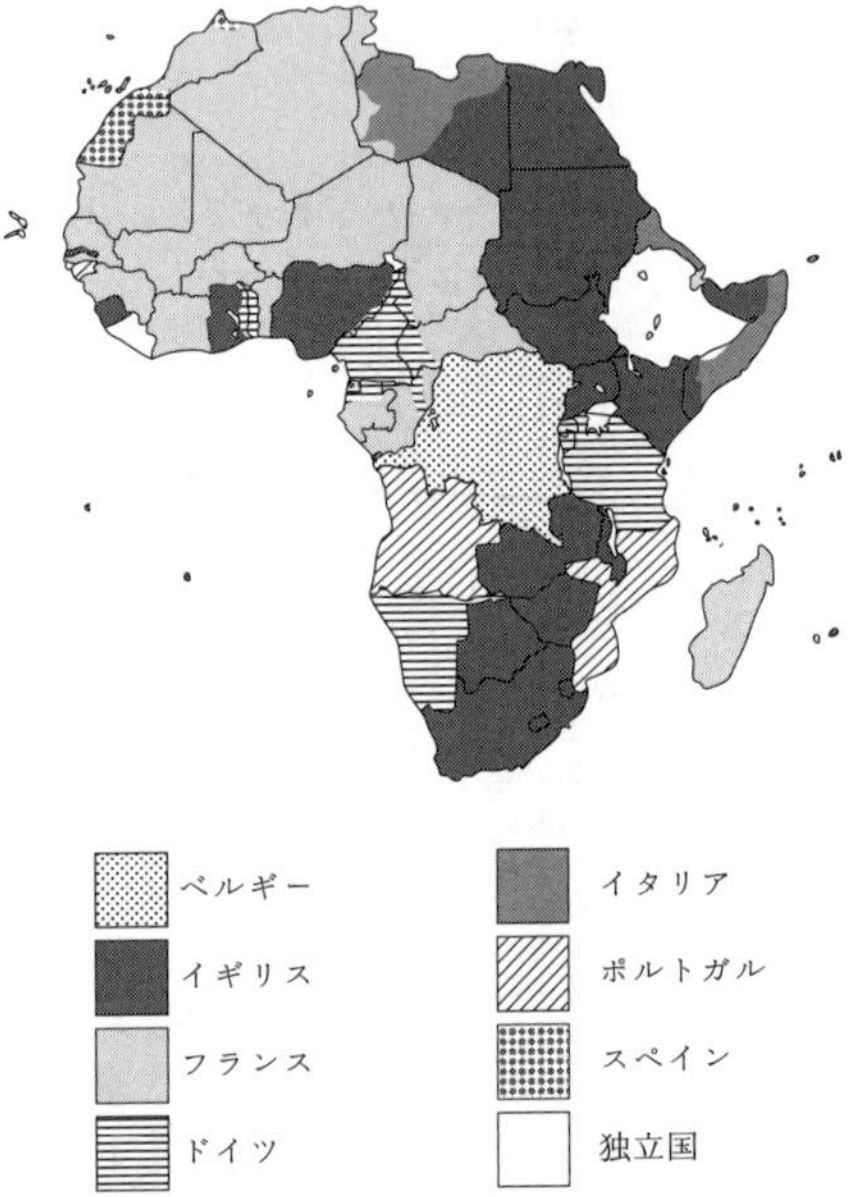

ベルギー
イギリス
フランス
ドイツ
イタリア
ポルトガル
スペイン
独立国

図　1913年の欧州列強によるアフリカの植民地分割状態

そこで一九世紀末までの西欧各国の植民地化の状況としては前頁の表ならびに上の図のようになる。

†アフリカ分割

一八世紀後半になると、イギリスとアメリカの議会では、宗教的・人道的な理由から奴隷貿易を廃止する運動が強まってきた。一八〇三年にデンマークが先駆けて奴隷貿易禁止法を発効し、一八〇七年にはイギリスがアフリカ人奴隷貿易を禁止して、アフリカ沿岸の奴隷貿易を取り締まるようになった。カリブ海諸島でも一九世紀前半には、イギリス、スウェーデン、フランス、オランダの各領地で禁止されていった。アメリカでも一八〇八年に奴隷の輸入が禁止され、南北戦争後の一八六五年に奴隷制が廃止された。

しかしその一方で、産業革命が生じたため、ヨーロッパ人たちは、それまで行っていた沿岸地域での奴隷や物産の交易よりも、内陸部の工業原材料の供給や、その市場として植民地を囲い込む方に関心を持つようになった。これが、奴隷貿易が禁止された後に、植民地化がアフリカ内陸部に及んだ理由である。

ドイツはアフリカの植民地開発に遅れをとっていたので、宰相のビスマルクは、コンゴにベルギーが侵出したことに関して、列強の利害と支配を調整する目的の会議を催すことを提案した。これが一八八四年から八五年にかけてのアフリカ分割に関する会議である（ベルリン＝コンゴ会議とも呼ばれる）。アフリカの代表がまったくいない中で、欧米列強の一四カ国、イギリス、ドイツ、オーストリア、ベルギー、デンマーク、スペイン、アメリカ、フランス、イタリア、オランダ、ポルトガル、ロシア、スウェーデン、トルコ（オスマン帝国）が参加し、アフリカの分割と植民地化の原則についての議論が行われた。

結論となるベルリン条約では、ベルギー国王、レオポルド二世の私有（王の私的団体コンゴ国際協会の所有）として「コンゴ自由国」を承認して、コンゴ川流域の自由貿易、奴隷貿易の禁止、沿岸部の占有権などが取り決められ、同時に紛争地域であったニジェール川流域のイギリスの権利も承認された。

この会議で、現地のアフリカ人の意思とは無関係に、ある地域を最初に占領した国が占有権を持ち、占領のためには実効支配が行われていることが条件となった。この会議のまるで「早い者勝ち」のような「原則」を通して、西欧列強のアフリカ分割と支配は加速し、一方化していき、その支配は第二次世界大戦後まで続くのである。この分割線は、アフリカの民族や文化の境界を全く無視したものであり、現在でもアフリカにおいて地域的な対立や抗争が生じる不安定要因を形成した。

†啓蒙主義と人種

トリニダード・トバゴの歴史家であり、独立後に同共和国の初代首相を務めたエリック・ウィリアムズは、『資本主義と奴隷制』(一九四四)[2]という著作の中で、産業革命は奴隷制の産物であることを示しながら、「人種差別が奴隷制に由来するものだった」と喝破している。[3]

後のネグリチュード運動を扱った章で詳しく論じるフランス海外県マルティニーク出身の詩人であり、政治家、哲学者であるエメ・セゼールによれば、植民地化とは、暴力的欲望そのものではなく、その思想的な正当化のことである。それを行ってきたのは、聖職者であり、思想家・哲学者であった。つまり植民地化とは、とりわけ思想的・哲学的な活動なのである。

しかし、なぜ、ただ端的に支配と略奪と殺戮を行わずに、それを正当化する言説が必要とされたのであろうか。それは、セゼールの言う西洋の「倫理的二面性」ゆえにである。一方で、啓蒙主義の思想に見られるように、自分たちの同胞とみなす人間たちには、権利を認め、平等と公正を誓う。他方で、自分たちよりも「劣る」人間にはそれらを認めない。だが、実はその区別が危ういことにも気づいているので、自分の暴力的欲望を発揮してよい対象を割り出すために線引きする。

これこそがまさしく差別である。こうして植民地化は、人種主義を正当化の根拠として必要としてきた。[4] 古代ギリシア人は、自らを「ヘレネス」と呼び、他を「バルバロイ」と呼び、「文明」と「野蛮」として区別した。しかしこの区別は、何らかの「人種」あるいは「種族」といった、自然発生的人間集団ないし血縁的集団への帰属意識に基づくものではなかった。古代以来皮膚の色で人間を区分する意識が存在したとしても、常にその区別はせいぜい二義的なものであった。たとえば、アリストテレスは、「先天的奴隷論」を展開したが、この人間の区別は、生物学的な次元ではなく、政治形態とそれに結びついた文化的区別からなされている。

啓蒙時代のヨーロッパの人々は、奴隷貿易の廃絶を求めるなど、アフリカの人々に人間としての一定の権利と身分を認めるようになっていた。しかし一方で、植民地からの利益を手放しがたい人々は、アフリカ人に人間といえども劣等というレッテルを貼り、アフリカ現地の人々を支配下に組み込むだけではなく、ヨーロッパ式の宗教、政治制度、言語、文化を与えることが、未開な人々を「文明化」する行為であるとして、それを正当化しようとするのである。

こうして、人種概念は、普遍的な人間性の概念を持ちうる者が、なおかつ人間同士を不平等に遇せんがために作り出した概念装置である。このことは啓蒙時代に、どのように人種差別の思想が生まれてきたかを歴史的に振り返れば、明らかである。西欧によるアフリカの植民地化は、まさしく西欧の啓蒙主義時代と重なる。啓蒙時代とは、アフリカ人にとっては、植民地主義と帝国主義、奴隷売買がなされた時代であった。カール・フォン・リンネの人種分類、アダム・スミス、ヒューム、カントなど、一八世紀に活躍した科学者・哲学者の言説の多くに、アフリカに対する差別的眼差しと偏見が含まれている。

一九世紀初頭には奴隷貿易はイギリス、アメリカ、オランダ、フランスと次々に廃止されていったが、その時代にあっても、人種不平等論のアルテュール・ド・ゴビノーはもちろん、アメリカ独立宣言を起草したトマス・ジェファーソン、社会進化論のハーバート・スペンサー、そしてヘーゲルの歴史哲学など、アフリカ人蔑視の哲学的・科学的言説は生産され続けた。こうして、近代においては、西洋哲学の主流が人種差別を正当化する思想的な基盤を与えたのである。

啓蒙時代から一九世紀末に至るまで、さらには第二次世界大戦終了まで、名だたる西洋の哲学者が人種主義に積極的にコミットしてきた。そこにみられるのは、自らに対しては適用する道徳的配慮から、非西洋人を、とりわけアフリカ人を排除するために構築された思想である。

ナイジェリアの哲学者で、ポスト植民地主義の専門家であるエマニュエル・エゼ(Emmanuel Chukwudi Eze, 一九六三〜二〇〇七)は、『人種と啓蒙——読本』[5]において、啓蒙時代の人種主義的な言説を収集し、分析を与えている。

啓蒙主義とは、ヨーロッパ中世において普及していたキリスト教的な人間・社会・自然の理解枠組みから離脱したり、それを拒否したりする近代的な思想傾向として定義できるだろう。歴史家のロイによれば、現在の歴史学では、一八世紀を「理性」の世紀として記述することはなく、かつて指導的な知識人が掲げたように、当時を「進歩的」で「自由」な理念が時代を決定していたなどと考える歴史家はいないという[6]。啓蒙主義が宗教的権威の代わりに、物事の判断の基準としたのが、「人間の理性」であった。この「理性」なる概念がしばしば絶対主義と結託しやすく、排除的性格を強く帯びるようになったことは、フランクフルト学派をはじめとして、フーコーやポストモダンの哲学者が指摘するとおりである。

その「人間」中心主義も、今から述べるように、非白人を——女性や精神疾患者、障害者なども——除いた人間概念から成り立っていた。啓蒙主義は、「普遍的な人間性」という概念を広めたとされるが、この「普遍性」は、事実としてよりもむしろ達成すべき規範や理想として——あるいは事実と規範の混淆として——みなされていた可能性がある。すなわち、普遍性に到達しない人間、すなわち「理性」を持ち得ない人間を劣位におく仕掛けを、啓蒙主義の思想は内蔵していたのである。

†人種の科学

特定の人間の集団への劣等視や差別は、人間の歴史のいつどこにでも見出されるが、啓蒙主義は「自然」の分類によってそれを正当化しようとした点に特徴がある。大航海時代以降、世界のさまざまな地域に進出したヨーロッパ人は、そこで遭遇した多様な自然を分類するための博物学を発展させた。

博物学は、伝統的な聖書による歴史に代わって「人間の自然史(博物学)」を構築しようと試み、その中から人種概念は生まれてきた。エゼが、人種主義は啓蒙主義の中で生み出された思想であると主張するのはそれゆえである。自然主義的な主張は、それ自体の中に宗教的言説のような規範性が含まれていないため、「自然」の概念の中にこっそりと階層的な価値概念を忍び込ませ、自分たちの行動をこの価値によって正当化しようとする。

人種概念が最初に言及されたのは、フランスの医師、哲学者、旅行者であったフランソワ・ベルニエ(François Bernier,一六二〇~一六八八)による一六八四年の匿名の論文であるとされている。[7] 彼は、ヨーロッパ人(モロッコ人、エジプト人、インド人も含む)、アフリカの黒人、東南アジアのオリエンタル人、ラップ人の四つに加え、「アメリカ人」と「ホッテントット」を挙げている。ベルニエの分類は曖昧であり、また厳密な分類体系を作るつもりもなかったと思われる。

ただし、注目すべきは、「人種（race）」という言葉と「種（species）」という言葉を同義に用いている点である。しかし、より「科学的」な概念としての人種は、一八世紀の博物学者によって提起された。バントンによれば、一五世紀のスペイン語文献に「人種主義」という表現が見られ、その後、フランス語圏・英語圏に輸入され、一七世紀に現在と同じような意味になったという。[8] たとえば、分類学の父とされるスウェーデンのカール・フォン・リンネ（Carl von Linné, 一七〇七〜一七七八）は、自然の中に階層秩序を見て、人間をその存在の連鎖の中に位置づけた。リンネは、『自然の体系』の初版（一七三五年、Leyden）では、白人、赤色アメリカ人、暗色アジア人、黒色アフリカ人を別の種と考え、人属を四種に分けたが、第一〇版（一七五八〜五九年、Stockholm）の中では、すべての人類をホモ・サピエンスという同種として、六種類の亜種（変異）を記載している。

ただし、ここにはアメリカ人、ヨーロッパ人、アジア人、アフリカ人とならんで、「野生人」（オオカミ少年など）と「奇形人」が、まったく同格の亜種として登場している。この分類では、皮膚の色、毛髪、相貌の特徴に加えて行動傾向も特徴に加えられている。ここに人類（ホモ・サピエンス）というひとつの種を、多様な亜種へと「科学的に」分類する発想が生まれた。

ビュフォン（Georges-Louis Leclerc Comte de Buffon, 一七〇七〜一七八八）は、『自然の諸時期』（一七七八）において地球の歴史は聖書で記されているよりも古いと主張したことで知られる博物学者である。一七五五年に出版された『博物学』では、人類の起源は一つであり、人種は地理学的・文化的配分によって生じると述べる。人種間の知性、習慣、習俗の違いは、天候と生物学的な原因に帰された[9]。

近代動物学人類学の創始者とされるブルーメンバッハ（Johann Friedrich Blumenbach, 一七五二〜一八四〇）は、『ヒトの自然的変異種（De Generis Humani varietate Nativa）』（一七七五年）という著作の中で、白色人（コーカサス人）、黄色人（モンゴル人）、黒色人（エチオピア人）、赤色人（アメリカ人）、茶色人（マレー人）の五種類に人種を分類した。

ビュフォンやブルーメンバッハは、人種の差異を「退化（degeneration）」によって説明しようとした。彼らは、白色人種が基本形であり、それ以外はそこからの「退化」によって生じたものと考えたのである（ビュフォンに影響を与えたモンテスキューは気候のみを、人種的差異の要因と考えていた）。

「退化」という考え方が生まれたのは、ビュフォンやブルーメンバッハが人類単一起源主義に立っていたからである。この時期の人類学において、多起源説を取る者は人種差異を絶対視し、単一起源説を取る者は差異の相対性を主張する。一八世紀における「種」の定義は、ビュフォンが確立した、同じ種の個体同士は交配可能であるというものである。ビュフォンは、単一起源説から、人類のどの人種間でも交配可能であるとしていた。

したがって、ビュフォンにとって「人種」という概念は、人為的な線引きに他ならなかった。ブルーメンバッハにとっても、人種の差異は「変異」以上ではなく、明確な区別を持たない。人種は、地理・気候や食性、習慣によって生じるが、退化した人種も環境を制御することによって退化を逆転させることができる、すなわち、すべての人類を白色人種に戻すことができると信じた。いわば、劣った人種は、環境工学によって治癒できると考えたのである。

ブルーメンバッハは、黒人が白人以外の他の人種よりも劣っているという考えを否定した。[10]ブルーメンバッハは、自分の考えを人種差別とは考えておらず、むしろその時代の、人種を固定して、白人よりも下位におくタイプの人種差別に対しては非常に批判的だった。またブルーメンバッハは、次のことを主張した。リンネの「野生人」と「奇形人」が亜種（変異種）ではなく、偶然的ないし病的原因による特異例に過ぎないこと。リンネがホモ属の第二の種として記述していた「穴居人」とは、黒人のアルビノ少年に関する情報、古代からの伝説、さらに類人猿の情報を混同して作った仮説に過ぎないことである。

ブルーメンバッハは、こうして人間がホモ・サピエンス一属一種であるということを主張したうえで、一七八一年の第二版で、キャプテン・クックの探検航海による新たな知見に基づいて、五人種論を提唱した。そして、一七九五年の第三版に至って、彼は各々にコーカサス人、モンゴル人、エチオピア人、アメリカ人、マレー人という名称を与えたのである。

近代の人種主義を研究しているウェストによれば、近代科学の言説の中に、白人の優位性が再び現れるのは、一九世紀の相貌学や骨相学においてである。[11]

†ロックとヒュームにおける人種主義

ロマン主義が、ナショナリズムや排外主義と結び付きやすいとする一方で、啓蒙主義が、それと反対に、人間の普遍主義に結びついていたとする従来の理解は、あまりに単純すぎる構図である。モンテスキュー、ヴォルテール、ヒューム、ジェファーソン、カントなどの啓蒙期を代表する哲学者たちは、まったく無批判に人種主義的な信念を持っていただけはなく、それが自然学や博物学、あるいは観想学などの当時の科学によって裏打ちされていると考えていた。

ジョン・ロック（John Locke, 一六三二〜一七〇四）は、啓蒙時代初期に政治的自由主義を唱えた思想家とみなされているが、それもあまりにも単純化された構図である。確かに彼は専制主義に異を唱え、立憲政治を主張した。

しかし、彼はホイッグ党員であり、アメリカでの多数制民主主義を否定するなど、民主主義を唱える思想家とは決して言えなかった。彼の収入の大部分は、植民地関係公務員と植民地への投資から成り立っており、そこには、王立アフリカ貿易商人会社による奴隷取引も含まれていた。ロック自身、間接的であれ黒人農奴を所有し、実質上、奴隷制を容認して（奴隷制を認める「カロライナ基本憲法」を起草）、アメリカ先住民に対する植民者の戦闘を肯定した。もちろん、女性の政治的権利には何の関心もなかった。[12]

ロックが人種主義者であったことと、彼の哲学とは独立の事象であろうか。経験論と立憲主義の哲学者は、たまたま、他の同時代人と同じく、単に黒人に差別意識を持っていただけのことだろうか。一九七八年の論文の中で、ブラッケンは、ロックの経験論には人種主義との内的な結びつきがあると指摘している。彼によれば、経験論における非本質主義やタブラ・ラサ概念には、人間の普遍性を認めず、エリートによる人間の制御という発想を生み出す点において人種主義を促進する要素があるという。彼のこの主張は反論を含めて多くの議論を呼んだが、ここではそれを取り上げない。[13]

ロックは、『統治二論』のなかで奴隷制を批判している。[14] しかし、この批判や自然的自由・自然権の擁護者としてのロックと、実生活での植民主義への加担や現地人（アメリカ先住民）への侵略の正当化については、どのように理解すべきだろうか。後者は、前者からの逸脱や矛盾だろうか。それとも、後者は、前者から必然的に生じてくる行動だろうか。

ロックは、正義の戦争による戦争捕虜を奴隷化することを認めていたが、その主張では、王立アフリカ会社での奴隷売買は正当化できない。アフリカやアメリカでの先住民の抵抗に対しては、ロックは反撃を擁護していた。このロックの主張は、より深刻に理解すれば、労働のみが所有権（私的財産）をもたらすとした彼の所有権論からの必然的な帰結なのではないだろうか。[15]先住民の自然への働きかけを労働とはみなさず、植民した白人の農地利用だけが労働の名に値する。こうした考えから、新大陸での土地使用とそれに対する先住民の抵抗の排除が正当化されるのではないだろうか。この解釈についてもさらなる検討が必要であろうが、いずれにせよ明らかなのは、ロックは全人類を実質的に少しも公平には扱っていなかったことである。

アフリカの哲学者や人種概念の研究者にとりわけ評判が悪いのは、デイヴィッド・ヒューム（David Hume, 一七一一〜一七七六）である。[16]「完全に賢明で徳の高い人間の考えに限りなく近い」（アダム・スミス）というヒューム評価は、白人の友人の間だけで通用するものだったようだ。ヒュームは、「古代諸国民の人口について（Populousness of ancient nations）」（一七四八年）において、歴史は、生命体のように、幼児期から青年期をへて成熟に至る成長であると述べる。この考えは、悪名高い「民族の性質について」（一七四八年）の脚注の背景となっている。以下、長くなるが引用しよう。

私は黒人と、一般に他のすべての種族（というのは四ないし五の異なる種族がいるので）は生まれつき白人に劣るのではないかと思いがちである。白人以外の顔つきの文明的な国民はけっしていなかったし、活動や思索のいずれにおいても著名な個人さえいなかった。彼らの間には精巧な製造業は見られないし、芸術も学問もない。他方、たとえば古代のゲルマン人や現代のタタール人のような、白人のうち最も粗野で野蛮な者でも、彼らの勇敢さ、統治形態、あるいは何かその他のことがらにおいて、なお優れたものをもっている。もし自然がこれらの人種間に本来の区別をつくらなかったのならば、このように斉一的で不変な相違は、これほど多くの国と時代に生じえなかったであろう。わが国の植民地は言うに及ばず、黒人奴隷はヨーロッパ中に追い散らされているが、彼らのなんらかの才能のきざしさえ発見されていない。といっても、生まれが卑しく教育のない人びとが、われわれの間に急に姿を現し、あらゆる職業において優れていることはある。ジャマイカでは実際、彼らは一人の黒人を有能で学芸のある人のように語るが、しかし彼は、わずかな言葉をはっきりとしゃべるオウムのように、わずかな成果によって尊敬されているようである。[17]

ヒュームが、観念が二種類の仕方で結合することにより知識が成立するとしたことはよく知られている。その一つが「自然的関係」であり、もう一つを「哲学的関係」である。ヒュームによれば、後者は高度な知識の源泉であるが、劣った人種はそれを持ち得ないと言う。上で挙げたヒュームの文章は、最初のK版（一七七〇年）に載せられたものであり、後の一七七七年の死後出版では、この注は脚注となり、さまざまな批判を受けて「一般に他のすべての種族（というのは四ないし五の異なる種族がいるので）(and in general all the other species of men (for there are four or five different kinds)」という部分は完全に省略され、「私は黒人が生まれつき白人に劣るのではないか…」と変更させられている。

簡単に言えば、ヒュームは、人種差別の対象を黒人に絞ったのである。エゼによれば、ヒュームはとりわけ黒人に差別的であり、黒人が受け身の心的能力しかなく、動物に近いことを示そうとしたのである。[18]

ウォードは、上で挙げたヒュームの引用に見られる「人間の他の種species」という表現には、リンネやビュフォンとは異なる多起源説へのコミットを窺わせると指摘している。ヒュームのパトロンであったケイムズ卿ヘンリー・ヒューム（Lord Kames, Henry Home, 1696–1782, Homeと書いて「ヒューム」と読む）は、『人類史試論（*Sketches of the History of Man*）』(1774) (I, 20) の中で、ビュフォンの単一起源説に疑問を呈して、多起源説を支持している。[19] このケイムズ卿の説がヒュームに影響を与えたかのもしれない。

多起源説は、フランスの哲学者、ヴォルテールや神学者で作家のラ・ペイレール（Isaac La Peyrère, 一五九六〜一六七六）が支持した立場でもあった。ヒュームの一七七七年の注の変更は、彼の人種差別の見解を少し弱めるものだったかもしれないが、逆に言えば、ヒュームは、筋金入りの、首尾一貫した黒人差別主義者であったと言える。

しかし実際には、ヒュームは、持説への反例もたくさん知っていたはずである。先に取り上げた、ガーナ生まれで、ハレ大学やイエナ大学の教授となったアモは、ヒュームと同時代人であり、ヨーロッパ中で有名であった。ヒュームがアモを知らないはずはない。また、上の引用で触れられている「ジャマイカ人」とは、一六九〇年頃にジャマイカで生まれたフランシス・ウィリアムズ（Francis Williams）のことである。第二代モンタギュー侯爵は、ウィリアムズの詩作の才能に驚愕した。そこで、侯爵は、教育を同じくすれば黒人も白人と同じ才能を持ちうるかどうかを試そうとして、ウィリアムズをケンブリッジ大学に送ったのである。そうして、ウィリアムズは、黒人学位取得者となった。

あるいは、ボストンのフィリス・ホイートリー（Phyllis Wheatley, 一七五三〜一七八四）も、奴隷として西アフリカから売られるが、ホイートリー家で詩作の才能を見出され、一七七三年にロンドンで、アフリカ系アメリカ人女性として初めての詩集を刊行する（アメリカ人女性としても二人目である）。当時、この女性は、ヒュームの考えに対する反例として考えられており、フランス革命期の平等主義者であったアンリ・グレゴワール神父（Abbé Henri Grégoire, 一七五〇〜一八三一）は、ヒュームや黒人差別主義者であったトマス・ジェファーソンに反論するために、

『黒人の文学(De la Littérature des négres)』(一八〇八年)を出版することになる。そして、ジェファーソンは、一八〇九年に、グレゴワール神父に宛てて、『黒人の文学』を読み自分の人種偏見を改めたことを綴っている。[20]

哲学者の中からもヒュームへの反論が出されている。ヒュームと同時代人で、船医であり、聖公会牧師であったジェームズ・ラムジー(James Ramsay, 一七三三〜一七八九)は、心の能力と、低い鼻、巻毛、黒い肌といった身体的な特徴の間にどのような関係があるのかと、ヒュームを厳しく問い質している。[21]

ラムジーは(以下で述べるビーティーも)、心を実体として考えるデカルト主義的であり、かつ、キリスト教的な立場から、ヒュームの経験論的な心理概念を批判する。彼は、経験論における心の本質の否定が、人種主義と結びついていると考えたのである。

スコットランドの哲学者であり詩人であったジェームズ・ビーティー(James Beattie, 一七三五〜一八〇三)は、『真理の本性と不変性について——詭弁と懐疑主義に抗して(*The Nature and Immutability of Truth In Opposition to Sophistry and Scepticism*)』(一七七〇年)という著作の中で、非西洋社会の知的生産性に関するヒュームの否定的な主張に強い異議を唱えて、「アフリカ人やアメリカ人の間では、多くの独創的な製造や芸術が行われていることが知られており、ヨーロッパ人でさえも簡単には真似できないだろう(III. ii)」と主張する。[22]

さらにビーティーは、かりにヒュームの主張が正しかったとしても、現在野蛮な民族が決して文明化できないとは言えず、このことは、グレートブリテンやフランスの住民は、二〇〇〇年前には同じように野蛮だったことを思い出すだけで十分だろうと指摘する(III. ii)。また、彼は、ヒュームの「ヨーロッパ中に散らばっているネグロの奴隷がいるが、その中で工夫の兆候を発見した者はいない」という主張にも根拠がなく、誤りであると指摘する。仮にもしそれが事実であったとしても、そのことをもって、ヒュームの自然的劣等説は正当化できないという(III. ii)。

そして、ビーティーは、芸術や科学における西洋の業績は、偶然に発見されたものか才能のある少数の人が発明したものであって、つまり、その人だけに帰属できる功績であり、西洋人全体が優れていることの証明にはならないという、もっともな指摘をする。

ビーティーがヒュームを激しく批判するのは、ビーティーは、人種差別は人間の本性に関するユダヤ・キリスト教の考えと調和しないと考えたからである。そして、正しくも、次のように指摘する。すなわち、人種をめぐるヒュームの意見は、単に理論的・推測的なものに留まることはなく、非白人が本質的に劣っているという彼のテーゼは、奴隷制度を正当化するために唱えられる可能性があり、また現にそのように利用されていると非難するのである。

しかし哲学的により深刻なのは、ヒュームの考えは、社会的・政治的な悪条件が集団に与える影響を無視して、集団の性格の原因を一般化してしまう点である。ヒュームは、政治的な統治形態が国民の性格を形成するという原則を掲げていたはずである。そうであれば、ヒュームは、そもそも植民地での現地人の政治的統治や共同統治をまったく問題にしていないことになる。

ヒュームは、「ヨーロッパ全土に散らばっている」奴隷の共通の性格を、政治的立場を持たない奴隷としての市民的地位から説明しようとはせず、人種的なステレオタイプから一般化することに終始する。これが明確な植民地主義の証であることは、アフリカ人の置かれている政治的立場を考慮に入れた次のビーティーの発言と比べてみるとわかるであろう。

> 読み書きもできず、ヨーロッパの言語を話すこともできず、主人の命令以外には何もすることが許されず、地球上に友人は一人もおらず、あたかも人間よりも劣った種であるかのように普遍的に考えられ、扱われている黒人奴隷が、このような生き物がヨーロッパ人の間で自分を際立たせ、世界中で天才的な人物として語られるようになることは、確かに妥当な期待ではない。(23)

ビーティーは、ヨーロッパ以外の文明について擁護するさまざまな主張をしている。しかしもしヒュームがビーティーを真剣に読んだとしても、彼が黒人や非白人についての主張を変えるとは考えにくい。ヒュームは、その時代のその他の人々とともに、人種主義的発想を漠然と共有していたのではない。黒人を潜在的には白人と同じ能力を持つ人間として扱おうとする当時のラムジー、ビーティー、グレゴワール神父などの平等主義者からの反論を、ヒュームはまったく意に介さなかったのである。

ヒュームほど影響力のあった哲学者が、それほど多くない言及とはいえ、アフリカ人差別に固執したことは、その時代以降の植民地主義者や人種差別主義者にお墨付きを与えてしまったはずである。

†カントの人種主義

カントは人種を初めて理論化した哲学者であることは間違いがないが、カントがどの程度までの人種主義者であったのかについては、論争がある。エゼやセラクバハンといったアフリカの哲学者たちは一九九〇年代の論文で、植民地主義を批判した道徳的なコスモポリタンというカントのこれまでの描像に激しい異議を唱え、カントの暗黙の人種主義を明るみに出した。

彼らによれば、カントは「人種」それ自体をアプリオリな概念として擁護しており、カントの人間学は、道徳的配慮から非白人を排除することを危険な仕方で正当化してきたという。カントは、アフリカ人たちを長年にわたって苦しめることとなる「人種」概念を整備した哲学者なのである。

人種に関するカントの初期の批判前の見解（一七七五〜九年）には、ヒュームからの受け売りに近い部分も含めて、あからさまな人種主義的偏見が見られる。[24] その初期の明白な、特に黒人に対する人種主義と、後に発表される道徳的平等、人間の尊厳、コスモポリタニズム（普遍主義）に関する倫理的・政治的な文章（一七九〇〜一八〇〇年）との間には、一見すると矛盾があるように思われる。

ここから先のアフリカの哲学からの解釈を受けて、カントを「一貫性のない普遍主義者」と解釈すべきか、それとも、「一貫性のある非平等主義者」と解釈すべきかについての論争が起こった。第三の見解として、時間の経過とともに人種に関する見解を変えていったと解釈する意見もある。[25]

しかし、『実用的見地における人間学』（一八〇〇年）では、「人間学的考察」、「人相術について」、そして特に「人種の性格について」と題された部分に、人種の遺伝性に関するカントの見解が反映されており、これは、カントの初期に始まった長年にわたる講義においても変更されていない。この人間学が出版されたのは、一七九八年、一八〇〇年であって、コスモポリタニズムが明言される『永遠平和のために』（一七九五年）の日付よりも後である。後期の文章の中には、彼が前期に進めた人種差別的な理論を支持する理論が見つかる。よって、人種に関するカントの後期と前期の間には大きな断絶があるとする解釈の根拠は弱いと言えるだろう。

それでは、カントは、一貫性のない平等主義者なのであろうか、それとも、一貫性のある非平等主義者であろうか。後者であれば、カントの道徳的普遍主義は、実際には人種によって制限されていたことになる。アフリカ人はもちろん、日本人もその理論がカバーする範囲に入っていないことになるだろう。

カントが人種について初めて書いた一七七〇年代から八〇年代には、生物学的な人種理論はドイツにはまだ存在していなかった。Race という言葉がドイツ語にフランス語から入ってきたのはその当時として比較的最近のことで、Geschlecht、Gattung、Art などの言葉とともに「種類」や「系統」を表す言葉として曖昧に使われていた。

人種についての哲学を展開しているベルナスコーニによれば、科学に裏打ちされた、思想的な概念としての「人種」の構築したのは、まさしくこの一七七〇〜八〇年代のイマヌエル・カントである。[26] 明確な人種偏見の記述が目につくのは、ヒュームに言及し「黒人は、本性上、子どもっぽさを超えるいかなる感情も持っていない」[27]と述べた「美と崇高の感情に関する観察」(一七六四年)や、さらに悪名高い「さまざまな人種について」(一七七五年)[28]である。一七八五年の「人種の概念の規定」、同年の「J・G・ヘルダー『人類史の哲学考』(第一部、第二部)についての論評」、一七八八年「哲学における目的論的原理の使用について」は、さらに明確に人種概念を人類学的に位置づけようとしている。

エゼは、カントが頼りにしていた探検家、宣教師、富と名声を求める者、植民者などとその旅行記は、ヨーロッパ以外の「人種」や「文化」に対する最悪の特徴づけをカントに提供し、カントの偏向を正当化する役割を果たしたという。カントが講義をしていた当時、世界のさまざまな人々のあり方についてのもっと正確な事実に基づいた説明が可能であったが、カントは、これらの資料の多くを意図的に無視したと指摘している。[29]

先に述べたように、西洋近代で「人種」の概念に最初に言及したのは、フランスのフランソワ・ベルニエ(一六八四年)であるが、あまり厳密な分類とはいえず、その後、リンネやビュフォンが博物学的な概念としての「人種」を発展させた。ヒュームの人種概念は、基本的にこれらの科学的概念に依拠している。

しかし考えてみれば、科学的な人種概念が発展したのは、植民地を持ち奴隷所有者が多くいたイギリスやアメリカではなく、むしろブルーメンバッハ以降のドイツであった。ここからベルナスコーニは、科学的人種概念そのものは、植民地支配や奴隷貿易を正当化するために導入されたのではなく(後で利用されたとしても)、博物学的な分類への知的関心に基づき、単一起源説を擁護するために提示されたものと解釈すべきだと指摘する。[30]

筆者には、これは非常に説得的な議論に思われる。カントの一七七五年の人種に関する論文は、ヴォルテールの多起源説への反論として書かれている。先のケイムズ卿の多起源説が出版されたのも一七七四年であり、翌一七七五年にはドイツ語訳される。博物学者、民俗学者、旅行家であるゲオルク・フォルスター（Johann Georg Adam Forster, 一七五四〜一七九四）との一七八八年の論争[31]では、問題は、黒人と白人は「類（Gattungen または Arten）＝種（species）」として異なるのか、それとも単なる「変異種（Varietäten）」として異なるのか、にある。「共通の根幹」を想定して単一起源説に立つカントにとって、人類をいくつかの「クラス（Klassen）」に分類するさい、「人種（Rasse）」を「変種（Abartung）」と呼びたいのである。

一七七五年の論文でカントは、ビュフォンの定義（交配可能性）が「種」を構成することを認めるが、人種が例外なく遺伝するのに対して、それに対照的なのが、次のような人間に見られる特徴であると述べている。それによれば、Spielart（sport 変種）は遺伝するが必然的にそうなるわけではなく、Varietät（variety 変異種）は予測不可能な遺伝をし、Schlag（stamp 種類）は必然的に遺伝するが永続的ではないという。黒人と白人は異なる人種（Race）の例であり、ブロンドとブルネットの髪色の違いは異なるSpielartの例とされる。

カントは、こうして、人類を、白人種、ニグロ種、フン種族（モンゴル種族、カルムイク種族）、ヒンズー種族（ヒンドスタン種族）に分け、その中間に「なりかけ種族」を配置する。この「なりかけ」というのは、カントが生物を目的論的に捉えていたことに由来する。

重要なことに、カントの人種概念は、同じ単一起源説であっても、ビュフォンの機械論的な説明とは異なる。カントによれば、誰もが全人種の「種子・萌芽（Keime）」を持っているけれども、それが目的に応じて現実化するというのである。自然は一部の生物に、さまざまな気候に特定の適応をするための「種子（Keime）」を与えた。人間は「すべての気候のために」作られたのだから、どこでも適応できるように十分な萌芽を持っている。空気と日光は、種の形成力を刺激して、萌芽のうちの一つ二つを発展させ、「人種」を作り出す。人種形成の主体は気候ではなく、すべての人種は、最初の人間の中ですでに潜在的に予見されている。しかし「種子（Keime）」が根付いて人種が一度発現すると、それは取り消されたり、戻ったりはしない。

白人以外の人種は、より温暖な気候やヨーロッパ文化によって退化から回復すると考えたビュフォンとは異なり、カントは、種子の生物学的変化によって人種の特性は遺伝しており、不変であると考える。したがって、カントは単一起源説を採ったといっても、単一起源の後に不可逆的な分離が生じたと想定する点において、ケイムズ卿の多起源説と実質的にそれほど遠くないのかもしれない。

このように、カントは、人種の性格を固定的に捉えるタイプの人種主義だと言ってよい。それは、他人種を差別的に捉えながらも、教育や宗教的教化などによって同等になりうると考えるタイプの——キリスト教の聖職者に多い——人種主義とは異なる。カントは、生物学の中に目的論的な説明を導入し、人種に関してもビュフォンの機械論ではなく、目的因に訴えた。したがって、肌の色も目的論的に説明がなされる。

一七八五年の「人種の概念の規定」と「J・G・ヘルダー『人類史の哲学考』についての論評」および一七八八年「哲学における目的論的原理の使用について」では、人種偏見が剝き出しの粗野な記述は後退し、最初の人類は白人で、他のすべての民族はその変種であるというビュフォン的な見解は明確に否定されている。

ヘルダー（Johann Gottfried von Herder, 一七四四～一八〇三）は、『人類史の哲学考』の第一巻で「人種」の概念そのものにすでに疑問を呈し、第二巻では、「人種」概念をはっきりと否定し、人類を地域や肌の色で区分する試みを止めるように提言した。しかしカントはこれに嚙み付く。人種という概念は自然史に不可欠であり、それは、人種的形質の伝達という独特の「必然性」に基づいているという。この必然性を説明できるのは、人類があらゆる気候に適応できるようにした「種子」の「目的性」だけであると主張する。ここに、カントの人種概念への固執を見ることができる。

一七八八年の「哲学における目的論的原理の使用について」においてカントは、ゲオルク・フォルスターと論争を行う。フォルスターは、ヘルダーを擁護してカントの一七七五年と一七八五年の人種二論文を批判した。彼がカントに論争を挑んだ理由は、「不可避的に遺伝する相違」としてカントが皮膚の色を選び、それを人種区別のための基本概念としたことにあった。フォルスターは、黒人の理性の発展段階は低いとしながらも、奴隷として虐げられていることを嘆き、黒人の教化の必要性を説く。

他方、カントは、この一七八八年の論文でも、種子の発展によって決定される人類発達の二つの段階を説明して、一七七五年に行った人種についての議論を繰り返している。ここでも、カントが、同じ理論枠組みから、人種の能力に対して以前と変わらない階層的評価をしていることが見えてくる。たとえば、一七八五年の著作でも、「働ける能力」はすべての人種が持っているが、「活動への意欲」はインディアンと黒人の人種には欠けている、インディアンや黒人には「活動への意欲」がない、などといった人種偏見が原注に記されている。[32]

先に触れたように、カントの人種理論は、晩年の著作でも初期から大きく変わることなく、維持されている。『判断力批判』(一七九〇年)における種の変異に関する記述には、人間の変異は固定的であり、それは「人種の保存のため」によいという目的論的な考えが含意されている。『実用的見地における人間学』(一七九八、一八〇〇)においても同様である。直接の人種差別的な言及がやや減少しても、人種を見る目にあまり変化はなかったというのが、ベルナスコーニ、ウォード、ラリモア、ミケルセンといった解釈者の共通した結論である。

確かにカントは『永遠平和のために』（一七九五）では、植民地主義を以下のように批判的に書いている。

もしもこれに対し、われわれの大陸の文明化された諸国家、特に商業を営む諸国家の非友好的な振舞を比較してみるならば、彼らが他の土地や他の民族を訪問する際に（彼らにとっては訪問は征服と同一のことである）実際に示す不正行為は、恐るべき段階にまでおよんでいる。彼らにとっては、アメリカ、黒人諸国、香料諸島、喜望峰などが発見されたとき、それらは誰の土地でもなかった。というのは、彼らはそこの住民を無に等しいと考えたからである。東インド（ヒンドスタン）においては、彼らは単に商業的支店を設置するだけであるとの口実のもとに外国の戦闘民族を導入したが、しかし彼らとともに原住民の圧迫、広範な範囲におよぶ戦争を引き起こすべくその地の諸国家の煽動を行い、飢餓、反乱、裏切り、そのほか人類を苦しめるあらゆる災厄の嘆きをもたらしたのである。[33]

しかしここで語られているのは、ヨーロッパの植民地化そのものの罪を暴くことではなく、特定の国家（商業国家）や文明を持った侵入者が、彼らと無縁の地を征服したことを嘆いているのである。所有者のいない土地を征服することを嘆きつつも、白人は文明人であり、植民地の現地人は文明人ではないという、ヨーロッパ文明の優位性は維持され続けている。そして、上の引用の以前の第二章の冒頭、「自然状態の破棄」の注では次のように書いている。

一般に、ひとは他人に対して、相手が私自身（自分自身）にすでに能動的に危害を加えたのでないかぎり、敵対的にふるまってはならないと思っている。そしてこのことはまた、両者が市民的＝法的状態（＝実際に制定された法律が存在する社会）にあるときには、まったくその通りである。というのは、他人が市民的＝法的状態に移行してその中にあることが、私に対し（両者を統治する公権力を通して）必要な保証を与えることになるからである。――しかしむきだしの自然状態にある人間（あるいは民族）は、私の隣にいるという事実によって、私からこのような保証を奪ってしまい、その人間（あるいは民族）がまさにそのような自然状態にあるというだけですでに私に危害を加えているのである。(34)

この主張では、文明を持った侵入者は（法律を持たないとみなされた）現地の住民が存在するというだけで、反撃してよいことになってしまう。カントは、『人倫の形而上学』（一七九七）の「世界市民法」第六二節では、ヨーロッパの植民地拡大主義を非難している。しかし、それも、ヨーロッパ人による植民地主義を根本から政治的に批判しているものではなく（そうした批判をする西洋人はすでにたくさんいた)、「未開人を開化する」「自分たちの土地を浄化する」手段として「暴力」は悪しく、「契約」という手段を取るべきだ、と言っているだけである。[35] 概観すれば、カントは暴力という手段を嫌っているだけのように思われる。

カントの著作全般にわたって人種主義を明確に批判する言明も見出せないことは、ラリモアたちによって「カントの沈黙」として批判されている。ミニョーロが指摘しているように、カントのコスモポリタニズムは、それが、ヨーロッパの中心部、最も文明的な国々という、ある特定の地政学的な場所からしか考えられないことを前提としている。

カントとその仲間の学者たちにとって、『世界』の観念」は世界全体を意味するのではなく、下層階級や非ヨーロッパ人、女性を排除した「ブルジョアの公共圏」だけを意味していた。であれば、カントの仕事も、彼のコスモポリタンな主張とは裏腹に、非ヨーロッパの民族や文化に対するヨーロッパ人の地位的優位性を維持しようとする、エドワード・サイードのいう「オリエンタリズム[36]」の文脈で評価されるべきだということになるだろう。「オリエンタリズム」とは、「異国趣味」の中にみられる人種主義的、帝国主義的な視点で東洋を眺める西洋の思考様式のことである。

これまでのカントに関する人種についての新しい研究は、カントに極めて批判的な研究者から比較的に理解を示す立場まで含めても、次のことが共通して指摘されている。

・カントは、特に一七六〇年代と七〇年代の著作において人種を階層化した。
・人種の混合（miscegenation）に、カントはしばしば反対を表明していた。
・カントは人種差別そのものについて明確に批判しなかった。

最後の点について、ラリモアは、「崇高な浪費——人種の運命についてのカント」という論文の中で、次のように指摘している。カントの未発表ノートであるReflexionen#1520に記録された、一七七〇年代か八〇年代に作成されたと思われる長い断片では次のように記されている。「すべての人種が一掃されるだろう（アメリカ人と黒人は自分自身を統治することができない。したがって、奴隷としてしか通用しない）……白人を除いて（Alle rassen werden ausgerottet werden (Amerikaner und Neger können sich nicht selbst regieren. Dienen also nur zu Sclaven) nicht nur die der Weißen)」（AA 15/2, 878）[37]。

ラリモアはこの引用から、次のように指摘する。「カントは（白人以外の）人種を、救いようのない廃棄物、すなわち、壮大な目的論的計画において無意味なものと考えていたのではないだろうか。私はそうだと思う。カントの自然観は最初から広大なものであり、ダイナミックなシステムであり、その中で人間は、たとえ理性的で特別な存在であったとしても、ちっぽけな存在であり、ある種の無駄が常に存在しているというものであった」[38]。

この表現を解釈するならば、カントは、人種の形成を自然史の事実とすることで、必然的な自然のプロセスの結果として「白人以外の人種は一掃されるだろう」と考えたと解釈できるだろう。こうすれば、カントの倫理学の基本的な原理の一つである「べきは可能を意味する」は、非白人の運命には当てはまらないことになる。非白人が滅びる過程が自然史の必然であれば、それに対抗すること（可能性）も意味がないことになるだろう。これが「カントの沈黙」の理由なのではないか。このカントの立場の解釈は、非常に重要で深刻な意味を持つであろう。

†まとめ――近代哲学の人種主義

ロックは、明確な人種概念を持たなかったが、エリート主義的な人種偏見を持っていた。ヒュームは、自分の文化概念に沿ってアフリカ人の地位と能力を極めて低く位置づけ、その後の多くの人種主義者に参照された。カントは、積極的な差別主義者でなかったとしても、植民地化によるアフリカ人の困窮と非白人の絶滅を、変更しがたい自然の必然とみなす、極めて危険な「科学的」人種概念を後世にもたらした。こう結論づけられるだろう。

本章では、著名な哲学者たちの見苦しいまでの人種差別を紹介した。こうした人種差別の発言は、ある時代での天動説（地球中心説）のように、その時代のほとんど誰もが共有していて、その誤りに気づくことの難しい誤謬あるいは偏見だったと言うことはまったくできない。すでに見てきたように、同じ時代であっても、はるかに偏見の少ない、あるいは現代にも通用するような公平な考え方で、奴隷貿易や植民地主義を批判した良心的な哲学者や宗教家が、それなりに数多く存在したからである。

そうした現代までも通用する哲学者や宗教家の多くは、著名ではない。日本ではその名を知る人はほとんどいないであろう。しかし、そうしたほぼ無名の哲学者や宗教家たちの良心が勝ち残って現代社会の常識となり、著名な哲学者たちの偏見の残滓（ざんし）が、世界の重大な社会悪の根幹を養っているとするならば、何が現代にまで残り続けるべき哲学であり、何が時代と個人の制約を受けた消滅すべき哲学であるのか、私たちは考えを変えるべきではないだろうか。彼らを高校の『倫理』の教科書に留保なしに載せることは憚（はばか）られると言ったら、過激すぎる発言であろうか。

著名な西欧哲学者の偏向は、かなり深刻に問題とすべきである。少なくとも、今後、もしコスモポリタニズムや普遍的な人権について研究し、それを実現したいのであれば、以上に取り上げた問題の多い過去の西洋哲学者たちに言及するのでなく、たとえば、クワメ・ンクルマのような現代の優れた脱植民地主義的なコスモポリタニズムを参照するべきではないだろうか。日本の哲学でも、植民地主義的発想の払拭については、これまで対岸の火事であるかのように、あまりに無反省だったことを自覚すべきだろう。

註

（1）那須国男（1995）『アフリカ全史』第三文明社；岡倉登志（2001）『アフリカの歴史――侵略と抵抗の軌跡』明石書店；川田順造編（2009）『アフリカ史』（新版世界各国史10）山川出版社；岡倉登志（2010）『アフリカの植民地化と抵抗運動』山川出版社；草光俊雄・北川勝彦（2013）『アフリカ世界の歴史と文化――ヨーロッパ世界との関わり』放送大学教育振興会；宮本正興・松田素二（2018）『改訂新版 新書アフリカ史』講談社現代新書

（2）Williams, Eric（1944/2020）『資本主義と奴隷制』中山毅訳、ちくま学芸文庫

（3）上掲書、p. 20.

（4）岡崎勝世（2005）「リンネの人間論――ホモ・サピエンスと穴居人（ホモ・トログロデュッテス）」『埼玉大学紀要 教養学部』41(2), pp. 1-63. 竹沢泰子編（2005）『人種概念の普遍性を問う――西洋的パラダイムを超えて』人文書院

（5）Eze, E. C.（1997）*Race and the Enlightenment: A Reader*. MA, USA: Blackwell.

（6）Cf. Roy P.（2001/2005）『啓蒙主義』見市雅俊訳、岩波書店

（7）Bernier, F.（2000）"A New Division of the Earth" R. Bernasconi and Tommy L. Lott（Eds.）（2000）*The Idea of Race*. Chap. 1, Hackett, pp. 1-4.

（8）Cf. Banton, M.（2016）"Racism" *The Wiley Blackwell Encyclopedia of Race, Ethnicity, and Nationalism*, Vol IV, N-Som, Wiley Blackwell.

（9）*Œuvres complètes de Buffon (avec la nomenclature linnéenne et la classification de Cuvier)* IV, Hard

Press, 2017, Kindle.

(10) Blumenbach, J. F. “On the Natural Variety of Mankind” in R. Bernasconi and Tommy L. Lott (Eds.) (2000) *The Idea of Race*. Chap. 5. Hackett, pp. 27-37. Cf. 竹沢泰子 (2005)「人種概念の包括的理解に向けて」同編『人種概念の普遍性を問う――西洋的パラダイムを超えて』人文書院, pp. 9-109.

(11) West C. (1982) “A Genealogy of Modern Racism” in Paul C. Taylor (Ed.) *Philosophy of Race: Critical Concepts in Philosophy*. London/ New York: Routledge, pp. 23-40. 骨相学と心理学の関係については、以下を参考のこと。河野哲也 (2008)「フランス心理学の誕生――なぜフランスでは「実験心理学」が成立しなかったのか」pp. 237-288, 金森修編『エピステモロジーの現在』慶應義塾大学出版会；河野哲也 (2008)『暴走する脳科学――哲学・倫理学からの批判的検討』光文社新書。一九世紀フランスにおける人種主義的な人類学の展開としては以下を参照のこと。竹沢尚一郎 (2005)「人種／国民／帝国主義――19世紀フランスにおける人種主義人類学の展開とその批判」『国立民族学博物館研究報告』30, pp. 1-55.

(12) 三浦永光 (1997)『ジョン・ロックの市民的世界――人権・知性・自然観』未來社, p. 13.；植村邦彦 (2019)『隠された奴隷制』集英社新書、Kindle.

(13) Bracken, H. (1978) “Philosophy and Racism,” *Philosophia* 8, pp. 241-260. Cf. Popkin, R. H. (1980) “The Philosophical Bases of Modern Racism,” *The High Road to Pyrrhonism*. Austin Hill, pp. 79-102; Ward, Julie and Tommy L. Lott (ed.) (2002) *Philosophers on Race: Critical Essays*. Oxford: Blackwell Publishing.

(14) たとえば、Locke, J. (2011/1689) *Two Treatises of Government*. Lonang Institute. Kindle, Book 1, Chap. 1.

(15) Eze, E. C. (2001) “Hume, Race, and Reason,” *Achieving Our Humanity: The Idea of the Postracial*

Future. New York/ London: Routledge. Garrett, A. (2004) "Hume's 'Original Difference': Race, National Character and the Human Sciences," *Eighteenth-Century Thought, 2*, pp. 127-52; Garrett, A. (2000) *"Hume's Revised Racism Revisited," Hume Studies, 26*, pp. 171-77; Glausser, W. (1990) "Three Approaches to Locke and the Slave Trade," *Journal of the History of Ideas*, 51, pp. 199-216; Immerwahr, J. (1992) "Hume's Revised Racism," *Journal of the History of Ideas*, 53, pp. 481-486; Popkin, R. (1977) "Hume's Racism," *The Philosophical Forum*, 9, pp. 211-226; Popkin, R. (1992) "Hume's Racism Reconsidered," Paul C. Taylor (Ed.) (2011) *Philosophy of Race: Critical Concepts in Philosophy*. London/New York: Routledge, pp. 64-75. 生越利昭（1991）『ジョン・ロックの経済思想』第６章、晃洋書房；高田紘二（1994）「ジョン・ロックと奴隷制にかんする諸問題」『奈良県立大学「研究季報」』４巻第４号, pp. 23-32.

(16) 高田紘二（2002）「ヒュームと人種主義思想」『奈良県立大学「研究季報」』13巻第２号, pp. 89-94.

(17) Hume, D. (2011)『ヒューム　道徳・政治・文学論集』田中敏弘訳, 名古屋大学出版会, p. 183.

(18) Eze (2001) *Achieving Our Humanity: The Idea of the Postracial Future*. New York/London: Routledge, pp. 68-70.

(19) Ward, J. (2016) "The Roots of Modern Racism: Early Modern Philosophers on Race," *The Critique*, Fall, online, pp. 1-34.

(20) Grégoire, H. (1809/2015) *De la littérature des nègres,* (*annoté*)*: ou Recherches sur leurs facultés intellectuelles, leurs qualités morales et leur littérature.* (French Edition) Kindle. *Letter of February 25, 1809 from Thomas Jefferson to French author Monsieur Gregoire, from The Writings of Thomas Jefferson* (H. A. Worthington, ed.), Volume V, p. 429.

(21) Ramsay, J. (1784/2011) *An Essay on the Treatment and Conversion of African Slaves in the British Sugar Colonies*. London: Phillips. Kindle.

(22) Beattie, J. (1771/1996) *An Essay on the Nature and Immutability of Truth, in Opposition to Sophistry and Scepticism*, with a new introduction by Roger J. Robinson, London: Routledge/Thoemmes Press.

(23) Beattie (1996) Kindle No. 4988.

(24) カントの引用に関しては、すべて坂部恵・有福孝岳・牧野英二編（1999-2006）『カント全集』岩波書店の該当巻を用いる。主に参照したのは、2巻（2000）『前批判期論集Ⅱ』、3巻（2001）『前批判期論集Ⅲ』、11巻（2002）『人倫の形而上学』、14巻（2000）『歴史哲学論集』、15巻（2001）『人間学』、16巻（2001）『自然地理学』、18巻（2002）『諸学部の争い』、遺稿集』である。

(25) カントの人種論に関しては以下の文献を参照のこと。Bernasconi, R. (2001) "Who Invented the Concept of Race? Kant's Role in the Enlightenment Construction of Race," in R. Bernasconi (ed.) (2001) *Race*. Blackwell, pp. 11-36; Bernasconi, R. (2002) "Kant as an Unfamiliar Source of Racism." Julie K. Ward and Tommy L. Lott (eds.) (2002) *Philosophers on Race*. WB, pp. 145-166; Davis, B. W. (2017) "Dislodging Eurocentrism and Racism from Philosophy," *Comparative and Continental Philosophy*, 9, pp. 115-118; Eze, E. C. (1997) "The Color of Reason: The Idea of 'Race' in Kant's Anthropology." in E. C. Eze (ed.) (1997) *Post-Colonial Africa Philosophy*. Blackwell, pp. 103-40; Hill, T. E., Jr. and Boxill, B. (2000) "Kant and Race," Bernard R. Boxill (ed.) (2000) *Race and Racism*. Oxford UP, pp. 148-71; Kleingeld, P. (2007) "Kant's Second Thought on Race," *The Philosophical Quarterly*, 57, pp. 573-592; Larrimore, M. (2008) "Antinomies of Race: Diversity and Destiny in Kant," *Patterns of Prejudice*, 42, pp. 341-63; Larrimore, M. (2006) "Race, Freedom and the Fall in Steffens and Kant." Sara Eigen Figal

and Mark L. Larrimore (eds.) *The German Invention of Race*. Albany, NY: SUNY Press, pp. 91-120. Larrimore, M. (1999) "Sublime Waste: Kant on the Destiny of the 'Races'," Catherine Wilson (ed.) (1999) *Civilization and Oppression*. Calgary: University of Calgary Press, pp. 93-137; Mignolo W. D. (2000) "The Many Faces of Cosmo-polis: Border Thinking and Critical Cosmopolitanism," *Public Culture*, 12 (3), pp. 721-748. Mikkelsen, J. M. (ed.) (2013) *Kant and the Concept of Race: Late Eighteenth-Century Writings*. Albany: SUNY Press; Serequeberhan, T. (1996) "Eurocentrism in philosophy: The case of Immanuel Kant," *Philosophical Forum*, 27 (4), pp. 333-356; Stanford, S. (2018) "Kant, Race, and Natural History," *Philosophy and Social Criticism*, 44, pp. 950-977; Uimonen, P. (2020) "Decolonizing Cosmopolitanism: An Anthropological Reading of Immanuel Kant and Kwame Nkrumah on the World as One," *Critique of Anthropology*, 40, pp. 81-101.

(26) Bernasconi, R. (2001) "Who Invented the Concept of Race? Kant's Role in the Enlightenment Construction of Race," Robert Bernasconi (ed.) (2001) *Race*. Blackwell.

(27) 2巻 p. 379, A253.

(28) 上記邦訳3巻所収

(29) Eze (1997) p. 129.

(30) Ibid., p. 21.

(31) 船越克己 (2001)「ゲオルク・フォルスター――『人種に関する付言』」『大阪府立大学紀要 (人文・社会科学)』, 49, pp. 53-68; 馬場喜敬 (1992)「フォルスターとカント」『東京家政大学研究紀要 1 人文社会科学』32, pp. 25-35.

(32)『カント全集』14巻、p. 142. A174-175.

(33) Ibid. p. 275. A358.
(34) Ibid. p. 261. A349.
(35)『カント全集』11巻、pp. 204-206.
(36) Said, E. (1978/2002) *Orientalism*. Penguin Classics, Kindle.
(37) Larrimore (1999), p. 114.
(38) Ibid. p. 118.

第4章 アフリカ哲学史4

反植民地主義闘争と汎アフリカ主義の哲学

†帝国主義時代の西アフリカ

前章に見たように、西洋によるアフリカの植民地化は、西欧の啓蒙主義時代と重なり、とりわけ一九世紀の帝国主義の時代には七つの欧州列強が、アフリカ支配を強めていく。一八八四年のベルリン会議(バルカン半島の問題を話し合う「ベルリン会議」と区別するために、「ベルリン＝コンゴ会議」とか「西アフリカ会議」と呼ばれることもある)では、当事者であるアフリカ人がまったく参加していない、恐ろしく帝国主義的な意思に基づいてアフリカの分割が行われ、その原則が話し合われた。

その原則とは、アフリカ人の意思とは無関係に、西欧各国がアフリカの土地と人間を勝手に区画して実効支配し、最初に占領した国がその地域の先占権をもつという一方的なものであった。この会議によってリベリアとエチオピア以外のアフリカは分割され、列強は、現地の黒人首長との間で「保護条約」を締結しては、実効支配を競った。

この体制は第一次世界大戦終了まで続き、第二次世界大戦終了後に、ようやく多くのアフリカ諸国が独立した。とはいえ、その国境もこの分割に沿ったものだった。そのために、部族的な対立や国境紛争といった不安定要素が戦後も長く存続し、現代のアフリカでも政争の火種を残すことになった。

植民地主義の時代では、伝統的な民族集団が転覆されたので、イスラム教やキリスト教といった宗教が人々を結束する上で強い力を持つようになった。また同時に、小さな地域共同体は、一九世紀に成立した大きな国家や帝国に吸収されていった。西アフリカでは、ナイジェリア北部に拡大したイスラム神政国家のフラニ(Fulani)王国、現在のマリに位置するトゥクロール帝国、ガーナ内陸部のアシャンティ王国がその大きな政治組織の代表である。

そうしたなか、西洋の言語を学び、西洋の文化を吸収しながら、その植民地主義の害悪に抗議する新しいアフリカの知識人たちが現れてきた。特にリベリアとシエラレオネでは、そうした新しいタイプの哲学を主張する人たちが登場するようになった。リベリアは、一八一七年にアメリカの奴隷制から帰還した人々によって作られ、一八四七年には独立が宣言された。

シエラレオネは、グランビル・シャープ(Granville Sharp, 一七五三~一八一三)に代表されるイギリスで興隆した奴隷廃止運動により、解放奴隷の定住地として選ばれた。何度かの定住計画の失敗ののち、一七九二年にフリータウンと名付けられ、解放奴隷たちの拠点となっていった。ここでは混血が生じて、「クリオ Krio」とはシエラレオネに住むクレオール人のことである。

こうした脱植民地的な政治的風土のなか、リベリアで活躍するエドワード・ウィルモット・ブライデン（Edward Wilmot Blyden, 一八三二～一九一二）、アレクサンダー・クランメル（Alexander Crummell, 一八一九～一八九八）、シエラレオネ生まれのジェームズ・アフリカーヌス・ビール・ホートン（James Africanus Beale Horton, 一八三五～一八八三）、そして、ガーナのジョン・メンサ・サルバ（John Mensah Sarbah, 一八六四～一九一〇）やジョセフ・エフライム・ケイスリー・ヘイフォード（Joseph Ephraim Casely Hayford, 一八六六～一九三〇）といった知識人の活躍により、汎アフリカ主義（パン・アフリカニズム、Pan-Africanism）という思想運動が生まれてくるのである。

汎アフリカ主義とは、世界に散らばったアフリカ系住民（アフリカン・ディアスポラ）の連帯と解放を訴える政治的かつ思想的な運動である。第二次世界対戦後のアフリカ諸国独立の契機となり、アフリカ諸国連合（Union of African States、マリ、ガーナ、ギアナの西アフリカ三カ国の連合）や後にアフリカ連合（African Union、五五の加盟国からなるアフリカの地域連合、二〇〇二年発足）を生み出すアフリカ統一機構（Organization of African Unity、一九六三年発足）の精神的基盤となってきた。

汎アフリカ主義は、アフリカ大陸から奴隷貿易で連れてこられたアメリカやカリブ海地域の黒人による、自らのアイデンティティを求める運動として始まった。この章では、汎アフリカ主義の端緒となった哲学者たちによる一九世紀後半の政治思想とその影響を見ることにしよう。[1]

†エドワード・ブライデンとエチオピア主義

ブライデンは、主に西アフリカで活躍したアメリカ系リベリア人の哲学者であり、教育者、作家、外交官、政治家である。彼は、西欧のパターナリスティックな権力行使に対して強く抵抗したことで、一九世紀を代表する政治思想家である。[2]

ブライデンは、一八三二年に、デンマーク領西インド諸島（現アメリカ領）のセント・トーマス島で、現在のナイジェリアのイグボ（イボ）自由民の黒人の両親のもとに生まれた。オランダ改革派教会の牧師となったアメリカ人のジョン・P・ノックスのもとで神学を学び、ノックスはブライデンの神学や文学、演説の才能を見ぬくとアメリカで教育を受けることを勧めた。ブライデンも牧師になることを決意し、両親もそれを奨励し、アメリカの大学を目指した。

しかし、人種を理由に三つもの神学校から入学を拒否され、ノックスは、ブライデンにリベリアへ行くことを勧めた。当時、さまざまな理由からアフリカ系自由民がアメリカ国外に移り住むことを望んだ人々が、「アメリカ植民協会（The Society for the Colonization of Free People of Color of America）」という団体を作り、黒人たちの移民の地としてリベリアを選び、「アメリカ合衆国の自由人の権利と特権のすべてを享受できる」ことを誓約して移住を推進したのである。アメリカからリベリアに移民した黒人たちは、「アメリカ系リベリア人（アメリコ・ライベレリアン）」と呼ばれる。

一八五〇年に、ブライデンはリベリアへ渡り、リベリアの首都モンロビアのアレキサンダー高校に入学し、神学、古典、地理、数学、ヘブライ語を勉強した。その後の一八五八年、ブライデンはその高校の校長となり、同年、長老派の牧師として叙階された。また、彼はリベリアに移ってまもなく、当時リベリアで唯一の新聞であったリベリア・ヘラルド紙の特派員として働き始め、一八五五年から五六年まで編集長を務め、アフリカの現状を伝えた。

エドワード・ブライデン

彼は、西アフリカのイギリス植民地であったナイジェリアとシエラレオネに滞在すると、両植民地で創刊されて間もない新聞に投稿した。アメリカ植民地化協会との関係を維持し、その機関紙である『アフリカン・レポジトリ（African Repository）』誌などに記事を掲載した。一八六一年には、リベリア・カレッジのギリシャ語とラテン語の教授となった。一八八〇年から八四年まで同大学の学長として活躍した。

ブライデンは政治家であり、外交官でもあった。一八六〇年ごろから、後のイギリス首相となるウィリアム・グラッドストンと文通をするようになる。一八六二年から六四年までリベリアの国務長官に任命され、シエラレオネ内地代理人（一八七二～三年）、駐英リベリア大使（一八七七～八年、一八九二年）を務めると、一八八〇年から八二年まで内務省長官に任命された。一八八五年の大統領選挙に共和党から立候補したが、現職のヒラリー・R・W・ジョンソンに敗れた。ラゴスの先住民問題代理人（一八九六～一八九七年）、駐英・駐仏リベリア大使（一九〇五年）などを歴任した。

シエラレオネでは、ムスリム教育（一九〇一～六年）に携わった。アメリカにも訪問し、アフリカでの活動について黒人教会などで講演を行った。ブライデンは一九一二年二月にシエラレオネのフリータウンで死去した。

ブライデンは、哲学者として「汎アフリカ主義の父」と呼ばれ、アフリカ人の独自性を初めて明確に主張した人物の一人として知られている。彼の考えは、マーカス・ガーヴェイ、ジョージ・パドモア（George Padmore, 一九〇二～一九五九）、クワメ・ンクルマなど二〇世紀の哲学者や政治家に多大な影響を与えた。ブライデンの思想は、人種、黒人としての誇り、故郷であるアフリカへの愛がテーマとなっている。彼によれば、人種は自然な区別であり、かつその故郷となる地、人種的性格、使命をもっている。こうした主張から、彼は後に述べる二〇世紀の黒人運動であるネグリチュードや、人種差別に反対する人種主義者（人種の概念を肯定しながら、その間の差別を批判する人々）の先駆者とみなされている。

人種には戻るべき地があると考えたブライデンは、黒人はアフリカに戻り、アフリカの発展に貢献することで、人種差別の苦しみから解放されると信じていた。したがって、彼は、アメリカ合衆国に留まり、そこで公民権を得ることを望んでいたアフリカ系アメリカ人からは批判を受けた。同様の理由から、ブライデンはイスラエルにユダヤ人国家を創設するシオニズム運動を公に支持している。

啓蒙思想家には奴隷廃止を訴える者も多かったが、奴隷廃止運動を実際に強力に組織したのはキリスト教活動家たちであった。ヨーロッパやアメリカでこの運動の最前線に携わったのは、既成教会の外で活動する信者であったとされる。ブライデンは、キリスト教徒による奴隷廃止運動を通して、アフリカ大陸がキリスト教化されるのは、神の深淵なる計画であると述べている。エチオピア主義と呼ばれるものを通じてアフリカにおけるアフリカ系アメリカ人の救済的役割を示唆した。こうした彼の哲学は、エチオピア主義と呼ばれる思想運動と呼応している。

エチオピア主義とは、一八世紀後半から一九世紀初頭にかけて、イギリス植民地出身のアフリカ人たちの政治的・宗教的体験から生まれたアフリカとアメリカ大陸を結ぶ思想的運動である。[3] この思想は、まずエジプトの歴史に言及し、アフリカが歴史のない大陸であるどころか、世界で最も古い文明の一つであり、組織的な宗教的行事の最初の例のいくつかは、エチオピアで発展したと主張する。

エチオピアは植民地時代を通して独立を維持したことから、エチオピアの存在は黒人の自治能力の証として持ち出された。アメリカにおいてエチオピア主義は、奴隷についての物語、教会での説法、南部の黒人文化の歌や民話、さらには都市部エリートの政治的主張の中に表現されていた。

政治的主張としては、エチオピア主義はしばしばブラック・ナショナリズムや汎アフリカ主義的な側面を持ち、「アフリカ回帰」運動を通じて、アメリカの黒人たちとアフリカ大陸との結びつきを強く意識しようとするものであった。アメリカのバプテスト教会の黒人説教師たちは、聖書の詩篇の一節にある「王子たちはエジプトからやって来て、エチオピアはやがて神に手を差し伸べる(Princes shall come out of Egypt; Ethiopia shall soon stretch out her hands unto God.)」(詩篇六八、三一)を引用し、エジプトから現れる王子もまた黒人であり、それがキリスト教化することによってアフリカが救われると説いたのである。

この聖句は、アフリカが政治的・産業的・経済的に劇的なルネサンス、すなわち、アフリカン・ルネサンスを「間もなく」経験するという予言であると考える人もいたし、いつの日かアフリカの血を引く人々が世界を支配するようになる、という意味に解釈する人もいた。

いずれにせよ、その聖句は、キリスト教によるアメリカのブラック・ナショナリズムの源となった。ブラック・ナショナリズムとは、公民権運動が既存の白人社会における人種差別撤廃と人種的統合(同化)を目指しているのに対して、黒人の自決権と黒人白人の分離、黒人による社会建設を目指す立場である。

二〇世紀初頭には、エチオピア主義は、アフリカの反植民地活動家の間で普及し、キリスト教とナショナリズムが組み合わさって、アフリカ人にはヨーロッパの指導を受けずに組織や国家を運営する能力があるという考えを広めた。こうしてリベリアから南アフリカにかけての広い地域で、英国国教会やその他の植民地ミッション教会からの分離独立や、ネイティブ・バプティスト教会など新しい宗派の結成によって、独立したアフリカのキリスト教会が誕生した。

エチオピア主義は特に南アフリカで人気があり、その思想のもとに何百もの教会が形成された。元メソジスト教会の牧師マンゲナ・モコネ(Mangena Mokone)がエチオピア教会を設立したときに(一八九二年)、「エチオピア主義」という言葉がはじめて使われたとされている。こうした教育独立運動の主な原因は、教会職の階層で昇進を阻まれたアフリカ人が感じていた人種差別への不満からであった。

キリスト教における独立組織が、植民地支配に挑戦する政治運動の基盤となっていく。エチオピア主義は、一九〇六年のズールー人による「バンバサの反乱(Bambatha Rebellion)」や、ジョン・チレンブウェ(John Nkologo Chilembwe)が率いた一九一五年の「ニヤサランド蜂起

(Nyasaland uprising, Chilembwe uprising)」などに影響を及ぼしている。エチオピア主義は、植民地支配が終了するまで支持され続けた思想である。

こうして、サハラ以南のアフリカにおけるエチオピア主義は、民族的生活の回復と政治的・文化的自治を求め、「アフリカ人のためのアフリカ」というスローガンで示された。これは、最終的にアフリカ諸国の独立につながる、より広範なキャンペーンの発端となったのである。ブライデンはこの運動の表現者として理解できるだろう。

ブライデンは、キリスト教を信仰し続け、キリスト教による教化を目的としてリベリアにやってきたし、キリスト教を離れることはなかったが、その一方で、主著『キリスト教、イスラム教、黒人種』(一八八七年)では、イスラム教の意義を認めている。すなわち、北アフリカからサハラ砂漠以南に伝わったイスラム教の方が、よりアフリカ的であり、アフリカ人にとってキリスト教よりもイスラム教を実践する方が充実しているという考えを述べたのである。

キリスト教圏のどこにいても、黒人の主な特徴は、よく言われるような従順さではなく、隷属性である。彼は遅々として進まず、進歩がない。しかし、自立した黒人のキリスト教社会はどこにも存在しない。[……]一方、アフリカには、自立し、生産的で、独立し、支配的である黒人イスラム教徒のコミュニティと国家が数多くあり、彼らが由来する親国ア

ラビアの容認や後援なしに、政治、文学、教会的制度を支えている。(4)

このことは、彼がキリスト教によるアフリカの教化というミッションに一定の距離を取るようになったことを意味している。

ブライデンは、汎アフリカ主義と反植民地運動の旗手であった。ブライデンが、西インド諸島というアメリカに近く、アフリカからは遠い植民地に生まれ、いったんアメリカを経由してアフリカへの回帰を唱えるという経歴を辿ったことは、アメリカ合衆国での黒人解放運動を視野に入れると興味深い。

というのは、一九世紀末においては、豊かな自由人となった黒人エリート層の中には、自分たちはもはや「ニグロ」ではなく、ましてや「非文明的な」アフリカ人からは遠いと考える人たちが相当数いて、その人たちは、自分たちの人種性を否定するために「アメリカ人」であることを強調し、それに適合しない移民たちを敵視したからである。

他方で、アメリカでの人種の壁に阻まれ、アフリカに「還り」、現地の「非文明的な」アフリカ人を指導しようとした「ブラック・アメリカン・ナショナリスト」が存在し、ブライデンは後者に属する。こうして、批判的な観点からみるならば、ブライデンはキリスト教による教化とブラック・ナショナリズムという主張を通して、黒人と白人に割り当てられていた未開と野蛮という区別を、黒人の中の区別としてアフリカ大陸に住み続けている黒人とその大陸に移住しようとしている黒人に当てはめたとも解釈できるだろう。

しかし先に述べたように、ブライデンは、キリスト教による教化に対して段々距離を取り始めていた。これは、ブライデンが、アフリカに住み、内陸部やエジプトに旅をして、アラビア語も学び、その文化に触れるうちに、アフリカの固有の文化を評価するようになり、アメリカ黒人がアフリカ現地人をキリスト教化して文明化するのだという当初の考えを放棄していったことを意味している。

ブライデンは、「アフリカ中心主義（Africacentrism）」や「アフリカ再建（regeneration）」といった用語を使い始めたが、これもキリスト教からの距離に呼応している。

ブライデンによれば、人種は神が作ったものであり、オーケストラでそれぞれの楽器が自分の役割を果たしてハーモニーを醸し出すように、それぞれの人種にはそれぞれの役割が与えられているという。しかし、黒人はまだその演奏を十分に行っていないし、役割を果たしていないのだと訴えた。

ブライデンは、「ニグロ」と呼ばれることを気にしなかった。それどころか、ブライデンは、「黒人の誇り」という考えを押し出し、人々を鼓舞した。黒人であることを意識し、その個性を強調して「自分自身であること」、生活のあらゆる面で「アフリカ的」であること、黒人として統一されるべきこと、こうした汎アフリカ主義の原型と、後の「黒人意識運動」の始まりがブライデンに見出せる。

先に述べたように、ブライデンは、人種は自然が与えた区別であり、それぞれに故郷と個性、使命をもっていると考える。そして、ブライデンによれば、黒人の個性と使命とは、白人との対比で語るならば、白人は、無情であり、個人主義的で、競争的、攻撃的、非宗教的で、物質主義的であり、黒人はその反対である。

ブライデンによれば、文明化されたアフリカ人が世界に貢献できる新しいものは物質的な意味ではほとんどないが、黒人の使命とは、物質的進歩の圧力と性急さがもとで抑圧され、沈黙させられ、不活発になっている人類のスピリチュアルな要素を解放して、発展させることにある。黒人は、世界に平和を構築するものであり、スピリチュアルな文化をもたらすものなのである。西洋人は世界を支配しようと努め、黒人は世界に奉仕しようと努めるという。アフリカの哲学者たちは、抑圧と差別に苦しみながらも、人類への貢献という志向を手放すことがない。日本の明治維新以降の哲学者で、日本人と日本国家への貢献を超えて、人類への貢献を強く押し出した者がどれだけいただろうか。

ブライデンは、アフリカの個性を発展させる方法として、アフリカ社会の慣習や制度を研究し、再評価して、可能な限りアフリカの文化を維持するように提案した。教育では黒人の子どもに合わせた教育を与えようとした。彼は晩年には「純粋な」黒人であるために、異人種との結婚を禁止した方がよいと考えたほどだった。これは、混血のアメリカからの移入者たちがアフリカの現地の人々と融和することが難しかったからでもある。

人種の優劣を否定したものの、ブライデンの人種についての考え方は、差別する側と同じ人種概念に基づいていた。しかし他方、ブライデンは、政治的ナショナリズム、黒人による自治に関してはあまり関心を持たなかった。その点で、彼は植民地主義を継続させることを認めてしまったのであった。

†アレクサンダー・クランメル

次に紹介するアレクサンダー・クランメルは、アフリカ系アメリカ人のイギリス国教会派聖職者であり、汎アフリカ主義を発展させた牧師であり学者である。(5) 年齢的には、ブライデンよりも十数歳年上である。

クランメルは、一八一九年に、自由黒人のチャリティ・ヒックスと、シエラレオネのテムネ人系の流れを汲んだ元奴隷のボストン・クランメルの子として、ニューヨークで生まれた。両親とも熱心な奴隷廃止主義者であり、アフリカ系アメリカ人初の新聞『フリーダムズ・ジャーナル』の発行所として自分たちの自宅を提供した。父親は自分の息子に、自分たちがアフリカの起源であり、「純粋な」黒人であることの自尊心を与えようとして、このことが後のクランメルの哲学の基盤となった。

聖公会（エピスコパル）派の聖職者を目指して勉強を重ね、当時、大きな自由黒人社会があったフィラデルフィアで一八四四年に司祭に叙任された。

だが、その間に彼は、ニューヨークの一般神学院への入学を拒否されたり、マサチューセッツで聖職に就いても、黒人司祭が活躍できる場がほとんどなかったり、フィラデルフィアで司祭になった後も上位聖職者から教会大会に参加を拒否されるなど、人種を理由に不当な扱いを受ける差別の現実と向き合うことになる。

一八四〇年代後半に英国に渡り、米国の奴隷制について講演し、ケンブリッジ大学で三年間学んだクランメルは、汎アフリカ主義の概念を確立し、同校初の黒人学生・卒業生として記録された。

アレクサンダー・クランメル

一八五三年、クランメルはリベリアに渡った。アフリカ人をキリスト教に改宗させ、教育を施すとともに、アメリカの黒人をアフリカに呼び寄せ、アフリカを「文明化」しようと考えたのである。彼は、リベリアで二〇年間生活し、アメリカの黒人たちに参加を呼びかけたが、自分の考えに広く支持を集めることはできなかった。一八七二年に、クランメルはアメリカに戻り、一八七五年には、彼とその信徒たちは、ワシントンDCで最初の独立した黒人司教教会である聖ルカ・聖公会教会を設立し、一八九四年に引退するまで同教会の院長を務めた。

ブライデンがキリスト教によるアフリカの文明化という考えに対して懐疑的になっていったのに対して、クランメルは、アメリカ人であることに大きなアイデンティティをおいていたと言えよう。エリートの黒人は、立派なアメリカ人であるがゆえに、アフリカで英語とキリスト教による啓蒙を行うべきだと考えたのである。アメリカからリベリアに移住してきた当時の黒人たちは、多数であった現地のアフリカ人を貶め、市民権を与えずに納税や労役を課すような支配を確立していった。白人の人種主義から逃れたエリート黒人は、今度は身につけた文明や文化の優劣で、同じ黒人の間に線をひくようになったのである。

黒人であることを誇りに思うような教育を受けたクランメルは、現地のアフリカ人に対してはパターナリスティックな態度を示した。[6] とは言え、これまでよりも開放的な国民形成を望んでいた。クランメルは、リベリアの他の個人エリートよりもはるかに「アフリカ人」であることを誇りに思っており、アメリカからの移入者がこの土地のもともと住んでいた人を無視しているが、これは大きな過ちだと指摘している。

しかしクランメルの希望と裏腹に、「アメリカ系リベリア人」と「アフリカ人」の融和は果たされず、アフリカ人を従属させる政策が遂行されるようになる。アメリカ合衆国で人種的に抑圧された黒人たちは、リベリアの土地で「真のアメリカ人」となっただけではなく、その文化や教育の基準から現地の人々に対して支配的に振る舞う欲望に抗しきれなかったのである。これは、日本人のアジアに対する態度と比較できるだろう。こうして、クランメルはリベリアに望みを失っていく。

ブライデンもクランメルも、キリスト教的な奴隷廃止主義者としてリベリアにわたり、アフリカの教化と啓蒙を目指した点では共通している。しかしクランメルは、ブライデンほどの考えに到達することができなかった。アメリカ人であったクランメルは、ブライデンよりもアメリカ文明にこだわり、キリスト教のミッションに忠実であり、パターナリスティックであって、社会の変化を嫌う点で保守的であった。

他方、ブライデンは、当時の人種に関する科学的言説、とりわけ人種に関する本質主義（「人種の自然の区別」「本能」「自然の秩序」「人種の故郷」）を取り入れても、それを逆手に取り、支配欲の強い権力主義的で物質主義的な白人と、奉仕する精神に満ち、スピリチュアリティ溢れる黒人という価値の逆転を表現した。彼は、文化的なナショナリスト、あるいは、逆転した黒人人種主義者となったのである。

†アフリカーヌス・ホートン

次に紹介するアフリカーヌス・ホートンは、「ジェームズ・ビール」とも呼ばれた西アフリカのクリオ民族主義作家、歴史家である。「クリオ（Krio）」とはシエラレオネに住むクレオール人のことである。彼は、人種主義への反論と自己統治を主張した政治思想家であると同時に、外科医師であり、イギリス陸軍の将校、企業家でもあった。[7]

ホートンは、一八三五年、イギリス領シエラレオネのフリータウンに近いグロスターという村で、解放奴隷の親にもとに生まれた。ホートンはグロスターの地元の学校で勉強を始め、一八四五年にジェームズ・ビール牧師に見出され、英国聖公会宣教協会（あるいは英国教会伝道協会、Church Mission Society）のグラマースクールに入学し、西洋的な教育を受けた。

その後、聖職者になるべく神学を学ぶためにフォーラー・ベイ・インスティテュート（Fourah Bay Institute、後のフォーラー・ベイ・カレッジ）に移った。一八五五年に、英国戦争局の奨学金を得て英国のロンドン大学キングス・カレッジで外科医の資格を取り、その後、エディンバラ大学に移り、一八五八年に、学位論文『アフリカ西海岸の医学的地形』を発表した。この時に彼は、「アフリカーヌス」という名前をつけ加える。エジンバラでの学業を終えると、イギリス陸軍の将校に任命されたが、それは、イギリス陸軍のアフリカ人将校としては最も早い時期のものだった。

シエラレオネに戻ると、西インド連隊に所属してガーナで勤務し、ラゴス、ガンビア、シエラレオネ、ガーナなど、イギリス植民地内のさまざまな場所に赴任した。軍を退役すると、フリータウンに戻り、ビジネスを始めていくつかの会社を設立し、西アフリカ初となる銀行である西アフリカ商業銀行を設立した。

ホートンの哲学は楽天的で普遍主義的と言われるが、その理由は彼の人種概念が現代的であることによる。多くのこの時代の黒人哲学者が、「科学的な」人種主義的概念に対して宗教的な立場から対抗する方法を取ったのに対して、医学者であるホートンは、人種間の生理学的・医学的な差異が大きな意味を持つものではないことを知っており、人種を擁護する科学者の主張を直接に批判の標的にした。

アフリカーヌス・ホートン

ホートンの最初の二冊の著作、『イギリス領西アフリカの政治経済――いくつかの植民地と入植地の必要条件について(The Political Economy of British West Africa: with the Requirements of Several Colonies and Settlements)』(一八六五年)と『西アフリカ諸国とその人々(West African Countries and Peoples)』(一八六八年)では、アフリカ人は身体的にも知的にも劣った民族であり、その発達は遥か前に止まったとするヨーロッパの一部の人類学者の人種差別的見解に対して反論し、アフリカ人の擁護を展開する。

ホートンは、西洋人の優位を主張するような「科学的」な人種概念が何の根拠もないことを問題にした。あらゆる人種が、長い年月をかけて発展させてきたさまざまな文明や知識、技術を習得する能力を持っている。西洋の急速な発展は、生物学的な差異に基づくものではなく、「完全に外的状況の影響から生じた差異」だというのである。(8)

その「外的状況」とは歴史的な状況のことであり、国家の盛衰には、その文明に浮沈も連動している。ホートンによれば、文明化とは、科学の進展であり、文化の洗練であり、生産における発展のことである。文明化は、社会を強力にしてゆく。したがって、アフリカがやるべきことは、ホートンによれば、教育を強化し、キリスト教を布教し、産業を起こして、豊かになることである。ホートンの考えは実践的であり、アフリカは、教育や起業、興業を政治政策として促進すべきだと主張した。ホートン自身、金鉱山の開発などの産業の興進にも携わった。

一八六五年に、イギリスが西アフリカから植民地の撤退することを決定すると、ホートンは西アフリカの国家構想を『西アフリカ諸国とその人々』という著作にまとめた。シエラレオネの経済発展に関しては、必要な収入を得るために周辺の土地の併合と商業開発を提案した。また、アフリカにおける教育の継続、医学部や高等教育機関の設立を要求し、民族間の敵対行為の解決について意見を述べている。

そして、この構想を、カナダやオーストラリアのように、イギリス政府が認め、指導し、支援することを求めた。ホートンは、西アフリカ植民地の自治を求め、アフリカ人による国家形成を唱えた最初の近代アフリカ政治思想家であり、アフリカ民族主義の創始者の一人であり、「近代アフリカ政治思想の父」と呼ばれている。

ホートンは、西アフリカの可能性と発展を信じていたが、開明的なイギリス政府とキリスト教によって「文明」がもたらされると考えていた。しかし、その後、黒人指導者が逮捕されたり、ファンティ（Fante）ランドが保護領になったり、植民地化の動きが強まるとともに、人種主義的イデオロギーも広まっていった。こうして、ホートンの普遍主義的立場は地歩を失っていくのである。

†ジョン・メンサ・サルバ

この章で最後に紹介するジョン・サルバとジョセフ・ヘイフォードは、一九世紀後半から二〇世紀初頭に活躍した黄金海岸（現ガーナ）の政治思想家である。[9]
先に触れたように、現在のガーナ内陸部には、一六七〇年から一九〇二年までアシャンティ王国（アシャンティ帝国とも呼ばれる）が存在し、奴隷貿易により繁栄した。王国は一八世紀から一九世紀初頭にかけて全盛期を迎え、海岸部のファンティや北部のダゴンバなどを支配下に収めて現在のガーナの大部分を勢力下にした。

しかし一九世紀初頭には、イギリスを含む欧州各国が奴隷貿易を禁止した。この問題と沿岸部のファンティ人の支配権をめぐってイギリスとアシャンティ王国との関係は悪化し、アシャンティ王国はイギリスとの数度にわたる戦争（アングロ・アシャンティ戦争）を戦った。

ジョン・メンサ・サルバ

当初はアシャンティ王国が勝利を収めたが、一八七四年の第二次紛争以降、イギリスが勝利を繰り返し、立法審議会と行政審議会を設置してイギリスは沿岸部の支配を確立した。最終的に一九〇〇年までに、アシャンティ王国はイギリスの保護国として完全に併合されることになった。

「黄金海岸」と呼ばれていたガーナの沿岸部では、一八四四年の誓約によって合意が成立しており、地域の支配者とイギリスとの関係は落ち着いていた。しかし、アングロ・アシャンティ戦争以降、イギリスはこの合意を侵犯した。地域の伝統的な支配者や知識人たちは、伝統的な制度と法律を研究しては、イギリス法による社会解体に抵抗を試みた。ジョン・メンサ・サルバは、この抵抗運動において重要な役割を果たしたファンティ人の法律家であり、政治思想家である。彼は、アフリカ現地人の権利保護団体を作り、ガーナ独立を訴えた。

サルバは、一八六四年に現在のケープコーストの東に位置するアノマブ（Anomabo）で、商人であり黄金海岸の立法評議会のメンバーであったジョン・サーバとその妻サラの長男として生まれた。ケープコーストのウェスリアン学校と、イギリスのデヴォン州タントン校で教育を受け、一八八四年にロンドンのリンカーンズ・インに入学して法律を学び、一八八七年に黄金海岸出身のアフリカ人として初めて法廷弁護士の資格を取得した。

帰国後、弁護士事務所を設立したが、学生時代からの政治に興味をもちはじめていたため、現地でも積極的に政治活動に参加するようになった。彼は、イギリス帝国を受け入れながらも、直轄植民地制度（大英帝国内で王室によって管理された植民地。通常、英国政府の助言に基づき英国君主によって任命された総督が、現地評議会の支援の有無にかかわらず存在した）の弊害を点検すべきだと考えていた。

そこで彼は、J・P・ブラウンやJ・W・S・デ・グラフト・ジョンソン、後に見るヘイフォードらと協力して、立法審議会と行政審議会におけるアフリカ人議席の増加要求や直接税課税制、土地法などへ反対し、アフリカ系住民の利益を見守る「原住民権利保護協会（ARPS：Aborigines' Rights Protection Society）」を結成した。この団体は、植民地政府に対する組織的

首都アクラにあるガーナ独立記念公園とアーチ（著者撮影）

かつ持続的な反対運動を主導した主要な政治組織となり、ガーナ独立への土台となった。

伝統的な土地所有権を脅かす一八九六年（Crown Lands Bill）と一八九七年の土地法案（Lands Bill）に抗議するためにサルバが派遣され、立法院でその成立に反対する議論をした。ウィリアム・マクスウェル総督（任期一八九五～九七年）が法案の撤回を拒否すると、サルバはARPSに、法案成立に反対する請願団を英国に派遣するよう進言した。代表団は一八九八年にロンドンに赴き、土地法案の不採択を勝ち取った。これにより、黄金海岸は、イギリスの植民地ケニアで起こったような、アフリカの土地疎開の弊害を阻止できたのである。ARPSは出版社を設立し、『ゴールドコースト・ネイション』（一九一二年創刊）と『ゴールドコースト・タイムズ』（一九二三年創刊）を発行した。

サルバは、中等教育の振興に関心を寄せていた。ファンティ公立学校という事業を進め、ファンティ国立教育基金の設立を支援し、国内の教育施設の改善や奨学金制度の設立に奔走した。サルバは優秀な議員でもあった。一九〇一年、立法評議会の委員に指名され、短期間の休職を除き、亡くなるまで在籍し、さまざまな法改正を提案した。弁護士であったサルバは、ファンティの法律とファンティ憲法に関する知識の普及に関心を持ち、『ファンティ慣習法』（一八九七年）と『ファンティ国民憲法』（一九〇六年）の二冊の本を出版した。彼の出版物によって、教養ある民族主義の政治家が自国の歴史や制度について書く時間を持つという伝統が始まった。ヘイフォードは、この分野での彼の後継者である。

サルバは裁判の改革に関心を持ち、特に植民地の地方長官が特定のアフリカ人に偏見を持っていた場合に、裁判中の被告人の保護の強化を試みた。彼はまた、土着法廷に対して司法機構における明確な位置を与えるべきだと提案した。

†ジョセフ・ケイスリー・ヘイフォード

ジョセフ・エフライム・ケイスリー・ヘイフォードは、西アフリカの法廷弁護士、作家、政治指導者であり、西アフリカの人々の状況を改善するためにその生涯を捧げた。[10]

ジョセフ・ヘイフォード

一八六六年に、サルバと同じくアノマブで、ガーナ政界で著名な聖職者であったジョセフ・ド・グラフト・ヘイフォード牧師とメアリー(アウラバ)・ブリューを親として、三人の息子の末っ子として生まれた。ケープコースト地方にあるウェスレー(Wesley)・ボーイズ・スクールで教育を受け、その後、先述のホートンも通ったシエラレオネのフォーラー・ベイ・カレッジで学ぶ。

その在学中に、ブライデンの哲学に出会って、その信奉者となり、あらゆる形態の黒人差別に抗議する運動を形成するにいたった。[11] ヘイフォードがブライデンから継承したものとしては、ヨーロッパによるアフリカのキリスト教制度を批判したことが挙げられる。ヨーロッパの宣教師は、宗教的な信念や慣習を「アフリカ化」するのではなく、「西洋化」しようとした。これに抗議したブライデンとヘイフォードは、西洋化によって汚染されていないアフリカの宗教世界を形成しようとしたのである。[12]

フォーラー・ベイ・カレッジ卒業後、ヘイフォードは、高校教師や高校の校長を務めていたが、一八九三年にロンドンに渡り、弁護士になるための教育を受けた。ケンブリッジ大学でも学び、滞在中に後に妻となるアデレード・スミス（Adelaide Smith）と出会う。アデレードは、後に自身が民族主義的運動とガーナの初期のフェミニスト活動家として著名な人物になる[13]。

一八九六年、ヘイフォードはイギリスで弁護士としての活動を開始したが、翌年にはケープコーストに戻り、サルバたちとともに、「原住民権利保護協会」を結成した。彼の考えでは、アフリカのアイデンティティとアフリカの社会の安定は、土地の権利に関する既存の慣習を守ることと表裏一体であるというものであった。一九一〇年には、サルバの後任として同協会の会長に選出される。一九一六年、ヘイフォードは、英国植民地総督の諮問機関である黄金海岸の立法評議会に選出された。植民地における唯一のアフリカ系選出議員であった。

一九一三年には、ヘイフォードを中心に、イギリス領西アフリカ（黄金海岸、ナイジェリア、シエラレオネ、ガンビア）の四地域の代表が一堂に集まって、アフリカ人の民族的自覚と西アフリカ諸国の統一を目指す計画がたてられた。ヘイフォードは、イギリス西アフリカ国民会議（NCBWA：National Congress of British West Africa）を構想すると、トーマス・ハットンミルズ（Thomas Hutton-Mills）を初代会長として、自らを副会長として一九一七年にこれを設立した。この組織は、西アフリカで最も早い時期に設立されたアフリカ解放の正式な組織であった。

一九二〇年には同会議を代表してロンドンに行き、植民地長官に憲法改正を要求し、国際連盟で演説した。一九二三年、ヘイフォードは同会議の議長に就任した。西アフリカ国民会議は、黄金海岸の知識人エリートを主力としながら、イギリス領西アフリカ全域にわたるナショナリズム組織であり、将来における自治の達成を目標として漸進的な運動を展開した。ヘイフォードは、アフリカ人の団結と文化的自覚を求めるアフリカ民族主義を推進する一方で、ガーナが植民地であり続けるという枠組みの中で、憲法上の政治改革のみを主張した。

また、ヘイフォードは、ジャーナリストとしても活躍し、西アフリカ最大の黒人所有の新聞の一つである『ゴールドコースト・リーダー（*Gold Coast Leader*）』の編集長を務めた。ヘイフォードは、『黄金海岸の先住民制度（*Gold Coast Native Institutions: With Thoughts Upon A Healthy Imperial Policy for the Gold Coast and Ashanti*）』（一九〇三年）、アフリカ人が英語で発表した最も早い小説の一つである『エチオピア・アンバウンド（*Ethiopia Unbound*）』（一九一一年）など、西アフリカに関する著書を記した。

ヘイフォードは、『ゴールドコーストの先住民制度』の中で、ファンティとアシャンティの政府制度と手続き、特にアシャンティにおける政治的熟議と討議の過程を分析し、その正当さと洗練を説明して、イギリス連邦制の中で黄金海岸における現地自治の必要性を主張した。

またヘイフォードは、後述するアメリカのW・E・B・デュボイスやブッカー・T・ワシントン（Booker Taliaferro Washington）と文通し、一九一二年にはワシントンによる「黒人に関する国際会議」に参加する。ヘイフォードとワシントンとの文通は、アフリカと米国の両方で汎アフリカ運動を促進した。

サルバとヘイフォードの主張に共通してみられるのは、一八世紀の哲学者であるブライデンやホートンとの違いである。ブライデンやホートンでは、アフリカの伝統と西洋の近代制度の間の矛盾や対立が自覚され、どちらか二者択一と考えられていた一方で、植民地主義の浸透に対する危機感は薄い。

逆に、サルバとヘイフォードでは、アフリカの伝統は近代制度に適応可能であり、両者の間には矛盾があるとは感じられていない。ヘイフォードの『ゴールドコーストの先住民制度』は、そうした近代化につながる政治制度を西アフリカの伝統の中に見出そうとする試みであった。したがって、サルバとヘイフォードにとって近代化の問題は政治的なものであり、それを実行する自治がアフリカ人に与えられていないこと、すなわち、「現地に根を下ろした近代化」の獲得と実現が一九世紀末から二〇世紀初頭におけるアフリカ哲学の中心的課題なのである。

ヘンスブロークは、一九世紀のアフリカ政治思想を論じた論文の中で、このアフリカにおける思想運動と日本の明治時代のそれとの類似性を指摘している。[14] しかし、アフリカにおける植民地主義の進展と過酷化は、一九〇〇年のイギリスによる完全なる併合を境に極まり、もはや伝統の再解釈による西洋近代化への代替の可能性は失われたのである。

註

（1）Hensbroek, Pieter Boele van (2004) "Some Nineteenth-Century African Political Thinkers.", pp. 78–89, in Wiredu, Kwasi. (ed.). *A Companion to African Philosophy*. Oxford: Blackwell.

（2）Blyden, Edward W. (1903/1995) "Africa and the Africans", in Albert G. Mosley (ed.). *African Philosophy: Selected Readings*. Englewood Cliffs, NJ: Prentice-Hall; Blyden, Edward W. (1908/1994) *African Life and Customs*. Reprinted from Sierra Leone Weekly News. Black Classic Press, Kindle, 2013; Blyden, Edward W. (1862/2017) *Liberia's Offering*. HardPress, Kindle; Blyden, Edward W. (1872/2017) *From West to Palestine*. HardPress, Kindle, Benyamin Neuberger. (1985) "Early African Nationalism, Judaism and Zionism: Edward Wilmot Blyden," *Jewish Social Studies*, 47, pp. 151-166. 矢澤達宏（1995）「エドワード・W・ブライデン――早咲きの「パン・アフリカニスト」」『法學政治學論究――法律・政治・社会』（慶應義塾大学大学院法学研究科）24, pp. 325–350.

（3）Duncan, Graham A. (2015) "Ethiopianism in Pan-African Perspective, 1880-1920." *Studia Historiae Ecclesiasticae*, Volume 41, pp. 198–218; Shepperson, George (1953) "Ethiopianism and African Nationalism." *Phylon* (1940–1956) Vol. 14, pp. 9–18.

（4）Blyden, Edward W. (1888/1994) *Christianity, Islam and the Negro Race*. Black Classic Press. Kindle, (2013), p. 450.

（5）Crummell, Alexander (1862/2017). *Future of Africa*. HardPress, Kindle.

（6）大森一輝（2014）『アフリカ系アメリカ人という困難――奴隷解放後の黒人知識人と「人種」』彩流社, pp. 92–98.

（7）Adi, Hakim and Sherwood, Marika. (2003) *Pan-African History: Political figures from Africa and*

the Diaspora since 1878. London/New York: Routledge. pp. 86-89.
(8) Horton, J.A.B (1868) West African Countries and Peoples, p. 29.
(9) Baku, D. E. Kofi. (1990) "History and National Development: The Case of John Mensah Sarbah and the Reconstruction of Gold Coast History", *Research Review*, Vol. 6, pp. 38-48.
(10) Adi and Sherwood (2003), pp. 82-85.
(11) Bouchemal, Ahmed and Senouci, Faiza Meberbeche (2020) "Blyden's Philosophy and Its Impact on West African Intellectuals: Case of J. E. Casely Hayford of the Gold Coast (Ghana)" *Translation & Literary Studies*, 4, pp. 143-156.
(12) Bouchemal, Ahmed and Senouci, Faiza Meberbeche (2021) "Christianity in the Philosophy of Edward Wilmot Blyden and J. E Casely Hayford" *Abhath: Research in the Humanities and Social Sciences*, 6, pp. 1049-1058.
(13) Okonkwo, Rina (1981) "Adelaide Casely Hayford Cultural Nationalist and Feminist". *Phylon*, 42, pp. 41-51.
(14) Hensbroek (2004), p. 87.

第5章 アフリカ哲学史5

汎アフリカ会議からハーレム・ルネサンスへ――哲学としての音楽

†汎アフリカ会議

前章で論じたブライデン（一八三二～一九一二）、クランメル（一八一九～一八九八）、ホートン（一八三五～一八八三）、サルバ（一八六四～一九一〇）、ヘイフォード（一八六六～一九三〇）といった知識人の活躍により、汎アフリカ主義は普及していった[1]。

汎アフリカ主義は、アフリカ人およびアフリカン・ディアスポラよる知的・政治的運動である。汎アフリカ主義には以下のような特徴があり、それは以後のさまざまなアフリカ人による哲学に受け継がれていく。

第一に、アフリカ人とそこを起源とするアフリカン・ディアスポラの間には、深い共通性があるという認識に立ち、人種的連帯感や新たな自意識をもたらした点である。

この考え方は、アフリカを疎遠の地とみなし、アフリカの現地の人々と自分たちを区別していたアフリカ系アメリカ人が、アフリカを自分たちの本当の「故郷」や「祖国」とみなすきっかけを与えた。この運動は、リベリアの設立などのように、アフリカ大陸から離れて暮らす人々に「アフリカへの帰還」を直接に促すこともあったが、他方で、必ずしもアフリカへの物理的な帰還ではなく、象徴的な意味にとどまることも多かった。

第二に、アフリカの文化的統一と政治的独立を主張した。それは、権利の平等を基礎としたアフリカの近代化を望むものも含まれており、どの場合であれ、「アフリカの救済」と「アフリカ人のためのアフリカ」が訴えられている。

この考えの主導者の一人が、後に述べるフランツ・ファノンであり、彼は自身を「マルティニーク出身の革命的な汎アフリカ主義者」と表現している。ヨーロッパの帝国主義は、アフリカを従属させる過程で、アフリカの文化的遺産を疎外し、その価値を低下させる思想を展開した。そこで、アフリカの人々は、黒人文化を守り、人類と文明に対する黒人特有の貢献という概念を広めることが重要だと考えたのである。こうした考えは、次の章で論じるネグリチュードに受け継がれる。あるいは、南アフリカでは、ネグリチュードの概念は、スティーヴン・ビコが率いた黒人意識運動を通じて表現されることになる。

第四に、アフリカ大陸の政治的統一、あるいは少なくとも、アフリカ諸国の緊密な連帯と協力を希求する点である。後に詳しく論じるクワメ・ンクルマはこの代表的な唱導者となった。

彼は、帝国主義と新植民地主義の問題を解決する唯一の方法は、汎アフリカ主義に基づいた社会主義一元政府であると信じていた。この考えが、アフリカ統一機構(Organization of African Unity: OAU)を誕生させた。

以上のような汎アフリカ主義の醸成と普及に大きく貢献したのが、汎アフリカ会議である。この会議によって、ブライデンらのアイデアが発展され、秩序だった思想へと成長した。汎アフリカ会議とは、アフリカ系黒人指導者による一連の国際会議のことであり、その目的は、ベルリン会議以降加速した帝国主義によるアフリカ分割の回復と、植民地支配下で諸権利を奪われていたアフリカの黒人の解放のために、アメリカ大陸やカリブ海域の黒人が連携した運動を推進することにあった。アフリカ大陸の解放のために、アメリカ大陸やカリブ海域の黒人が主導して開催された点に大きな意味がある。

しかしこの会議は、アフリカ人とそのディアスポラの解放と自由だけを求めたのではなく、アフリカ人が近代世界に参入するための準備を議論する場だったのである。

汎アフリカ会議は、一九〇〇年にロンドンで開催された会議(カンファレンス)と、一九一九年のパリで開催された会議(コングレス)との二つの潮流があるが、ロンドン第一回にして、一九一九、二一、二三、二七、四五、七四年と合計七回が開催された。この一連の会議でも目指されたのは、次のことである。(2)

白人の侵略に対する抗議の場として機能すること。

英国人の「宣教師と奴隷廃止論者の伝統」に訴えかけ、アフリカ人を帝国主義者の蛮行から守ること。

世界中のアフリカ系の人々を互いに緊密な関係にし、白人とアフリカ人の間にもっと友好的な関係を築くこと。

文明国に住むすべてのアフリカ系民族の完全な権利を確保し、そのビジネス上の利益を促進するための運動を開始すること。


一九〇〇年七月二三日から二五日かけて（パリ万博の直前に）ロンドンで開催された第一回会議は、カリブ海のイギリス領トリニダード（現トリニダード・トバゴ）出身の黒人で弁護士のヘンリー・シルヴェスター＝ウィリアムズ（Henry Sylvester-Williams）が呼びかけ、ウエストミンスター・タウンホール（現キャクストンホール）で開催された。アフリカ、西インド諸島、アメリカ、イギリスから三七人の代表と一〇の他の参加者が出席した。

シルヴェスター＝ウィリアムズは、ベルリン会議後のヨーロッパによるアフリカ分割に対抗して、「アフリカ協会（African Association）」の設立に尽力していた。同協会は、特にイギリス帝国の領土におけるアフリカ人およびアフリカ系住民の団結を促すために設立され、イギリスのアフリカおよびカリブ海植民地における不公正を追及していた。

一八九八年三月、同協会は汎アフリカ会議を求める回覧文を発表し、これが一九〇〇年の第一回会議として結実する。アレクサンダー・ウォルターズ主教(Bishop Alexander Walters)を議長とした三日間にわたる会議では、人種差別のさまざまな側面が取り上げられ、それぞれの黒人社会の状態が報告され、平等な権利と国家間で平等な地位が与えられるように議論された。アフリカ系の人々の権利を認め、保護することと、アビシニア、リベリア、ハイチなどの自由な黒人国家の完全性と独立を尊重することが懇願された。

この会議によって、「アフリカ協会」は「汎アフリカ協会(Pan African Association)」に発展し、全会一致で採択された「世界の国々への演説」をさまざまな国の元首に送った。

W・E・B・デュボイス

この会議では植民地支配そのものについては現状の枠内での改革を求めるのみであったが、北アメリカ、カリブ、アフリカの黒人知識人が初めて一堂に会し、ヨーロッパの人種主義と南アフリカでのイギリスの侵略(南アフリカ戦争)に対する抗議の声を上げた。この会議は継続されなかったが、汎アフリカ主義の最初の組織的な動きであった。

このロンドン会議に出席したアフリカ系アメリカ人には、W・E・B・デュボイス（William Edward Burghardt Du Bois, 一八六八〜一九六三）が含まれていた。[3]彼は、アフリカ系アメリカ人の指導者であり、ジャーナリストであり、黒人で博士号を最初に取得したアフリカ系アメリカ人の社会学者として知られていた。

デュボイスは、黒人が世界史の一要因となるのは、汎アフリカ運動を通じてであると信じていた。また彼は、一九〇三年の著書『黒人のたましい』で「二十世紀の問題とは、皮膚の色による境界線の問題、すなわち、アジア、アフリカ、アメリカ、海洋諸島における色の黒い人種と色の白い人種との関係である」[4]と喝破した。

デュボイスは、一九一九年、アメリカの白人自由主義者を中心に結成された黒人差別撤廃運動組織である「全米黒人向上協会（National Association for the Advancement of Colored People, NAACP）」から派遣されてパリに赴き、第一次世界大戦のパリ講和会議でアフリカ人とアフリカ系の権利を擁護しようとした。第一次世界大戦に参戦したにもかかわらず十分な扱いを受けなかった黒人たちは、発言力を強めたのである（デュボイスは平和主義者であるが、第一次世界大戦への参戦には賛成した）。

しかし、講和会議ではこの目的を果たせなかったため、デュボイスは急遽フランス首相クレマンソー（Georges Benjamin Clemenceau, 一八四一〜一九二九）の援助を取り付け、一九一九年二月、当時フランスのサン＝テティエンヌのアメリカ領事ウィリアム・ヘンリー・ハントとその妻アイダ・ギブスを立てて、第二回汎アフリカ会議（コングレス）が開催することに成功した。急な企画であり、イギリス政府が参加予定者に渡航を許さなかったため、予定よりも参加者が減ったが、それでも北アメリカ・カリブ・アフリカの一五カ国から五七名の代表が参加した。

デュボイスは、ヨーロッパの指導者たちに人種差別と闘い、アフリカや西インド諸島の植民地に自治権を与え、アフリカ系アメリカ人に政治的権利などを要求することを訴える書簡（「世界の国々への演説」）を起草するなど、この会議の主導的役割を担った。アフリカ人保護のための国際法の整備、土地・資源の信託、外国資本による搾取の規制、奴隷労働の禁止、公費による教育の普及、段階的な自治の推進を求める決議が採択された。

その後、デュボイスたちは、国際連盟職員への聴き取り調査を実施し、ウィリアム・ラッパード委任統治委員長、国際労働機関初代の事務局長アルベール・トーマと面談した。そこで、「委任統治領には、黒人の子孫が委員に任命されるように要請する権利をもつ」などの内容を含む、汎アフリカ議会の請願書が公式文書として受理され、植民地支配や人種差別などの問題に着手するとの意思が表明された。(5)

デュボイスはその後も汎アフリカ会議を開催し、第三回（コングレスという名称では第二回）は、一九二一年にロンドン、パリ、ブリュッセルで数回にわたって開かれ、現状の変革に大きく焦点を当てたものとなった。第四回を一九二三年に、ロンドン、リスボン、第五回を一九二七年、ニューヨークで開催し、アフリカ人とアメリカのアフリカ系との統一戦線を作ることが取り決められ、その後の汎アフリカ主義運動の発展の基礎ができた。

ジョージ・パドモア

第六回（コングレスとしては第五回）会議は、第二世界大戦後の一九四五年一〇月一五日から二一日にかけて、イギリスのマンチェスターで開催された。政治意識の高かったマンチェスターに居住する黒人が協力し、アフリカや西インド諸島の植民地における農業労働者の権利保障を訴えるなど、イギリス国内の労働運動と連動した汎アフリカ主義が展開された。この議会では、「アフリカン・ナショナリズム」に基づき、植民地支配の背後には常に欧米諸国の資本主義的動機があるとの分析から「マルクス主義的社会主義の哲学」を全会一致で採択した。

トリニダード・トバゴ出身の共産主義者であり、汎アフリカ主義者のジョージ・パドモア（George Padmore, 一九〇二〜一九五九）とガーナの哲学者であり、独立指導者であるクワメ・ンクルマ（Kwame Nkrumah, 本名：Francis Nwia Kofia Nkrumah, 一九〇九〜一九七二）よって組織されたこの会議には、九〇人の代表者が出席し、そのうち二六人がアフリカからの参加者だった。この会議以降、第二次世界大戦勝利への貢献を背景にして、アフリカ各国で旧宗主国からの独立を要求するようになった。それゆえこの第六回会議が、汎アフリカ主義において最も重要であったと言えるだろう。

参加者には、デュボイス、ケニアの独立運動指導者であり、初代首相・大統領となるジョモ・ケニヤッタ(Jomo Kenyatta, 一八九三〜一九七八)、マラウィの初代首相となるヘイスティングズ・カムズ・バンダ(Hastings Kamuzu Banda, 一八九八〜一九九七)、ジャマイカの著名な法廷弁護士ダドリー・トンプソン、ナイジェリアの政治指導者のオバフェミ・アウォロウォ(Obafemi Jeremiah Oyeniyi Awolowo, Obáfẹ́mi Oyèníyì Awólọ́wọ̀, 一九〇九〜一九八七)など、後にアフリカ独立運動やアメリカの公民権運動に影響を与える学者・知識人や政治運動家たちが多く含まれていた。西インド諸島からは三三名、西アフリカ学生連合をはじめとするイギリスの諸団体からは三五名の代表が参加した。

クワメ・ンクルマ

こうして、汎アフリカ会議は帝国主義による植民地統治の終了と人種差別の撤廃を訴え、人権と経済発展の平等を求め、アフリカと西インド諸島の脱植民地化を平和的に進めることに大きく貢献した。以降、アフリカ各国では旧宗主国からの独立を要求するようになり、一九六〇年に、国連が「植民地と人民に独立を付与する宣言」を採択し、その後、一九八〇年までにほとんどのアフリカの国が独立を果たすようになる。

†音楽によって表明される政治哲学

本書は、アフリカ大陸とカリブ海諸国で発展した哲学を中心に扱うため、アメリカでのアフリカ系の人々による哲学の発展はあまり論じていない。アフリカ系アメリカ人によるアフリカーナ哲学とその影響については、この著作とは別の一冊を費やして論じる必要がある。しかし、これまで見てきたように、アフリカにおける汎アフリカ主義は、アメリカ人であったクランメル、アメリカで学んだブライデン、そしてデュボイスのような汎アフリカ主義に立つアメリカ人といったアメリカで生まれた哲学からの刺激や支援が必要だった。

次の章では、アフリカの哲学に大きな影響を及ぼしたカリブ海のネグリチュード運動が、やはり北アメリカ大陸での政治・文化的な黒人運動に大きな影響を受けていること、アフリカ、アメリカ、カリブ海諸島のアフリカ系の哲学は循環的な相互影響を与えていることを指摘したい。

もうひとつ、私たちが哲学的観点から考えなければならないのは、哲学を表現するのはいかなる媒体によるのかである。これまでの哲学の研究は、書字による哲学の表現、すなわち、書籍、論文、草稿、書簡集などを対象としてきた。現在と違って、視聴覚記録がないか、非常に限られた使用しかできなかった時代では過去の哲学者たちの書き残したものを考察の対象にするのは、方法論的に致し方のないことだったかもしれない。

しかしながら、エチオピアの哲学で見たように、哲学者が書き残したものと人々の間で口伝され、議論されてきた内容には共通性があった。ソクラテスは書き物を残さなかった。このことだけをもってしても、口頭でのやり取りが哲学的な思考、すなわち、一般的なテーマについての反省的思考の交換を伴っていることは明らかである。実際、対談が筆記されて購読され、現在では、対談がウェブで視聴できるであろう。

こうして口頭による議論も哲学の表現でありうるが、では、他の表現媒体ではどうであろうか。絵画や音楽、彫刻、舞踏や運動、身体的パフォーマンスではどうであろうか。おそらく、それらの芸術的媒体が「思想」を表現しうることに賛成する人は少なくないだろう。しかしそれらは「哲学」を表現できるだろうか。すなわち、「問い」や「答え」をもった反省的思考がそれらの媒体で表現できるだろうか。筆者はそれが可能であり、哲学の研究はもっと幅広い表現に目を向けて、それを考察の対象にすべきであると考えている。

ポール・ギルロイの『ブラック・アトランティック――近代性と二重意識』は、音楽と哲学の境界に疑いをかけていく社会学である。[6] 以下では、アメリカにおいて音楽として表現されている政治思想を、そしてそれが政治哲学となりうる可能性を、汎アフリカ主義が、ハーレム・ルネサンスにおいて音楽と詩として表現されていく歴史を追ってみよう。この政治哲学の運動こそが、カリブ海のネグリチュード運動を喚起していくのである。

哲学者のヴァルター・ベンヤミンによれば、ファシズムが芸術のための芸術を称揚するのは、自己疎外から生じてくる自己破滅の願望の表れであり、これに対して、「共産主義は芸術の政治化をもって答える」という。[7] 共産主義についてはともかく、現代におけるアフリカ人とそのディアスポラの音楽は、まさしくこの意味で「芸術の政治化」と呼ぶにふさわしいと言えるだろう。芸術の政治化とは、ベンヤミンによれば、真正の芸術の証である「一回性」を、政治的実践に結びつけることである。言い換えるなら、それは、芸術をして、人々が現在の状況を一回的な変革の機会として捉えるように、差し向けることである。

フランスの哲学者ジャック・ランシエールが指摘するように、そもそも政治の本質とは、「感性的なものを分有すること」、すなわち、感性に訴える体験を人々が共有することにあるならば、政治と音楽との関係は本質的であり、ベンヤミンがいうように、それを近代固有の現象として捉えることは誤りかもしれない。[8]

しかしながら、マスメディアの発達により、現代社会における音楽は、いつの時代にも増して、政治を動かすソフトパワーとなったことは明らかである。国家の合唱や軍歌のような政治的動員のための音楽もその一つの表れである。動員のための音楽は、ナチズムやファシズム、現代の独裁国家におけるがごとく、「政治の美学化・耽美主義化」へと連なっていく危険性を秘めている。

現在の日本で、多くの人が電車の中や歩行中にイヤホンを外さないのは、BGMとして音楽を流し続けることで、自分の振る舞いと目の前の光景を一定の雰囲気と動機づけによって彩ろうとするからである。しかし、目の前にある他者と環境から引き下がり、現実を個人的な色彩の中に閉じ込めようとする音楽の受動的利用は、音楽の政治化からは遠くなってしまっている。それはむしろ、社会生活の「美学化・耽美主義化」の危険を冒しているとは言えないだろうか。しかし音楽は、西洋古典音楽の国民楽派のように、劣位に立たされた民族の独自の価値の称揚を促す表現でもありうる。

現代社会におけるアフリカ人たちの音楽は、とりわけ抵抗としての音楽、すなわち、抑圧からの解放を目指す音楽の政治化を提示してきたのではないだろうか。ブルース、ゴスペル、ジャズ、ロック、ヒップホップ[9]の流れに見られる黒人による創作と演奏は、自由を希求する現代の政治運動の醸成と切り離せないほどである。

二〇一一年のジャスミン革命では、国民的なラッパーであるエル・ジェネラルがネット上で一〇〇〇万回を超えて再生された。二〇〇八年にバラク・オバマが大統領選挙勝利演説で引用した、『勝利を我らに(We shall overcome)』は、ゴスペル作曲家のチャールズ・ティンドリー(Charles Albert Tindley, 一八五一~一九三三)による公民権運動を象徴する作品である。[10]

筆者が注目したいのは、現代のアフリカ音楽を解放的な政治化の過程として捉えることである。ある社会的現実や現状を、何かを変革するための、逃してはならない一回的な機会として意味づける政治的志向性はいかにして醸成されるのか。ベンヤミンがいうような「音楽の政治化」には、音楽の持つ本質的な政治性あるいは集合性が、政治の現状を批判する意識となっていかなければならない。

音楽の政治化とは、演奏家と聴衆という区別がなされずに、合奏や合唱、手拍子や踊りによって音楽に即興的に参与するように、ある重要な状況において即応的に政治的な参加をしながらも、混乱や混沌に陥ることからは遠く、一定の有意義な変革を集団で達成していくような振る舞いをいうはずである。別の言い方をすれば、音楽の政治化とは、音楽が、人々が連帯しながら共通の現状に向き合っているという認識を共有して、さらにその現状に対して即興的に参与する集団的志向性を生み出していく過程である。

ここでは、「連帯性」「即興性」「一回性」が現状の参与的把握のための重要な因子となっているが、この音楽的因子が政治的になるためには、音楽の中に、現実への批判的な意識を強く押し出す詩歌が必要であろう。このアフリカの音楽の側面は、動員のための音楽にはもちろん、おそらく国民楽派にもなかった側面であろう。[11] 確かに、一九世紀末に何人もの黒人作曲家、たとえば、ハリー・バーリー（Harry Burleigh, 一八六六〜一九四九）やウィリアム・リーヴァイ・ドーソン（William Levi Dawson）などが、アントニン・ドヴォルザークのナショナリズムから影響を受けてはいるが、それにより、むしろ批判意識を含む「黒人意識」の方に傾斜していくのである。

音楽と政治がいかなる形で結びつき合うのかという好例を、一九二〇〜三〇年代初頭に米ニューヨーク市で生じた黒人による芸術活動であるハーレム・ルネサンスに見ることができる。この運動は世界的に拡大して、「音楽の政治化」あるいは「音楽的政治性」を作り上げていくだろう。音楽の政治化は、個人単独の営為ではあり得ず、連帯と継承を必要とする。そこで特に注目しなければならないのは、政治的表現と音楽を結びつける「歌詞」が、集団的な政治的志向性を形成することである。

先行研究としては、コンゴ共和国の作家、詩人、評論家である、ンガンドゥ＝ンカシャマが、感情および知覚的意味についての現象学の観点から、セネガルの詩人であり思想家であり、政治家であるレオポール・セダール・サンゴールの著作を分析した研究、あるいは、ニコ・スレイトによるアンソロジー『国境を越えるブラック・パワー』における音楽に言及した章などが参考になるだろう。(12) 私たちは、最終的に、批判的思考力と政治的タクト(タクトとは、機を見るに敏な対応のことである)を養うための教育的な手段として音楽と体育を構想することができるはずである。

実際に、デュボイスは、現行のアメリカにおける人種差別に対抗するために、アフリカ系アメリカ人が緊急に取り組むべきプログラムとして、経済的共同、政治活動、教育に並んで「芸術と文化の復興」を挙げている。古代からの「ニグロ芸術」を復興させ、黒人を一人の芸術家として世界へ提示すべきだと述べているのである。(13) そこで、以下では、まずデュボイスの役割から見ていくことにしよう。

†デュボイス――汎アフリカ主義と二重意識

先に述べたように、一九一九年以降の汎アフリカ会議において主導的な役割を担い、二〇世紀における汎アフリカ主義を先導したのが、デュボイスである。彼の活動と作品、人生をすべて紹介にすることは本書の目的ではない。汎アフリカ主義に関係するポイントに絞って紹介しよう。(14)

デュボイスは、人種に基づく社会制度の不正を訴え続け、黒人という集団に強い誇りを持ち、世界各地の黒人たちに連帯を呼びかけた公民権運動家であり、作家・編集者であり、歴史・経済・社会学を講じる大学教員である。彼は、社会学者であり、マルクス主義的な視点から欧米中心的な世界秩序を分析する一方で、汎アフリカ主義による世界変革の可能性を論じたと解説される。

デュボイスは、フランスのユグノー教徒の子孫であり黒人の血を引いた父アルフレッド（Alfred）と、オランダ系白人と黒人の血を引く母メアリー・バーガート（Mary Burghardt）の子として、人種差別があまり厳しくないマサチューセッツ州で生まれる。南部テネシー州のフィスク大学で初めて深刻な人種差別に遭遇する。その後、ハーバード大学に編入学し、デュボイスは、一八九五年、ハーバードから初めて博士を授与された黒人となった。ドイツ留学（一八九二〜九四年）から帰国し、オハイオで大学語学教師となり、歴史学と社会学を同時に学んでいく。

デュボイスの活動にはいくつかの特徴がある。第一点として、これまで述べてきた汎アフリカ主義である。通常の黒人にとってアフリカ大陸は、祖先の故郷の場所だとはいえ、それは遥か昔の話であり、同時代のアメリカ黒人にとっては遠くの「未開の」地であった。その中で、デュボイスほどアフリカとのつながりを強調し、アフリカ諸国の独立を人種間の絶対的平等を主張した指導者はいなかった。デュボイスは終生「アメリカ人」を自認していたが、白人世界への同化を退け、黒人の聡明さ、柔和さと力強さを讃え、「黒人の血」を誇りとする。しかし他方で、世界中に離散させられたアフリカン・ディアスポラは、すでにそれぞれ独自の文化的・歴史的背景をもっており、その多様性は尊重されなければならないと主張した。

本書では論じないが、デュボイスと敵対していたとされるジャマイカ生まれのマーカス・ガーヴェイ（Marcus Mosiah Garvey, 一八八七〜一九四〇）は、世界黒人開発協会（The Universal Negro Improvement Association: UNIA-ACL）を組織し、やはり汎アフリカ主義を提唱した。[15]

彼の考えでは、アフリカを植民地から解放し、黒人はアフリカに故国を持って、そこに回帰すべきであるという。この点で、ガーヴェイはデュボイス以上にアフリカン・ディアスポラとアフリカとのつながりを強調した。これに対してデュボイスは、物理的回帰を訴えるガーヴェイの極端な考えには厳しく批判的だった。ジャマイカのラスタファリズムでは、ガーヴェイはヨハネのような預言者として位置づけられている。しかし、ガーヴェイ本人はラスタファリズムには否定的である。

ボブ・マーリー

エチオピア帝国最後の皇帝ハイレ・セラシエ一世（Haile Selassie I, 一八九二〜一九七五）をジャー（神）の化身と崇める、アフリカ回帰主義であるラスタファリズムは、レゲエ音楽家のボブ・マーリー（Bob Marley, 一九四五〜一九八一）の影響もあり、世界中に広まった。

さて、先に引用したように、デュボイスは、一九〇三年に出版された『黒人のたましい』[16]の冒頭において、「二〇世紀の問題は皮膚の色による境界線（カラー・ライン）の問題である」と看破し、世界的な視点から黒人差別を位置付けた。実際、アファーマティブ・アクション、移民排斥、貧困など、人種問題と無関係な現代社会の問題などあるだろうか。

第二点は、公民権運動の急進化である。それまでの代表的な黒人指導者であったブッカー・T・ワシントン（Booker Taliaferro Washington, 一八五六〜一九一五）は、市民権の獲得は、黒人が職業教育や蓄財によって自力で向上した後に得られるものと考えた。彼は、白人指導者に近づき、政治的抗議を抑制する立場を取り、人種隔離的なジム・クロウ法についても公的に批判しなかった。

このようなワシントンの融和的・妥協的なスタンスに対して、デュボイスは、『黒人のたましい』[17]の中で、強く批判する。ワシントンは、黒人に「政治権力」「市民権の主張」「黒人青年の高等教育」を断念して、蓄財と南部との北部の融和に専念せよ、と言っているが、黒人の地位向上に何の役にも立っていない。デュボイスによれば、人種差別を廃止し機会の均等を求めるには、激しい政治的抗議行動をとり、権利を強く主張する以外にないのである。

一九三五年の『アメリカにおける黒人の再構築』では、デュボイスは、人種間の闘争が「まったく根絶やしにされてしまうか、絶対的な平等か。妥協などありえないのだ。これは西洋の最後の偉大な闘争なのである」と書いている。[18] これは、後に見るファノンの立場に近い強烈な決意と言えるのではないだろうか。

第三点は知的エリート主義である。もう一つのワシントンとの大きな対立点は、デュボイスが、黒人の高等教育を望み、そのエリートの知的活動に基づいてこそ社会改革運動が促されると考えていた点である。[19] この点は、ハーレム・ルネサンスでの黒人芸術の評価にも反映している。

第四点に、黒人文化の優位性を押し出したことである。『黒人のたましい』は、各章の初めに、ヨーロッパの詩人による詩のテキストと（画像は第一章の冒頭、イギリスの象徴詩人、アーサー・サイモンズと楽譜）、黒人霊歌の楽譜を併せて載せてある。それは、「暗い過去に黒い魂たちから湧きあがってきた、唯一のアメリカ音楽からの忘れようにも忘れられない旋律のこだま」であるという。

これによりデュボイスが意図していることとは、白人の詩と黒人の霊歌を対等に扱い、黒人文化の創造性を示すことである。この本は、ギルロイが指摘するように、デュボイスが、黒人音楽を黒人の文化の価値、インテグリティ、自律性の中心的なしるしとして位置づけていることを示している。[20]

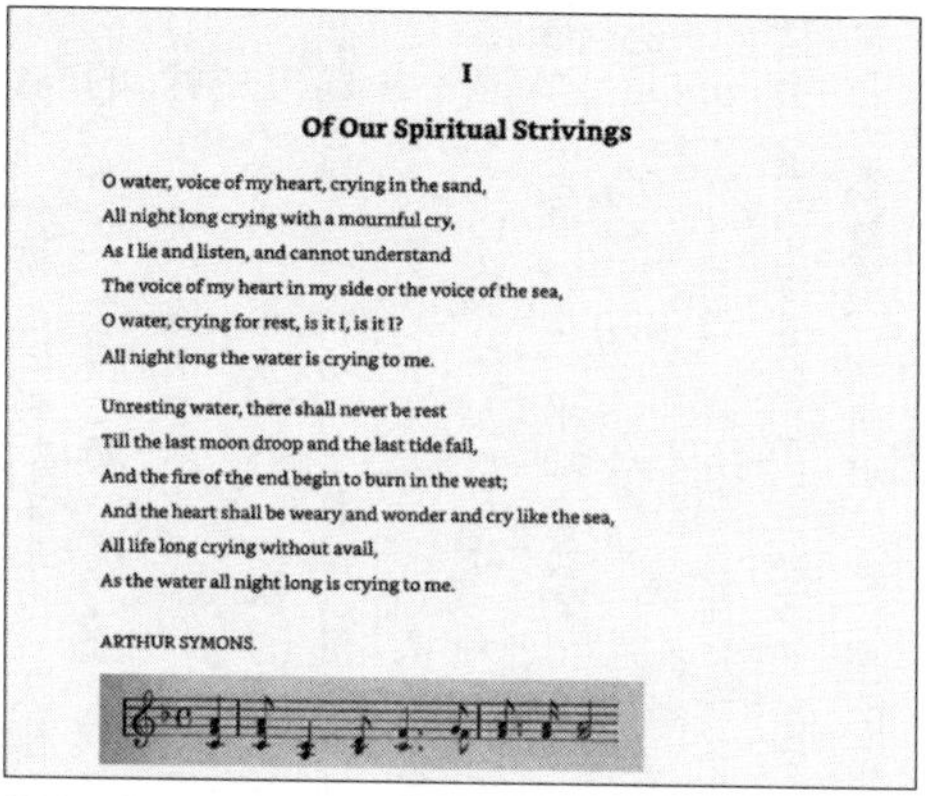

ところで、各章の論旨となるはずの黒人霊歌の歌詞をあえて掲載しないことにしていることに注目しなければならない。これは、複数の解釈がありうるだろうが、歌詞は、霊歌を知る黒人は思い出せても、白人にはわからない。それは白人にはアクセスできない黒人固有の文化があることを示すように意図したのだと思われる。

I

Of Our Spiritual Strivings

O water, voice of my heart, crying in the sand,
All night long crying with a mournful cry,
As I lie and listen, and cannot understand
The voice of my heart in my side or the voice of the sea,
O water, crying for rest, is it I, is it I?
All night long the water is crying to me.

Unresting water, there shall never be rest
Till the last moon droop and the last tide fail,
And the fire of the end begin to burn in the west;
And the heart shall be weary and wonder and cry like the sea,
All life long crying without avail,
As the water all night long is crying to me.

ARTHUR SYMONS.

Of Our Spiritual Striving（『黒人のたましい』）より

リズムをもった奴隷の叫びである「黒人民謡」（黒人霊歌）は、アメリカにおける「人間体験の最も美しい表現」であり、「国民の非凡な精神的遺産としてまた黒人人民の最大の才能」として存在するという。[21]霊歌は、「芸術のための芸術」からは最も遠く離れ、日常生活、仕事、遊びに直接に関係し、世界と自己の存在についての黒人共同体の見方を表現しているのである。[22]ただし霊歌は教会の中で作り出される。霊歌は宗教的であり、天国とその希望について歌う。これに対して、ブルースは、世俗的であり、宗教に深い関心はなく、故郷を失い、世間に絶望した人間の音楽である。それは奴隷の真実の感情である。

『黒人のたましい』は、アメリカ人であると同時に、アフリカ人であるという「二重意識」の問題を扱っている。これは、汎アフリカ主義がもたらす意識変容の別の側面であるということもできるだろう。黒人は、白人と平等の権利を求めながら、同時にアメリカ市民でありたいとも思っている。黒人たちは、アフリカン・ナショナリズムとアメリカン・ナショナリズムの狭間に生きている。平和主義者であったデュボイスが第一次世界大戦への参戦には肯定的だったのは、アメリカン・ナショナリズムの表れだと言えるだろう。

デュボイスは、一九〇九年に全米黒人会議に参加し、翌年、参加者たちは全米黒人地位向上協会（National Association for the Advancement of Colored People, NAACP）を設立した。NAACPの委員は、デュボイスに機関誌である『クライシス（Crisis）』の編集長を任せた。デュボイスは、この雑誌で黒人の芸術的な創造性を賞賛した。ハーレム・ルネサンスが一九二〇年代半ばに興ったときには、「黒人の芸術ルネサンス（A Negro Art Renaissance）」という記事においてその努力を称えた。ただし、後に彼は、黒人芸術への白人たちの興味本位の態度の強まりから、ハーレム・ルネサンスに次第に関心を失っていく。

†ハーレム・ルネサンスの哲学的意義

ハーレム・ルネサンスとは、一九二〇年代から三〇年代にかけてニューヨーク州マンハッタン島のハーレム地区を中心に巻き起こった黒人文化・文学・芸術の一大運動である。[23] この呼称は、これまでも触れてきたラングストン・ヒューズが一九四〇年に出版した『ぼくは多くの河を知っている』の中の第三章「ブラック・ルネッサンス」において初めて用いられたもの[24]である。

ヒューズの自伝の中では、「コットンクラブ」のような白人至上主義者が集まるクラブでの歌と演奏、ニュー・ニグロの文学者の交流や、肌の色を問わない作家や芸術家、ダンサー、出版者たちの集まるパーティの様子などが、生き生きと描写されている。それは、まさしく、華やかで活気に溢れる、艶やかな「ジャズ・エイジ」であり、フィッツジェラルドが描く『グレート・ギャツビー』の世界を思い起こさせる。この時代を冷却させたのは、もちろん、一九二九年の大恐慌である。

ラングストン・ヒューズ

ハーレム・ルネサンス運動の起源はさまざまに遡れるが、その明確な仕掛け人とされるのは、哲学者のアレイン・ロック(Alain

LeRoy Locke, 一八八五〜一九五四）である。彼は、ハーバードやオックスフォード、ベルリンといった大学で哲学・文学・英語・古典語を学んだ知的エリートであり、ハワード大学の教授であった。一九二五年三月に発行されたゲスト編集者として、ハーレム・ルネサンスについて特集を組み、その繁栄を世に知らしめた。

アレイン・ロック

同年一二月には、黒人による著作集『ニュー・ニグロ（The New Negro）』に特集「ハーレム——ニューニグロのメッカ」を展開し、ロックは「まえがき」「新しい黒人」「黒人青年は語る」「黒人霊歌」「祖先の遺産」という五つのエッセイを寄稿している。この特集号は、『ニュー・ニグロ——ある解釈』[25]という書籍として再版されているが、デュボイスやヒューズをはじめとして、評論、短編小説、詩、劇作に並んで、ロックによる黒人霊歌の評論、J・A・ロジャーズによるジャズ評論[26]などが楽譜とともに掲載されている。最後には、さまざまな分野の黒人による書籍・文学・音楽の参照リストが挙げられている。

芸術に関する立場で言えば、デュボイスは、芸術を生活改善と自己尊敬、希望の付与、価値低下への抗議の意識を高める手段あるいはプロパガンダと考えていた。これに対して、ロックは、単一の仕方で世界を捉えることからは自由であるべきだと考えていた。芸術における美は、

生活を向上させるプラグマティックな効果があるとロックは主張していた。(27)

ここで注目すべき点は、哲学者であるロックが、黒人霊歌を黒人にとって重要な文化であるというだけではなく、アメリカにとって最も独創的な文化であるとしていたことである。西洋哲学の中では、ある程度、音楽についての批評をする哲学者はいても、ここまで音楽を重視する哲学者はいなかったであろう。それは音楽が、芸術の一分野ではなく、人間を連帯させ、政治的参加と生活の向上を促すものだからである。

ロックは、「才能のある一〇分の一」が残りを引き上げるという発想のもとに、無批判な白人追従や同化は避けられたものの、高尚さを尊ぶエリート主義的な動機を持っていた。この点で、ロックとデュボイスの考えは遠くなかったと言えるだろう。当初は「低俗」とされる音楽やダンスはサブカルチャーとして軽視される傾向があったが、新しい文化の担い手だったジャズ・ミュージシャンやダンサー、ブルース歌手は、黒人エリートや白人中産階級の価値観を出し抜くような新しい黒人らしさを提示し続けた。

『サーヴェイ・グラフィック』誌

したがって、ハーレム・ルネサンスには、白人的エリート主義の価値観への傾斜と黒人の自己意識の発露と強化という二つの側面があったと評価できるだろう。これは、政治における白人層との融和的戦略と、自尊心を強調しつつ地位向上を目指す二重の方向性と並行していることを確認しておこう。

以上に見たように、ハーレム・ルネサンスは、文学と思想、芸術の複合的な文化運動であり、同時に政治運動であった。その中で、特徴的なことは、音楽とダンスの果たした役割である。これは、他の社会での政治運動と比較してみれば一目瞭然である。

歴史家のガブリエル・アンチオープによれば、カリブ海地域での奴隷のダンスは、大規模逃亡と同じ、叛乱から自立へという抵抗の形であったと指摘する。ダンスは、奴隷にとっての共通の世界を描き出し、地理的・社会的・文化的な境界を確定する行為だったのである。[28] 同じことが、アメリカでの黒人芸術運動にも当てはまるだろう。

ハーレム・ルネサンスは、エリートの指導によって黒人人民の地位向上を図るエリート主義的な側面と、抑圧された者の自己表現としての側面の両方を有していた。このことは音楽についても言える。北部の教会は静かで讃美歌を歌いクラシックを演奏したのは、人種主義的な優生学からの影響であるが、ワシントンもデュボイスも黒人宗教は「原始的」であり、それが変わらない限り、市民権は得られないと考えていた。

ゴスペルと霊歌の違いについては、以下のように要約できる。①ゴスペルは主観的であり、テーマを歌い、同じフレーズを繰り返す。霊歌は聖書の出来事や物語を歌う。②ゴスペルは楽器の伴奏が歌と同じほど重要であるが、霊歌はアカペラである。③ゴスペルのリズムは激しく、シンコペーションと打楽器のリズムが伴う。④ゴスペルは歩格が一六か三二であるが、霊歌は同じ節が何回も繰り返される。[29]

ハーレム・ルネサンスを代表するジャズ音楽家は、年代も近いルイ・アームストロング(Louis Armstrong, 一九〇一～一九七一)とデューク・エリントン(Edward Kennedy "Duke" Ellington, 一八九九～一九七四)である。この二人の偉大な現代音楽家の役割は異なったものであった。[30]

デューク・エリントン

エリントンは、エリート主義を代表しつつ、黒人の音楽的地位の向上を果たした音楽家だったと評価できる。[31] エリントンは、ワシントンDCの中産階級に生まれ、西洋音楽教育を受け、「デューク(公爵)」と呼ばれるほど、品のある落ち着いた立ち居振る舞いであった。

彼は一九二七から三一年に、裕福な白人相手にコットンクラブ(黒人は客として入れなかった点で差別的クラブであるが、演奏家である黒人への絶対的なリスペクトを要求したという)で演奏をし、大変な評判を得ていた。ロックは、西洋古典の楽団形式や交響曲形式を取り入れることで、黒人民衆の音楽を高等な音楽へと発展させることを望んでいたが、エリントンはその理想像であった。

エリントンには、南西部のジャズに比較してブルース演奏が少なく、作曲と編曲と演奏が完全に完成されている。即興も事前に試みさせて、最も良いものを採用する形をとった。それは、彼の音楽のコンセプションが西洋古典のそれに近かったからであろう。[32] したがって、エリントンのような形式の演奏は、本当の意味の即興ではない、それはジャズではない、という批判も受けることになる。エリントンにとって、ジャズとはアフリカ的なものであり、アフリカ的なリズムやメロディはアメリカ的なものではなくアメリカ的なものに吸収されてきたというのである。[33]

ルイ・アームストロング

他方、エリート主義とは無縁だったラングトン・ヒューズは、テーマと表現形式の点で、ジャズやブルースの積極的に取り入れ、一九二五年に『物憂いブルース（The Weary Blues）』を発表する。

彼の書いたジャズの入門書は、差別的なジム・クロウ法が敷かれたニューオリンズのスラムで生まれ、子供の頃から路上で歌ってきたルイ・アームストロングへの言及から始まる。そして、アームストロングがあたかもジャズの主人公であるかのように歴史の紹介が進んでいくのである。ヒューズは、アームストロングをハーレム・ルネサンスで最も重要な人物と評したほどである。

アームストロングも地方のダンス・ミュージックを洗練されたジャズに発展させたと言える。五〇年代後半から六〇年代になると、アフリカや共産圏を含め世界中で演奏するようになり、政治的で外交的な意味を持つ存在となる。しかし、戦後のビバップ世代からはエンターテイナーとしてのボードビリアン・スタイルが時代遅れとみなされ、「アンクル・トム」(白人に卑屈で従順な黒人)と批判されるようになった。

キング牧師が主導した一九六〇年代の公民権運動も、黒人芸術運動として呼ばれることがあったが、この原型はまさしくハーレム・ルネサンスにあった。黒人の新しい詩と音楽は、新しい技術の実験以上のものであり、新しい人種意識と自己意識の誕生であった。芸術の亢進は、黒人の白人との違いを、劣位の違いとしてではなく、同等のものの差異として提示することにつながる。そうした差異の提示とは、リズム的な存在の様式に他ならないであろう。

思想と文学と音楽、ダンスをひとまとまりの黒人文化の興隆と捉えることは、すなわち、思想家や文学者が知識人であるのはもちろん、音楽家——ジャズプレーヤーやブルース演奏家、ゴスペル歌手――、そしてダンサーも知識人と捉えることなのである。これは驚くべきことだろうか。いや、当然のことではないだろうか。黒人文学が音楽と切り離せないことを考えたならば、反省的思考は言語によってのみ成立するという、これまで哲学の世界ではありがちだった主張は、まったく偏った考え方ではないだろうか。

†黒人音楽の特徴（リズムと即興性）とその政治性

黒人の音楽の特徴は、リズムと即興性にあるとみなされている。後に見るサンゴールやダマスのようなネグリチュードの詩人にせよ、ハーレム・ルネサンスの詩人にせよ、そのリズムとリフレインが独特であることを否定する者はいまい[34]。そのリズムは、黒人の言語的なリズムから来ていると考えられる[35]。

そして、黒人音楽の黒人性を特徴づけるのは、「即興性」にあるとされている。リズムと同様に、音楽における即興は、言葉のやりとりと共通した人間の自然発生的で応答的なコミュニケーションの一種だと言えるだろう。

しかし、ジャズにおける即興（インプロヴィゼーション）は、「なんでもあり」なのではない。そこには、個々の演奏者による構造や一体性が実現されている[36]。ポール・バーリナーは、ジャズにおける即興がいかに学ばれるかについて巨大な分析的研究を残している[37]。

國友淑弘（くにともよしひろ）の『黒人霊歌の即興性』での分析によれば、「元奴隷たちの集会での歌や労働歌などは、リーダー（独唱者）が歌い出すことをきっかけとして、その場に集まった者たちの感情の共感を喚起することから始まっており、その歌は即興である。それに応じて数名の者たちが歌のフレーズを繰り返し、その場に集う者たちの間で徐々に共通に意識されるフォームになってくると、さらにそこに先唱したリーダーや、リーダーとは別の独唱者が即興的に参加してくる[38]」。

國友によれば、黒人霊歌の即興性は、以下の三点にまとめられるという。

①歌のテンポは、環境やそれに伴う動作に準じており、その時の状況や動作の変化によって即興的に変化する。
②旋律は、話し言葉のイントネーションや音調言語が歌い手の感情に伴って音に作用し即興的な響きをもたらす。
③呼応は、その場に集う者の感情を喚起することから始まり、その歌は即興的である。

この黒人霊歌の特徴は、即興の中核的特徴を表しているように思われる。ここでは、歌うという過程の中で、その瞬間ごとに共同体意識が構成されている。即興を練習の段階のみに組み込んだエリントンのやり方は（本当はそうとも言えないだろうが）、西洋古典的だと評価された。しかし、西洋音楽に即興性は無縁だとは言えないだろう。バロック音楽には、テンポやリズムやダイナミックなどの指定がなかったという。それは演奏家の裁量のうちにあり、そこでは即興的な演奏がなされていたはずである。

とは言え、西洋古典は即興性から遠いものになっていく。R・マーリー・シェーファーのサウンドスケープ論における西洋古典とその時代の社会構成との対応についての次のような分析は、やはり説得力をもっている。[39]

西洋古典は、楽譜が確定され、作曲家が精神の理想的なサウンドスケープを形作る。演奏家が出す音以外の音は夾雑物とされ、外部の環境から切り離されたコンサートホールなどの屋内で演奏される。その最も高度な形式は室内で演奏されることを想定している。観客は無言で聴き、けっして演奏には参加してはならない。いうまでもなく、踊ることも許されない。指揮者のもとで演奏は統率され、演奏家は、練習した通りに本番で演奏することが求められ、そこからの逸脱は許されない。環境から切り離されるにつれ、音楽は環境を再現しようと努めるようになる。もはや自然環境で演奏されない音楽は、自然をコンサートホールで内的に表象しようとする。

オーケストラの組織は、近代社会の工場における分業に対応し、一九世紀に発達した西洋古典は帝国主義的な偏向がかかっているとシェーファーは指摘する。[40] おそらく現場の演奏家には異論があるかもしれないが、こうして西洋古典は即興性からは遠くなり、それは何かを表現しようとする音楽ではなく、音楽そのものを表現しようとする音楽となったというのである。

シェーファーは、音楽家による音楽のための音楽を「絶対音楽」と呼ぶ。この観点から見れば、現代社会ではあらゆる分野が「絶対性」を要求し、ついに個人も絶対的な存在となり、個々人が帝国主義的な存在となっていくのだということもできるだろう。ベンヤミンが言うように、芸術の真正性の証である「一回性」は、工業的な反復と環境と文脈からの切り離しによって失われるだろう。

現象学的社会学の祖でありアルフレッド・シュッツは、「音楽の共同創造過程」の中で、音楽をコミュニケーションとして論じ、演奏者と聴衆は、音楽によって創出される「同時性」を内的時間の中で生きると書いている。また、シュッツは、作曲家と受け手が時間の隔たりのなかでも、作曲家の音楽的思惟の分節化を辿り、作曲家の意識の流れに擬似同時的に参加するという。[41]

これは、寺前典子が解説するように、マックス・ウェーバーの言う「音楽の合理化」から生じる経験に他ならない。[42] ウェーバーによれば、定量記譜法によって音符の相対的時価、拍子の分割の決まった形式、個々の声部の進行の相互関係を決定し一目瞭然となる。こうして音楽が

「書く芸術」に昇格してはじめて、作曲家が生まれ、他のあらゆる民族の創作品とは反対に「永続性」「後代への影響」「普段の発展」が保障されたと論じているのである。[43]

権威（作曲家）の考えを追体験するように、実行者（指揮者に率いられた演奏者）とその受容者（聴衆）が、それぞれの内面でそれに擬似的に参加する。聴衆たる一般人は、常に専門家である演奏者や指揮者を受け入れ、作曲家というその場にいない権威によって組織される。一般人は、「参加」しているつもりであっても、実際には専門家と一般人の権能は非対称的であり、実行者にリードされ、受け身に権威を内面化する。これこそが権威主義的体制であり、植民地主義の社会構造ではないだろうか。

このように考えるならば、ベンヤミンが複製芸術論の中で批判した芸術の一回性の喪失は、すでに西洋古典の「音楽の合理化」のなかに胚胎していたのではなかったろうか。リズムや即興が西洋の音楽の伝統や実践に存在しなかったわけではない。黒人が黒人音楽の特徴として捉えているのは、黒人の奪われたアフリカの言語のリズムと、その即興的で参加的なコミュニケーションにおける反植民地主義的な特性だったのである。

音楽家のボビー・マクファーリンは、ドキュメンタリー監督のエレナ・マネスのインタビューにこう答えている。

（アフリカの）シャーマンは歌っていた。で、ヨーヨー（・マ〔中国系アメリカ人のチェリスト〕）は言ったんだ。「ストップ。待ってくれ。書かせてくれ」。……すると、シャーマンは歌ってくれたんだけど、ヨーヨーは「さっきの歌じゃない」と言った。するとシャーマンは笑って、「ああ、最初に歌ったときは遠くにレイヨウの群れが見えたんだ。それに太陽の上を雲が流れていた」って言ったんだ。……なのに、オレたちはこんな判で押したような演奏をする。何でもかんでもすべて押し付けられ、練習づけにされ、閉じ込められる。……そこが、オレたちがなくした部分だと思う。鍵を握るのは即興だよ。それは頭の中の知識じゃない。(44)

マクファーリンが訪れたアフリカの村には、演奏会という概念はなかった。音楽を聴くために待たなければならない、場所を移動しなければならないという考えがありえないからである。「みんな自然に集まって演奏し、何でもかんでも祝うんだ。人生、誕生、収穫、獲物、その他すべてを祝っているんだよ(45)」。

以上のことを考えるならば、汎アフリカ主義も、黒人音楽の「本質」も、反・反本質主義、あるいは、トマス・トゥリノの言う「戦略的本質主義」だと言えるだろう。本質主義を否定する白人リベラルの言説は、したり顔で相対主義や個人主義を説き、当該の集団の結束を分裂させて、その力を弱め、結局は自分達の発言力を強化する方向に黒人たちを導いていく。黒人から、正義の言葉を奪っていくのは、支配欲の暗黙の発露であり、別の形での植民地主義の継続である。「音楽記号やダンス記号の新たな組み合わせは、いまだに実在しない社会的アイデンティティの……イコンおよび命題的インデックスを生み出しうる[46]」。それは超国家的な文化的組織体である移民コミュニティ、ディアスポラ、コスモポリタンの組織体を形成しうるのである。人種が擬似科学的な概念であるとして、アメリカとアフリカ、カリブ海諸国のディアスポラを汎アフリカ主義のもとで組織するには、音楽、それも即興的で参与的な音楽の政治性が必要だったのではないだろうか。

ジェームズ・ブラウン

一九六八年四月四日、テネシー州メンフィスのモーテルのバルコニーでキング牧師が銃により暗殺された。キング牧師と親しかったソウル歌手のジェームズ・ブラウンは、ノックスビルとボルティモアの自分のラジオ局に平静を保つようとのテープメッセージを繰り返しながさせた。

翌五日のボストンでは、コンサートを実施して無料で中継することを許可して（彼はコンサート収入を保証することを市に求める)、暴動は何も生み出さない、自宅で自分のコンサートを見るように訴えた。ワシントンDCは、二日間、暴動と放火、略奪に塗れた一方で、ボストンでは何も起こらなかった。いわゆる「ボストンガーデン事件」である。非暴力主義のブラウンは、ワシントンDCでもテロを止めるように説いた。

後の章で論じるファノン、ビコ、マンデラに見られる黒人解放のための闘争路線と、ガンディー、キング、ブラウンの非暴力路線の両方をどう評価するかという問題は、暴力が組織されるものになりうるかどうかがポイントとなる。詩や音楽は、抵抗回避の手段ではなく、それをまとめ上げる機会となることで政治的な重要性と生産性をもつであろう。

註

(1) Esedebe, P. Olisanwuche (1982) *Pan-Africanism: The Idea and Movement, 1776–1963*. Washington, D. C.: Howard University Press. Geiss, Imanuel. (1974) *The Pan-African Movement: A History of Pan-Africanism in America, Europe, and Africa*. translated by Ann Keep. New York: Africana Pub. Co. Rabaka, Reiland (2020) *Routledge Handbook of Pan-Africanism*. New York: Routledge. Kindle. Hooker, J. R. (1974) "The Pan-African Conference 1900", No. 46, pp. 20–24.

(2) Thompson, V. B. (1969) *Africa and Unity: The Evolution of Pan-Africanism*. London: Longmans, Green and Company Ltd. p. 27, p. 241. Cf. Hooker, J. R. (1974) "The Pan-African Conference 1900" *Tran-*

sition, No. 46, pp. 20–24.

（3）W. E. B. Du Bois. Henry Louis Gates Jr.（Ed.）（2007）*The World and Africa; Color and Democracy; The Philadelphia Negro: A Social Study; Black Reconstruction in America; John Brown; In Battle for Peace*, Kindle；本田量久（2018）「W・E・B・デュボイスと汎アフリカ主義――20世紀の国際情勢を背景に」『現代社会学理論研究』13, pp. 19–31.

（4）Du Bois, W. E. B.（1903/1992）『黒人のたましい』木島始・鮫島重俊・黄寅秀訳、岩波文庫、p. 30.

（5）Du Bois 1946, pp. 265–266.

（6）Gilroy, Paul（2006）『ブラック・アトランティック――近代性と二重意識』上野俊哉・毛利嘉孝・鈴木慎一郎訳、月曜社

（7）ヴァルター・ベンヤミン（2015）「技術的複製可能性の時代の芸術作品」〔第三稿〕『ベンヤミン・アンソロジー』（Japanese Edition）山口裕之編訳、河出文庫、Kindle、p. 310.

（8）ジャック・ランシエール（2009）『感性的なもののパルタージュ――美学と政治』梶田裕訳、法政大学出版局

（9）ヒップホップの歴史的位置に関しては、以下の書籍を参考にした。大和田俊之（2011）『アメリカ音楽史――ミンストレル・ショウ、ブルースからヒップホップまで』講談社選書メチエ；関口義人（2013）『ヒップホップ！――黒い断層と21世紀』厚徳社；Watkins, S. Craig.（2008）『ヒップホップはアメリカを変えたか？――もうひとつのカルチュラル・スタディーズ』菊池淳子訳、フィルムアート社；Shusterman, Richard.（2003）“Rap as art and philosophy.” In Lott, Tommy L. and Pittman, John P.（2003）*A Companion to African-American Philosophy*. Blackwell, pp. 419–428.

（10）半澤朝彦（2022）「はじめに」半澤朝彦編著『政治と音楽――国際政治を動かす〝ソフトパワー〟』晃

洋書房』p. 9.

(11) Southern, Eileen (1971) *The Music of Black Americans: A History.* Third Edition. New York: Norton, pp. 267-282, p. 405, p. 427.

(12) Ngandu Nkashama, Pius (1992) *Négritude et poétique: Une lecture de l'œuvre critique de Léopold Sédar Senghor.* Paris: L. Harmattan. Slate, Nico (Ed.) (2012) *Black Power Beyond Borders: The Global Dimensions of the Black Power Movement.* Palgrave Macmillan.

(13) Du Bois, W. E. B. (1915) "The Immediate Prgram of the American Negro", *The Crisis*, Vol. 9, p. 312.

(14) Du Bois『黒人のたましい』, p. 5. Cf. Du Bois, W. E. B. (2018)『平和のための闘い』本田量久訳、ハーベスト社；Du Bois, W. E. B. (2019) *The W. E. B. Du Bois Collection* (English Edition). Blackmore Dennett Kindle; (1940/2007) *Dusk of Dawn: An Essay Toward an Autobiography of a Race Concept.* Oxford University Press.

(15) *The Philosophy and Opinions of Marcus Garvey or, Africa for the Africans.* Open Road Kindle; 小倉英敬 (2017).『マーカス・ガーヴェイの反「植民地主義」思想――パンアフリカニズムとラスタファリズムへの影響』揺籃社

(16) Du Bois, W. E. B. (1903/1992), p. 5.

(17) 同上, 第3章.

(18) Du Bois, W. E. B. (1935/2007) *Black Reconstruction in America. Black Reconstruction in America (The Oxford W. E. B. Du Bois): An Essay Toward a History of the Part Which Black Folk Played in the Attempt to Reconstruct Democracy in America, 1860-1880.* Oxford: Oxford University Press, p. 703.

(19) 同上、第6章. Cf. Franklin, John Hope, and Meier, August (2005)『20世紀のアメリカ黒人指導者』

大類久恵・落合明子訳、明石書店、第4章

（20）ギルロイ、上掲書、p. 177.

（21）上掲書、p. 346.

（22）Cone, James, H.（1983）『黒人霊歌とブルース――アメリカ黒人の信仰と神学』梶原寿訳、新教出版社、p. 59.

（23）Cf. Willams, Ella. O.（2008）*A Handbook of Harlem Renaissance*. Bloomington: AuthorHouse; Gates, Henry Louis Jr.（Ed.）（2009）*Harlem Renaissance Lives*. New York: Oxford University Press.

（24）Langston H.（1940/1973）.『ぼくは多くの河を知っている――ラングストン・ヒューズ自伝1』木島始訳、河出書房新社

（25）Locke, A.（Ed.）（1925）*The New Negro: An Interpretation*. New York: Albert and Charles Boni. Cf. Locke, Alain.（1936/2020）*Negro Art: Past and Present*. Eastford, CT: Martino Fine Books.

（26）邦訳は以下を参照。J・A・ロジャーズ「ジャズ――この身近なもの」（小西正捷訳）アディソン・ゲイル・Jr.編（1973）『黒人の美学』木島始・浜本武雄監訳、ぺりかん社、pp. 110-116.

（27）Harris, Leonard.（2003）“The Harlem Renaissance and Philosophy.” In Lott, Tommy L. and Pittman John P.（2003）*A Companion to African-American Philosophy*. Blackwell, pp. 381-385.

（28）Entiope, Gabriel.（2001）『ニグロ、ダンス、抵抗――17～19世紀カリブ海地域奴隷制史』石塚道子訳、人文書院

（29）北村崇郎（2000）『ニグロ・スピリチュアル――黒人音楽のみなもと』みすず書房、pp. 284-285.

（30）Goffin, Robert and Bezou, James F.（1947）*Horn of Plenty: The Story of Louis Armstrong*. New York: Allen, Towne and Health; Southern, Eileen（1997）*The Music of Black Americans: A History*.

Third Edition. New York: Norton; LeRoi Jones.（1959）*Black Music*. New York: Akashi Classics.

（31）佐久間由梨（2021）「ミドルブラウ・エンターテイメント・ジャズの発展――フレッチャー・ヘンダーソンとデューク・エリントンの一九二〇年代」松本（2021）、pp. 272-291.

（32）椿清文（2002）「アメリカ文学とブルース――ラルフ・エリソンの世界」、飯野友幸編著（2002）『ブルースに囚われて――アメリカのルーツ音楽を探る』信山社、pp. 122-146.

（33）Hughes, L.（1998）『ジャズの本』木島始訳、晶文社、pp. 149-161. CF. Crawford, Evelyn Louise, and Patterson Marylouise（eds.）（2016）*Letters from Langston: From the Harlem Renaissance to the Red Scare and Beyond*. Oakland: University of Chicago Press.

（34）Chernoff, John Miller（1979）*African Rhythm and African Sensitivity: Aesthetic and Social Action in African Musical Idioms*. Chicago and London: University of California press.

（35）榎本正嗣（2002）「黒人音楽と言語リズム」、飯野友幸編著（2002）『ブルースに囚われて――アメリカのルーツ音楽を探る』信山社、pp. 97-121. アフリカの音楽特性については以下の書籍を参考のこと。Bebey, Francis.（1969/1975）*African Music: A People's Art*. Trans. Josephine Bennett. Chicago: Lawrence Hill Books.

（36）Nachmanovitch, Stephen（2014）『フリープレイ――人生と芸術におけるインプロビゼーション』若尾裕訳、フィルムアート社；Bailey, Derek（1981）『インプロヴィゼーション――即興演奏の彼方へ』竹田賢一・木幡和枝・斉藤栄一訳、工作舎

（37）Berliner Paul F.（1994）*Thinking in Jazz: The Infinite Art of Improvisation*. Chicago and London: University of Chicago Press. Cf. Monson, Ingrid（1996）*Saying Something: Jazz Improvisation and Interaction*. Chicago and London: University of Chicago Press.

（38）國友淑弘（2021）『黒人霊歌の即興性』教文館、p. 226.

（39）Schafer, R. Murray（1986）『世界の調律――サウンドスケープとはなにか』鳥越けい子他訳、平凡社、第七章

（40）上掲書、pp. 167–170.

（41）Schutz, A.（1964/1991）「音楽の共同創造過程――社会関係の一研究」『アルフレッド・シュッツ著作集 第三巻 社会理論の研究』渡部光・那須壽・西原和久訳、マルジュ社、pp. 221–244.

（42）寺前典子（2018）『リズムからの逃走――音楽の現象学的・歴史社会学的研究』晃洋書房

（43）Weber, M.（1921/2000）『音楽社会学』安藤英治・池宮英才・角倉一朗訳、創文社、p. 177.

（44）Mannes, Elena.（2012）『音楽と人間と宇宙――世界の共鳴を科学する』柏野牧夫監修・佐々木千恵訳、ヤマハミュージックメディア、pp. 309–310.

（45）上掲書、p. 308.

（46）Turino, Thomas（2015）『ミュージック・アズ・ソーシャルライフ――歌い踊ることをめぐる政治』野澤豊一・西島千尋訳、水声社

第6章 アフリカ哲学史6

ネグリチュード運動

†ネグリチュード運動

ネグリチュード運動は、一九三〇年代に、アフリカや西インド諸島のフランス植民地出身の作家たちによって起こされた文学的であり、かつ政治的な運動である[(1)]。「ネグリチュード」という言葉は、「黒人性」「黒人であること」あるいは「黒人意識」と訳すことができる。それは、黒人であることを肯定的に捉え、その独自の文化を高揚し、それを貶める西洋的支配から自らを解放し、黒人の尊厳と自立自治への自覚を促す、反植民地主義の政治運動でもある。

また、それは、文学や思想を通して、アフリカ、ヨーロッパ、アメリカ、カリブ海に住む黒人たちを結びつけ、「アフリカ人」としてのアイデンティティを探求する汎アフリカ主義の一環として理解することもできるだろう。

ネグリチュードを創始したのは、当時は学生だったエメ・セゼール（Aimé Fernand David Césaire, 一九一三〜二〇〇八）とレオポール・セダール・サンゴール（Léopold Sédar Senghor, 一九〇六〜二〇〇一）、そしてレオン＝ゴントラン・ダマス（Léon-Gontran Damas, 一九一二〜一九七八）である。彼らは、宗主国であるフランスのパリで出会い、フランス語で自分たちの現状を表現するために『黒人学生 L'Etudiant noir』（一九三五〜四〇年）という雑誌を刊行した。

ここから彼らの本格的な相互影響と、ネグリチュードと呼ばれる運動が始まるのだが、その後、この三名は、それぞれに自らの置かれた政治現状とそこでの心情を詩や文学として表現し、またそれぞれの場所と立場で政治的に活動した。

セゼールは、アンドレ・ブルトンなどによりその文学性が評価されたのち、第二次世界大戦後は、フランス海外県のマルティニーク島の首府であるフォール・ド・フランスの市長となり、二〇〇二年まで長らくその職についた。

サンゴールも文学的に高く評価され、数々の文学賞を得て、アフリカ人ではじめてフランスのアカデミー・フランセーズの会員となるとともに、一九六〇年から八〇年までセネガルの初代大統領を務めた。

フランス領ギアナの首都カイエンヌで生まれたダマスも、植民地での言葉を用いて、人種差別や植民地主義の苦しみを訴えた詩集が高く評価された。第二次世界大戦後は、ギアナ選出の代議士としてフランス国民議会（一九四八〜五一年）に選出される。ダマスは、三人の中でも最も汎アフリカ主義的であり、アフリカ、アメリカ、ラテンアメリカ、カリブ海諸国を広く講演して回った。黒人研究で最も権威のある雑誌のひとつである『プレザンス・アフリケーヌ』の寄稿編集者であり、アフリカ文化協会の上級顧問およびユネスコ代表も務めた。

いくつかの点で彼らの思想や政治的判断は大きく異なるが、文学を通じて反植民地主義を広くアフリカ世界に喚起し、それを実現するための政治に奔走した点で方向性を同じくしていた。

そこでまず、エメ・セゼールの活動から見ていこう。

†エメ・セゼール

第三章の人種概念の分析で扱ったように、現在のアメリカ合衆国をはじめとした、アフリカ人に対する人種差別は、西洋諸国による植民地化に起因している。

現在、低開発諸国・開発諸国と呼ばれる地域は、すべて西洋の植民地だったところである。ネグリチュード運動を唱導したエメ・セゼールは、カリブ海に浮かぶ西インド諸島南部の小アンティル諸島のフランス領、マルティニーク島に生まれた。ダマスは、フランス領ギアナのカイエンヌ生まれだが、一九二四年にマルティニークに送られ、リセ・ヴィクトル・シェルシェール（高等中等学校）に通う。そこでセゼールと出会うのである。

マルティニーク島は、南北六〇キロ、幅が三〇キロほどの火山島である。山がちな地形の島に降り立ってみて、筆者は、日本の屋久島に似ているという印象を持った。北部に活火山のプレー山（一三九七m）をいただき、美しいカリブ海と深い緑の植生、マングローブと珊瑚礁に恵まれた自然豊かな島である。一九〇二年にプレー山が爆発し、火砕流で県庁所在地だったサン・ピエールの街は壊滅し、首府がフォール・ド・フランスに移転した。

マルティニーク島にはもともとカリブ人というインディオが住んでおり、「マルティニーク」とはカリブ人の言葉で「花の島」あるいは「女の島」という意味だったという。一五〇二年にコロンブスが第四次航海のときに到着したが、カリブ人は、以来、西欧の侵入に対して頑強に抵抗し続けた。

しかし、一七世紀半ばフランス軍によって征服されると、インディオたちは壊滅し、植民地化が進んだ。奴隷貿易で連行されたアフリカ人奴隷によるサトウキビプランテーションが発展した。三角貿易は、フランス本土に大きな利益をもたらす一方で、人種による社会階層の固定化が生じた。フランス革命の時には、奴隷が自由を求めて反乱を起こし、一度は王党派に鎮圧されたものの、ロベスピエールとジャコバン派が奴隷制廃止を決議していた。

ところが、妻のジョゼフィーヌ・ド・ボアルネがマルティニーク出身だったため、ナポレオン・ボナパルトは、西インド諸島に再び奴隷制を復活させた。ただし、ジョゼフィーヌにその責任はないとされている。一八四八年の二月革命によって第二共和制が成立するとヴィクトル・シェルシェール（Victor Schœlcher, 一八〇四〜一八九三）が奴隷制廃止の政令を制定した。この名前が、セゼールの通った中等学校に付けられたのである。

セゼールは、一九一三年六月に、マルティニーク北部のバッス・ポワントという町で、六人兄妹の二番目として生まれた。父のフェルナンデスは、プランテーションの会計係から資格を取って、税務官吏となり、家庭は黒人中産階級に属していた。若くして亡くなった父方の祖父は小学校長を務めていて、父親も教育熱心であった。成績優秀で、先のリセ・シェルシェールで学んだ。ダマスとは同級だったが、この

現代のモダンなリセ・シェルシェール（2023年6月筆者撮影）

市庁舎（2023年6月筆者撮影）

美しいフランス海岸とサン・ルイ砦（2023年6月筆者撮影）

時代に特に大きな思想的なやり取りはなかったようである。

リセでは、フランスの通常の教育が行われたが、白人や混血（「ムラート」と呼ばれる）の生徒による人種差別や階層差別を経験する。自分を「白人」だと感じている黒人たちに対しても強い不信感を感じ、アンティルの世界に居場所を見出せないでいた。『帰郷ノート』のなかで、セゼールはこうマルティニークを描いている。

この無気力な町の中の、太陽の下で悲嘆に暮れるこの群衆。自らのものであるこの大地で、白日の下に自らを表現し、確立し、解放するいかなるものにも与らず、ニグロどものはるか上方で夢見るフランス人たちの皇后ジョゼフィーヌにも、解放の身振りのまま白い石に硬直した解放者にも、征服者（コンキスタドール）にも、この侮蔑にも、この自由にも、この大胆さにも与らないこの群衆。……暁の果てに、忘れられ、爆発することを忘れた丘（モルス）。[2]

一九三一年に、セゼールは成績優秀でバカロレアを獲得し、フランスで学ぶ奨学金が与えられる。パリに渡り、一九三五年に高等師範学校に合格し、合計八年間パリに滞在する。その間、ボードレール、ランボー、ロートレアモンなど象徴派の詩人に親しむ。

パリでセゼールはダマスに再会し、これまで自分たちの中で自己否定していたアフリカの社会と文化に興味を持ち始めると、サンゴールに接近した。セゼールは、サンゴールと知り合い、白人から差別を受け続ける中、自分がアフリカ起源の人間であるという出自、さらに、そのアフリカ性を自覚する。

アフリカから離れたカリブ海において「開化された」黒人として位置付けられ、アフリカを未開とみなす文化のなかで成長したセゼールと、フランスの植民地だったとはいえ、アフリカ大陸にあるセネガルの社会と文化のなかで成長したサンゴールとでは、アフリカの社会や文化に対する認識も誇りも異なっていた。

エメ・セゼール

ディアスポラであるマルティニークの黒人は、白人に見下されながら、白人の学校に入り、その文化と社会に同化されることを望み、自らをアフリカの「他者」としながらも、どこまでも白人の他者であることを脱し得ない。そうした自己認識が、サンゴールとの出会いで高まったのである。

セゼールが、パリ時代に影響を受けた欧州の知識人として、生の躍動と直観的認識の重要性を説いたベルクソンと、『アフリカ文明史』を書き、アフリカ芸術と文化を正当に評価し得たドイツの民俗学者、レオ・フロベニウス（Leo Viktor Frobenius）が挙げられる。これはまったく別稿を用意しなければならないが、筆者の見解では、ベルクソンは、不思議なほど、アフリカ的な発想をする哲学者に思われる。おそらくそれは、ベルクソンが、プロティノスという古代アフリカの哲学者に深く影響を受けていたからではないだろうか。

第一次世界大戦後は、アフリカ人たちの発言権が強まり、先に述べたように、一九一九年には、デュボイスが組織した第二回の汎アフリカ会議がパリで開催され、一九二一年にはヴェトナムのホー・チ・ミンが「植民地同盟」を結成するなど、植民地批判の運動が強まっていく。ピカソをはじめとして、アフリカの芸術に関する関心も、第一次世界大戦以前から興隆していた。

こうした時代の空気の中、先に触れたように、セゼール、サンゴール、ダマスと組んで、『黒人学生（L'Etudiant noir）』（一九三五～四〇年）という雑誌を刊行する。この雑誌は、当時の黒人学生の部族主義的・派閥主義的な分断を終わらせ、「同じ黒人学生」であることを強調する新聞であった。黒人としての疎外から解放されるには、黒人であることを引き受け、それを誇りに思うことでしか達成されるほかはなく、そのためには「源泉への回帰」が必要とされる、とセゼールは主張した。フランス文明が触れ散らす「普遍」なるものは、じつは植民地主義に根を張り、現地の人間たちを社会階梯の下部に同化する計策であった。このことを見抜いたセゼールは、自己自身を取り戻し、また人種主義を乗り越えた他の普遍へと到達することを望むのである。

また、この新聞は、後に述べるナルダル姉妹の『黒人世界評論』の遺思を受け継いでおり、ハーレム・ルネサンスの作家を紹介している。[3] セゼールは、ナルダル姉妹が主催していた知識人サロンの社交的な、「プチブル的な雰囲気」が肌に合わず、出入りしなかった。『黒人世界評論』の融和主義的な政治的スタンスにも「ブルジョワ的同化主義」と評して、賛同しなかった。

しかしセゼールは、それでも『黒人世界評論』の熱心な読者であり、サンゴールを通じて、ナルダル姉妹と接していた。そして、一九三七年の高等師範学校の修了論文のテーマに「合衆国のニグロ・アメリカ詩における南部のテーマ」を選ぶのである。こうして、ネグリチュード運動は、デュボイスに代表されるアメリカでの汎アフリカ主義、アレイン・ロックが支援した新しい文学運動、そしてハーレム・ルネサンスの黒人性を音楽や芸術として表現する運動に強く影響を受けることによって成立したのである。セゼールは、一九三六年ごろより『帰郷ノート』を執筆し始める。

セゼールは、教授資格試験を準備していたが、フランス本土で「黒人フランス人」の大学教員となることに疑問を感じ、『帰郷ノート』を完成させて、『ヴィロンテ』誌に受け入れられる。そして、結婚して子をもうけると、一九三九年に帰郷する。マルティニークのリセ・シェルシェールに戻って教師となり、文学を担当する。この年に、第二次世界大戦が勃発する。

この時代のセゼールの生徒には、後に論じるフランツ・ファノンや文学者となるエドゥアール・グリッサンがおり、セゼールは文学とアフリカ文明を講じながら、黒人であることの素晴らしさを説いたという。一九四一年には、妻シュザンヌ・セゼールと、リセの同僚であるルネ・メニル（Réne Ménil, 一九〇七～二〇〇四）とともに、文芸雑誌『熱帯（Tropiques）』（一九四一～四五年）を創刊した。同年、パリが陥落したことにより、亡命途中にマルティニークに寄港したアンドレ・ブルトン（André Breton, 一八九六～一九六六）に偶然出会う。ブルトンは、『帰郷ノート』の中にシュルレアリズムを見て、これを絶賛する。ブルトンは、一九四七年の『帰郷ノート』に「序文」を寄せている。セゼールは、ブルトンとの邂逅以降、シュルレアリズムを意識しながら、詩集や戯曲を数多く発表した(4)。

終戦後、一九四五年には、共産党員であった同僚、メニルたちの要請を受けて共産党から立候補して、マルティニーク島の首府フォール・ド・フランス市長に当選する。植民地を制度的に本国に同化する県化法を起草しながらも、文化的なフランス化を拒否する立場をとり、この経験を元に『植民地主義論』を記した。

『植民地主義論』(一九五五年)は、マルティニークでよりも、アフリカ大陸で影響力をふるった著作である。この著作で、セゼールは、人種主義とは、キリスト教＝文明、異教＝野蛮、白人＝優越種、有色人種＝劣等種という図式を立て、植民地支配を正当化しようとする、何よりも哲学的な営みであると指摘する。そして、ナチズムとは植民地主義を白人同士で適用したものにすぎないと、近代の西洋哲学の枠組みそのものを鋭く批判するのである。[5] 欧州はもはや「弁護不能」であり、自分たちの問題を解決できない文明として衰退し切っているのだと断言する。

白人がしばしば偽善的に主張するように、植民地化は、「福音伝道でも、博愛事業でも、無知や病気や暴政の支配を交代させる意志でも、神の領域の拡大でも、法の支配の拡大でもない」[6]。植民地化は、略奪と金儲け、支配という欲望を暴力によって推進すること以外のものではない。西洋諸国は、そうした暴力的欲望を他の国との競争の中で、世界規模まで拡大したというだけのことである。

しかしセゼールによれば、こうした暴力的欲望の発揮そのものは、植民地化ではない。一五一一年にアステカ王国を崩壊させたエルナン・コルテス(Hernán Cortés, 一四八五〜一五四七)も、フランシスコ・ピサロ(Francisco Pizarro, 一四七〇頃〜一五四一)も、自分たちの略奪と殺戮を何か高邁な目的のための先駆けなどと気取りはしなかった。植民地化とは、その後にやってきたおしゃべりな人間たちの衒学的態度から生まれてくる。キリスト教＝文明、異教＝野蛮、白人＝優越種、黒人＝劣等種という図式を立て、それを現地の人間に信じ込ませ、自らも信じ込むことこそが植民地化の本質なのである。

したがって、植民地化とは思想である。異文化同士の相互交流が文明であるとすれば、植民地化は文明とは無限の隔たりのある野蛮である。植民地化は、「植民地支配者を非文明化し、痴呆化／野獣化し、その品性を堕落させ、もろもろの隠された本能を、貪欲を、暴力を、人種的憎悪を、倫理的二面性を呼び覚ます」、このようにセゼールは指弾する。[7]

さらにセゼールは、ナチズムとは、植民地化をヨーロッパ人自身に当てはめたものに過ぎないと言う。ヒトラーは「我々が希求するのは平等ではなく支配である。必要なのは人と人との不平等を廃絶することではなく、それを拡大し、ひとつの法たらしめることである」と述べたが、白人たちがヒトラーを許さないのは、ヒトラーの人間に対する罪ゆえではない。それまで、アラブ人、インド人、アフリカ人にしか使われなかった植民地主義的なやり方をヨーロッパ人に適用したからである。白人は、ナチスと同じことを長年にわたって非西洋人に、とりわけアフリカ人に行ってきた。白人はアフリカを文明化などしなかった。

これは、強烈極まる、そして至極当然の西洋文明批判であるだろう。これ以上の西洋批判は存在しない。ナチズムのユダヤ人虐殺の野蛮を嘆き悲しんで見せる西洋人の態度が欺瞞に過ぎないというのであるから。ユダヤ人もこの罪を逃れられない。白人の一部としてアフリカへの直接的・構造的に暴力に加担してきたからである。この批判の言葉を吐く権利がアフリカ人にはある。

セゼールは言う。西洋諸国は、「さまざまな自然経済、調和の取れた持続的な経済、土地の身の丈にあった経済」を解体し、「食糧生産の破壊、栄養失調の恒常化、本国の利益のためだけに方向づけられた農業開発、生産物の強奪、原料資源を強奪」をアフリカに押し付けたのだと。[8]こうして、セゼールは、「非ヨーロッパ諸文明を無条件に擁護する」のである。[9]なぜなら、それらの諸文明は、暴力的欲望によって根拠なく踏みつけられてきたからである。

セゼールによれば、植民地化とは、暴力的欲望そのものではなく、その思想的な正当化のことである。それを行ってきたのは、聖職者であり、思想家・哲学者であった。植民地化とは、とりわけ思想的・哲学的な活動なのである。しかし、なぜ、ただ端的に支配と略奪と殺戮を行わずに、それを正当化する言説が必要とされたのであろうか。それは、セゼールの言う西洋の「倫理的二面性」ゆえにである。一方で、自分たちの同胞とみなす人間たちには、権利を認め、平等と公正を誓う。他方で、自分たちよりも「劣る」人間にはそれらを認めない。人種概念は、普遍的な人間性の概念を持ちうる者が、なおかつ人間同士を不平等に遇せんがために作り出した概念装置である。

このことは、前の章で見たように、啓蒙時代にどのように人種差別の思想が生まれてきたかを振り返れば、明らかである。

またセゼールは後の章で詳しく見ることになる、一九四五年に出版されたプラシード・タンペル『バントゥ哲学（Bantu Philosophy）』についても批判的である。タンペルは、宣教師としての立場から、アフリカの古典的な宗教や神話、道徳概念に、独自の世界観・人間観・道徳観を見出し、これを擁護しようとする。しかし、セゼールは、キリスト教の宣教師という役割と白人が黒人を導くという立場を捨てることのないタンペルの「バントゥ哲学」は、最終的に植民地秩序に保証を与える思想以上ではないと厳しく退ける。

セゼールは、「詩人と政治家は、一人の人間のふたつの違う表現方法である」（二〇〇一年一〇月一〇日、於フォール・ド・フランス）といい、「私の詩は政治行為から生まれる」[10]と述べる。植民地化による抑圧や精神的荒廃を詩として歌い上げた『帰郷ノート』は、詩として表明される政治的行為であり、彼の政治的業務を支えるものであった[11]。『植民地主義論』発表後、一九五六年にソ連に追従するフランス共産党を離れ、自らの政党マルティニーク進歩党を立ち上げ、国会議員とマルティニーク市長を兼ねた。セゼールは誠実な政治家であったが、一種の同化策である県化法によっても、本土と海外県との経済的・社会的不平等は埋めることができなかった。それどころか、マルティニークを経済的・制度的にフランス本土に依存する体質にしてしまったとの批判もある。彼は、二〇〇一年まで政治的に活動し、多くの文学・詩作品をその間も発表し続けた。これらの政治的・文化的影響力から、精神的な「マルティニークの父」と呼ばれ、マルティニークの空港には彼の名前が冠せられている。

†サンゴール

当時はフランス領西アフリカの一部であったセネガル出身のサンゴールもまた、政治家であり、詩人である。[12] セネガルの首都ダカールから一〇〇㎞ほど南のジョアルという町で、裕福な商人の子どもとして生まれた。

フランス文学に熱中し、優秀な成績を収めてバカロレアを修了した彼は、奨学金を得てフランスで勉強を続けた。一九三五年にフランス語の文法のアグレガシオンを取得し、トゥールとパリの大学の教授となり、長年、教壇に立った。三〇から四〇年代に、エメ・セゼールと共にネグリチュード運動を発展させ、セネガル共和国の初代大統領（一九六〇年〜一九八〇年）となり、社会主義的政策と親欧米的な外交を両立させた。アフリカ人として初めてアカデミー・フランセーズ会員に選出された。

政治思想的には社会主義者でありながら、植民地後のアフリカで流行したマルクス主義や反西欧の思想は避け、フランスや西側諸国との緊密な関係の維持を好んでいた。フランスのアフリカ領土の市民権、自治権の完全な拡大を主張する一方、独立した国民国家としてよりも、フランス連邦の構造の中にとどまるべきことを主張した。

しかし他方、サンゴールは、ネグリチュードの唱導者としてアフリカ文化の高揚、黒人としてのアイデンティティ、アフリカのエンパワーメントを推進し、セネガルの芸術の発展に大きく寄与した。(13) サンゴールにとっては、ネグリチュードとは黒人の自治性・自律性のことであり、それは文化、社会、経済、政治の四つの次元で達成されなければならないと考えていた。(14)

レオポール・セダール・サンゴール

彼は、著作の中でベルクソン、テイヤール・ド・シャルダン、マルクス、ヘーゲルなどの哲学者の言葉をしばしば引用している。(15) 同時にハーレム・ルネサンスのラングストン・ヒューズ(Langston Hughes, 一九〇二〜一九六七)などアメリカの詩人からも深い影響を受けている。

サンゴールは、アフリカ人は自分たちを抑圧する植民地勢力とは異なる文化を発展させてこそ進歩できると主張したが、これは当時の大衆の常識に反したものだった。「黒人性(ネグリチュード)」とは、サンゴールにとって、文化の次元に属するものであり、黒人による一つの統一的文化、いわば「黒人の魂」あるいは「黒人様式」の可能性を意味していた。彼は、特に黒人による彫刻を重視し、「黒人様式を作り、秩序をもたらす力とはリズムである。……黒人芸術の傑作、特に彫刻の傑作においてリズムはそのような力である」と述べる。[16]

また、サンゴールは、合理主義をヨーロッパ思想の特徴としながら、その破壊的な側面を指摘して、理性や論理ではなく、感情や情緒こそが黒人アフリカ人らしさ、ネグリチュードの本質的な特徴であると主張する。リズムや感情を黒人文化の本質として捉えるのは、西洋人が黒人に押し付けてきたステレオタイプであり、常套句であろう。サンゴールは、むしろ、このステレオタイプをあえて引き受けるのである。

サンゴールは、和辻哲郎も「アフリカの文化」で参照したドイツの民俗学者レオ・フロベニウス（Leo Frobenius）の『アフリカ文化史』（一九三三年）やギョームとムンロの『未開の黒人彫刻』（一九二六年）を参照している。[17] それによれば、彫刻の内的かつ動的な関連がリズムとして造形的な生命を与えているという。しかし、サンゴールはこの本質主義的なアフリカ像に依拠しつつ、これを植民地主義の桎梏から黒人を解放させる手段として用いるのである。[18] ネグリチュードとは、サンゴールにとって、植民地主義の継承ではなく、他文化の能動的な同化である。真の文化とは、外的価値を能動的同化することである。[19]

セゼールとサンゴールの間では、黒人性についての理解が一致しているわけではない。[20] サンゴールにとってネグリチュードとは、黒人の生活、制度、作品に表現された黒人世界の文化的価値の全体である。サンゴールは、集合的で伝統的なアフリカ人の本質を雄弁に描き出してみせる。他方、セゼールにとってネグリチュードは、歴史が作り出した、近代的な特性をもった生きた経験の総体である。セゼールから見れば、サンゴールのネグリチュードは、黒人の本質や、黒人の魂があるかのように主張する本質主義的なイデオロギーである。これは、ある意味で人種主義と呼べるような考えであるとセゼールは捉えるのである。

しかし、サンゴールは、黒人の生物学的人種特性に注目していた一方で、人種主義を乗り越える「文化的混血」の概念を提示し、自らを黒人の情動と白人の理性を兼ねた文化的混血であると主張していた。サンゴールは、「普遍的な対話」の中で地球上のすべての民族を和解させることによって、新しい文明を創造するプロジェクトを求めていたのである（この「普遍的対話」という言葉は、おそらく、哲学者テイヤール・ド・シャルダンからきている）。しかし、「文化的混血性」というサンゴールの考えも、セゼールにとっては白人文化に同化された植民地主義的な心性に思われたことであろう。

この二人の違いは、セゼールがカリブ海アンティルの移民であり、その意味で根無草の実存であるのに対して、サンゴールが文化も歴史も備えたアフリカ人であることにもよるだろう。(21)

ネグリチュードは、黒人が置かれた政治的・社会的状況、どこまでも苦痛を残し続ける奴隷制の負の遺産、肌の色のような取り除き難い人種差別の標的、貧困と心の病を詩編や文学の形で表現した運動である。この点は、セゼールもサンゴールも、この後に論じるダマスにも共通していることである。ジャン＝ポール・サルトルは、サンゴールが編集した『ニグロ・マダガスカル新詞華集』[22]の序文「黒いオルフェ」で、この詩集を激奨し、抑圧的な状況に置かれた白人の労働者階級はこのような優れた詩を書き得なかったと論じた。

白人たちは、社会階級の低さや労働条件といった客観的な状況ではなく、「黒人の心の奥底」に狙いを定めて侮蔑してきた。したがって、黒人たちの抵抗は、その主観性から発せられなければならない。その表現が、ネグリチュードなのだと指摘する。この詩集によって、これまで白人が一方的に黒人を眼差していた時代を変換させ、白人が黒人から眼差されるようになったのである。サルトルは、「ニグロは人種差別に反対する人種差別を作り出しているのだ[23]」と指摘する。

ネグリチュードは、人種差別に対抗して、黒人性を強調する。社会的抑圧によって鬱屈した自分たちの心の底を探し回り、奥に秘められた自尊心を見出そうとする。しかしサルトルによれば、セゼールの詩に表現されているように、ネグリチュードは黒人の自尊心に安住しない。黒人性を自ら超え出て、人種を放棄して、裸の人間の意識に至るのである。サルトルは次のように書いている。

おそらく〈ネグリチュード〉をもっともよく象徴するものは、自分の黒い鎧を覆っていた白い金ぴかの衣裳を剝ぎとり、ついでこの鎧までもたたき壊し、投げ捨ててしまう人間の、最後の裸の姿である。この無色の裸身である。なぜなら、〈ネグリチュード〉は状態ではないからだ。それは純粋な自己超出であり、愛であるからだ。[24]

したがって、サルトルは、「もう一歩進めば、〈ネグリチュード〉は完全に消え失せるだろう」[25]という。つまり、黒人性の強調は、平等な普遍的な人間性への訴えの中で超克されるだろうというのである。このサルトルの発言からもはや八〇年近くが経つが、〈ネグリチュード〉が主張される必要のない時代になったであろうか。サルトルの発言は、語るに早すぎたのではないだろうか。

ネグリチュードの文学性については、ネグリチュードの活動家たちもより後の世代の黒人の哲学者たちは、文学や詩篇は政治的な抵抗や闘争を促進しないと批判的であった。とりわけ、サンゴールに対して、厳しい批判が起こった。たとえば、ファノンは、『黒い皮膚・白い仮面』（一九五二）のなかで、ネグリチュードの文学は、西洋人によって押し付けられたアフリカ的な特徴なるものを黒人の本質であるかのように捉えており、それは、植民地主義的な枠組みを内面化・心理化しているのだと批判した。

ファノンによれば、アフリカ文化は人々の闘争という形をとるのであって、歌や詩や民話などにあるのではないという[26]。これは、ファノンが、当時のアルジェリアの政治的文脈のなかで、暴力も辞さない政治的闘争を選択したことの表明として理解できるであろう。

後に論じるカメルーンの哲学者であるマルシアン・トワ（Marcien Towa, 一九三一～二〇一四）は、『サンゴール——ネグリチュードか従属か[27]』のなかで、エメ・セゼールと比して、サンゴールの現実批判のなさや人種と文化の混同を批判している。あるいは、ウィレドゥのようなアカデミックな哲学者たちも、ネグリチュードが政治的なイデオロギーであり、哲学ではないと批判している[28]。

しかしながら、ファノンは、ネグリチュードに批判的ながら、次のようにも書いているのである。「次第に私は人種を分泌した。その人種は根本的要素の重みに耐えかねてよろけたものだ。根本的要素とは何か？　リズムだ！　われらの歌びと、サンゴールの言を聞いてほしい[29]」。暴力か芸術かという二者択一は、ファノンにおいても、その政治的判断のふさわしい解釈とはいえないのである。

†ネグリチュードにおけるダマスとナルダル姉妹の役割

ネグリチュードは、セゼールとサンゴールにだけ代表されるわけではない。ジョゼ・クラヴ

レオン＝ゴントラン・ダマス

エイリーニャ（José Craveirinha, 一九二二〜二〇〇三）は、モザンビークのジャーナリストであり、詩人・文学者である。やはりネグリチュード運動の活動家として、モザンビーク解放戦線に参加し、ポルトガルからのモザンビークの解放に尽くした。人種主義やポルトガル植民地主義を批判する詩編を多数出版した。時代が前後するが、ネグリチュードを語る上で重要な人物たちを論じておこう。

セゼール以上に、アメリカと、カリブ海、アフリカを世界的につなぎ、汎アフリカ主義を受け継いで、「黒人意識」の醸成に大きく貢献したのは、レオン＝ゴントラン・ダマスと、ポーレット（Paulette Nardal, 一八九六〜一九八五）とジャンヌ（Jeanne Nardal, 一九〇〇〜一九九三）のナルダル姉妹であろう。この三名の重要性はしばしば見過ごされがちである[30]。

ダマスは、セゼールとサンゴールと共に、ネグリチュード運動を創設し、『プレザンス・アフリケーヌ』[31]誌の編集者であり、大学で教育し、ユネスコでも活躍した。アメリカの公民権運動の創始者であり、汎アフリカ主義を唱えたW・E・B・デュボイスの思想をセゼールやサンゴールに伝えてフランス語圏での運動を興し、「ネグリチュード運動のマニフェスト」とされる詩集『顔料（Pigments）』（一九三七年）を書き、セゼールとサンゴールを米国のニュー・ニグロ・ムーブメントやハーレム・ルネサンスの知識人、芸術家、活動家に紹介したのがダマスである。ダマスは、アフリカ・欧州・アメリカをつなぎ、黒人の意識向上の世界化に尽くした。

ダマスは、一九一二年にフランス領ギアナの首都カイエンヌで、ガイアナ人の父とマルティニークの母の間で、クレオールの上流階級に生まれ、二九年からパリでは法律を学び、パリの東洋言語学校で語学（ロシア語、日本語、バウル語）を学んだ。

一九三〇年代初頭に、セゼールとサンゴールに出会うと共に、ポーレット・ナルダルの文学サロンにも積極的に参加し、様々な分野の芸術家や詩人（マルティニークの詩人ジルベール・グラティアン、ハイチのジャック・ルーマン、アメリカのラングストン・ヒューズ、ジャマイカのクロード・マッケイ、キューバのニコラス・ギレンなど）と親交を持つようになる。その影響から、シュルレアリスムやジャズに興味を持った。

後述するナルダル姉妹が発刊した雑誌『黒人世界評論（Revue du monde noir）』（一九三一～三二年）などで執筆を始め、最初の詩集『顔料（Pigments）』を出版したのちも、傑作『黒ラベル（Black-Label）』（一九五二年）を含めて、亡命や同化の問題、エキゾティズム批判、孤独をテーマにした数多くの作品を世に問う。[32] 一九四八年から五一年までガイアナの国会議員を務めた。

短い政治的キャリアの後、彼は黒人文化の振興に携わり、五二年から五七年にかけて、外務省の文化使節団として、カメルーン、コンゴ、コートジボワール、ダホメー（現ベナン）、トーゴといったアフリカ諸国へ赴いた。ジャマイカ、キューバ、ハイチなどのカリブ海諸国も訪問し、ポルトープランス市の名誉市民となった。六〇年代には、ユネスコのコンサルタントを勤め、アリウネ・ディオプが創刊した『プレザンス・アフリケーヌ（Présence africaine）』誌の編集者の一人となった。七〇年代になると、彼はアメリカのワシントンＤＣに定住し、ジョージタウン大学で講壇に立ち、文学を教えた。当地で亡くなっている。

ダマスは、植民地主義によって損なわれたと考えるアフリカの文化を再評価し、文化的同化や「受動的な」黒人というイメージに対して対抗した。ダマスは、アフリカ出身のクレオール、祖国アメリカ、フランス国籍といった多重な所属を有しており、アイデンティティの問題や孤独が、その文学と思想の中心テーマの一つであった。ニムロドの評論[33]によれば、ダマスの詩はとりわけリズミカルである。たとえば、以下のよく知られた彼の詩を読めばそのことは歴然としている。

BLACK-LABEL A BOIRE
Pour ne pas changer
Black-Label à boire

À quoi bon changer
(*Black-Label*, p. 11)

Voici
voici que s'étire
voici que s'étage
voici que prend forme
Dans la nuit des temps perdues
proches
voici
voici debout
récrée le rêve du dormeur éveille.
(Pour que tout soit en tout, *Névralgies*, p. 83)

ポーレットとジャンヌのナルダル姉妹は、マルティニーク出身で、奴隷制度廃止後初の黒人エンジニアである父と、音楽教師を母とした家庭に生まれた。ソルボンヌ大学に初めて通った

ポーレット（手前）とジャンヌ（奥）のナルダル姉妹

マルティニーク女性として古典文学とフランス語を学んだ。

二人は、パリにいる間、セゼール、サンゴール、ダマス、アフリカ系アメリカ人、西インド諸島の学者を含む若い黒人知識人が毎週集まる日曜日の「文学サロン」を開催していた。ここでは、文学や思想のみならず、ジャズやマルティニークのビギンのような音楽、ドラフォスやフロベニウスなどのアフリカ文化の人類学について話題に上った。サンゴールによれば、このサロンで、ネグリチュードの彼らは、先に述べたハーレム・ルネサンスの仕掛け人とされるアレイン・ロックなどのアメリカの作家と出会い、彼らの作品を読んだという。

セゼールは、ハーレムの作家たちは黒人をエキゾティックな視線で描いてきた文学と訣別し、普通の黒人を主人公に据え、そこから見えてくるひとつの世界を出現させたと論じる。それで、セゼールは高等師範学校の修了論文の題材に「ハーレム・ルネサンス」を選ぶ。[34] それゆえに、サンゴールは、アメリカでの新しい文学運動を「ニュー・ニグロ」と名付けたクロード・マッケイ（Claude McKay, 一八九〇〜一九四八）[35]がネグリチュードの「真の創始者」であり、また、デュボイスが「ネグリチュード運動の真の父」であると述べる。そして、一般的な言い方をすれば、「ネグリチュード運動はアメリカで生まれた」と言えると、サンゴールは述べている。[36]

クロード・マッケイは、後に述べるハーレム・ルネサンスの中心的な人物となるジャマイカ系アメリカ人の詩人であり、作家である。デュボイスに影響され、政治的問題に関心を持つようになる。社会主義的な思想を持ち、一時期ロシアの共産党に近づくが、スターリンの教条主義とソ連の権威主義に対して非常に批判的になる。代表作に、『ハーレムへの家路（Home to Harlem）』（一九二八年）、『バンジョー（Banjo）』（一九二九年）がある。

クロード・マッケイ

すでに何度か触れているが、一九三一年、ポーレットは、マルティニーク出身の資産家の経済的支援を受けて、『黒人世界評論（Revue du monde noir）』誌を刊行した。その目的は、「ニグロ文明と黒人種の神聖なる祖国アフリカの豊穣を研究し、知らしめる」ことにあった。この雑誌の特徴は、すべての掲載された詩や論文、評論が、英仏の二カ国語表記されている点である。

この雑誌の目的は、黒人とその友人である白人知識階層に、黒人文化と「黒人種の聖地である」アフリカの自然の豊かさを伝え、黒人種に対する民主主義の創造、全人類の民主主義前奏曲となることにあるとされる。この雑誌は、ハーレム・ルネサンスにおけるエリート黒人のための雑誌でもあった。[37] 多くの記事は反帝国主義、ネグリチュード、ハーレム・ルネサンス運動を扱っていたが、さらに世界各地の著名な思想家が参加し、経済や農業、芸術、優生学など幅広い問題が論じられている。

この雑誌は、一九三二年の六号をもって終了するが、その特徴は、第一に、思想と文化の表現の場であって、政治的論争のための場ではないこと、第二に、マルティニークのようなフランス植民地とアメリカ合衆国における黒人差別の度合いの違いに意識的であったこと、そして、アフリカを黒人種の聖地として、地域を超えた黒人の連帯と「新しい黒人意識」、「黒人の魂」の世界的醸成を訴えたことである。これは、セゼールたちのネグリチュードの理念そのものである。[38]

また、もう一つ触れておくべき雑誌は、『黒人世界評論』に投稿していたマルティニーク出身の学生、エティエンヌ・レロ(Etienne Léro, 一九一〇〜一九三九)、ジュール・モヌロ(Jules Monnerot, 一九〇九〜一九九五)、そして後にリセ・シェルシェールの教師となり、セゼールと

『熱帯』誌を編集することになるルネ・メニルが中心となって発刊した雑誌『正当防衛』である。一九三二年に発刊され、創刊号で廃刊となるが、シュルレアリズムとマルクス主義という立脚点をもち、ブルジョワ的な黒人エリート層に批判的な論点をもった論集であった。

こうして「日曜サロン」や『黒人世界評論』を母体として創始されたネグリチュード運動は、視野を広げてみれば、汎アフリカ主義運動の一環に他ならない。その思想は、アメリカの公民権運動の創始者であり、汎アフリカ主義を唱えたW・E・B・デュボイスから大きな示唆を受け、特に一九一九年にパリで開かれた第一回汎アフリカ会議などで表明されていたと言ってよいだろう。こうしてネグリチュード運動は、政治的かつ芸術的な運動として、同時代の米国でのニュー・ニグロ・ムーブメントやハーレム・ルネサンスから影響を受け、それらに共振していたのである。

先の章で見たように、汎アフリカ主義は、遡ること一九世紀から二〇世紀前半に、アフリカ大陸をアフリカ人の自治に戻し、独立させようとする運動であるが、それを推進したのはむしろ、アメリカ、西インド諸島（カリブ諸島）、ヨーロッパのアフリカ人であった。

西インド諸島で生まれでアメリカに学び、リベリアとシエラレオネで政治活動をしたブライデン、アフリカ系アメリカ人のイギリス国教会派聖職者であり、汎アフリカ主義を発展させたアクランメルは、デュボイスに大きな影響を与えた。[39] 西アフリカの作家であり軍医でもあったアフリカーヌス・ホートン、黄金海岸の法律家・政治思想家であったサルバ、同じくガーナのジャーナリストであり、法律家、政治家、教育者であるヘイフォードが、汎アフリカ主義を推進したことをすでに私たちは見た。

こうしてみると、最終的にアパルトヘイト廃絶へと収束する「黒人意識」運動は、アフリカから発して、アメリカとカリブ海諸国を介してアフリカへと円環していく、汎アフリカ主義の一環と捉えられるのである。

註

(1) Bourvier, Pierre (2010) *Aimé Césaire, Frantz Fanon: Portraits de décolonisés.* Paris: Les Belles Lettres.; Rabaka, Reiland (2009) *Africana Critical Theory: Reconstructing the Black Radical Tradition, From W. E. B. Du Bois and C. L. R. James to Franz Fanon and Amilcar Cabral.* Lanham: Lexington Books. Rabaka, Reiland (2015) *The Negritude Movement: W. E. B. Du Bois, Leon Damas, Aime Césaire, Leopold Senghor, Frantz Fanon, and the Evolution of an Insurgent Idea.* Lanham: Lexington Books (Kindle). Cf. L'UNESCO (2020). *Saint-John Perse, Aimé Césaire, Édouard Glissant: Regards croisés.* L'Institut du Tout-Monde. Irele, F. Abiola. (1998). "Négritude: Litterature and Ideology." in Coetzee, P. H. and Roux, A. P. J. (ed.) (2003) *The African Philosophy Reader.* 2nd edition. NY/London: Routledge, pp. 35-51. 立花英裕（2020）『クレオールの想像力――ネグリチュードから群島的思考へ』水声社、中村隆之（2011）『フランス語圏カリブ海文学小史――ネグリチュードからクレオール性まで』風

響社、中村隆之（2022）『環太平洋政治詩学——二〇世紀ブラック・カルチャーの水脈』人文書院

（2）Césaire, A.（1997）『帰郷ノート　植民地主義論』砂野幸稔訳、平凡社、p. 25.

（3）中村隆之（2021）「第7章　ブラック・モダニティ——両大戦期間パリの黒人運動とハーレム・ルネサンス」松本昇監修・深瀬有希子・常山菜穂子・中垣恒太郎編著（2021）『ハーレム・ルネサンス——〈ニューニグロ〉の文化社会批評』明石書店、pp. 157-177.

（4）セゼールの著作は以下を参照。Césaire, A.（1939/1983）*Cahier d'un retour au pays natal*. Paris: Présence Africaine;（1955/2004）. *Discours sur le colonialisme*. Paris: Présence Africaine;（1973）*Une saison au Congo*. Paris: Éditions du Seuil;（1983）*Aimé Césaire: The Collected Poetry*. Translated with introduction and noted by Clayton Eshleman and Annette Smith, Berkely: University of California Press;（1997）『帰郷ノート・植民地主義論』砂野幸稔訳、平凡社；（2011）『ニグロとして生きる——エメ・セゼールとの対話』立花英裕・中村隆之訳、法政大学出版局。セゼールについての参考文献としては以下のものを参照した。Corinus, Véronique.（2019）*Aimé Césaire*. Paris: PUF; Fonkoua, Romuald.（2010）. *Aimé Césaire*. Paris: Perrin; Hénane, René.（2018）*Ma conscience et son rythme de chair ... Aimé Césaire, une poétique*. Paris: Orizons.

（5）Césaire, Aimé（1997）, p. 122.

（6）Césaire（1997）, p. 122.

（7）Ibid. p. 125.

（8）Ibid. pp. 134-135.

（9）Ibid. p. 135.

（10）*Le Monde*, 17 mars, 2006

(11) 尾立要子（2010）「政治家エメ・セゼールとマルティニーク――アンティル人の周辺的リアリズムとの関わりから」『島嶼研究』Vol. 10, pp. 55-85.

(12) Cf. Senghor, Léopold Sédar（1964）*Œuvre poétique*. Paris: Edition du Seuil; Senghor, Léopold Sédar（1988）*Ce que je crois: Négritude, Francité et Civilisation de l'Universel*. Paris: Bernard Grasset; Manga, François Hubert（2020）*Les Textes spirituels de Léopold Sédar Senghor: Correspondances L. S. Senghor -C. Bartels*. Paris: L'Harmattan; Ngandu Nkashama, Pius（1992）*Négritude et poétique: Une lecture de l'œuvre critique de Léopold Sédar Senghor*. Paris: L'Harmattan; Samba, Pape Moussa（2011）*Léopold Sédar Senghor: Philosophie de la culture*. Paris: L'Harmattan.

(13) Courteille, Sophie（2006）*Léopold Sédar Senghor et l'art vivant au Sénégal*. L'Harmattan.

(14) Kanu, Ikechukwu Anthony（2018）*A Study in African Socio-Political Philosophy*. Bloomington: AuthorHouse, pp. 39-48.

(15) Bachir Diagne, Souleymane.（2011）*African Art as Philosophy: Senghor, Bergson, and the Idea of Negritude*. Trans. Chike Jeffers. London: Seagull Books.

(16) Senghor, L. S.（1964）*Liberté 1: Négritude et Humanisme*. Paris: Le Seuil, pp. 22-23.

(17) Frobenius, Leo（1933）*Kulturgeschichte Afrikas*. Zürich: Phaidon. 和辻哲郎（1937）「アフリカの文化」『思想』昭和一二年一一月号。Paul Guillaume and Thomas Munro（1926）*Primitive Negro Sculpture*. Harcourt, Brace & Company. Cf. 中尾沙季子（2015）「「アフリカ」の意味論的脱植民地化――フロベニウスからサンゴールまで」『年報　地域文化研究』18, pp. 116-134.

(18) Cf. 柳沢史明（2008）「レオポルド・セダール・サンゴールにおけるネグリチュードと芸術――「アール・ネーグル」に対するサンゴールの応答」『日本フランス語フランス文学会関東支部論集』17, pp. 215-

227.
(19) *Liberté 2*, pp. 195-196.
(20) Clifford, James (2003)『文化の窮状——二十世紀の民族誌、文芸、芸術』人文書院、p. 224.
(21) Mabanckou, Alain (2022)『アフリカ文学講義——植民地文学から世界——文学へ』中村隆之・福島亮訳、みすず書房、p. 72.
(22) Senghor, L. S. (1948/2015) *Anthologie de la nouvelle poésie nègre et malgache de langue française: Précédée de « Orphée noir » par Jean-Paul Sartre*. Paris: PUF. Sartre, J-P. (1947/1964)「黒いオルフェ」『シチュアシオンⅢ』佐藤朔訳、人文書院、pp. 159-207.
(23) Sartre (1947/1964), p. 190.
(24) 同上, p. 199.
(25) 同上, p. 198.
(26) Fanon, F. (2011) *Frantz Fanon Œuvres*. Paris: La Découverte. Fanon, F. (1969)『地に呪われたる者』(フランツ・ファノン著作集3)鈴木道彦・浦野衣子訳、みすず書房;Fanon, F. (1984)『アフリカ革命に向けて』北山晴一訳、みすず書房;『革命の社会学』宮ヶ谷徳三・花輪莞爾・海老坂武訳、みすず書房
(27) Towa, Marcien (1971) *Léopold Sédar Senghor: Négritude ou Servitude?* Paris: CLE.
(28) Wiredu, K. (1980) *Philosophy and an African Culture*. Cambridge UP.
(29)『黒い皮膚・白い仮面』p. 143.
(30) Vété-Congolo, Hanétha (2015) *Léon-Gontran Damas: Une Négritude entière*. Paris: L'Harmattan.
(31) 佐久間寛 (2018)「序論——プレザンス・アフリケーヌとは何か」『アフリカ研究』94, pp. 21-33.
(32) Damas, L-G. (1962) *Pigments - Névralgies*. Paris: Présence africaine; (1952/2011) *Black-Label et au-*

tres poèmes*. Paris: Gallimard.

（33）Nimrod/ Dognogo, Gopal（2014）*Léon-Gontran Damas, Le poète jazzy*. Á dos d'âne.

（34）中村（2021）, p. 171.

（35）Maxwell, William J. "Banjo Meets the Dark Princess: Claude McKay, W. E. B. Du Bois, and the Transnational Novel of the Harlem Renaissance"（pp. 170-183）, and Pedersen, Carl "The Caribbean voices of Claude McKay and Eric Walrond"（pp. 184-197）in George Hutchinson (ed.)（2007）*The Cambridge Companion to the Harlem Renaissance*. Cambridge UP; 古東佐知子（2021）「クロード・マッケイ――ハーレムとカリブのアウトサイダー」松本（2021）, pp. 198-216.

（36）Senghor, L. S.（1964）. *Liberté 1*, p. 407-411; Senghor, L. S. « Problématiques de la négritude, » Présence *Africaine* 78, pp. 3-26.

（37）中村隆之（2021）, p. 165.

（38）Cf. 小川了（2018）「『黒人世界評論』から『プレザンス・アフリケーヌ』へ」『アフリカ研究』94, pp. 35-47.

（39）Du Bois, W. E. B.（1903/1992）『黒人のたましい』木島始・鮫島重俊・黄寅秀訳、岩波文庫、第12章

第7章 アフリカ哲学史7

ファノンとカブラル

本章では、フランツ・ファノン(Frantz Omar Fanon, 一九二五~一九六一)とアミルカル・ロペス・カブラル(Amilcar Lopes Cabral, 一九二四~一九七三)の哲学を取り上げる。二人は、年齢的にも近く、また独立闘争・革命運動に携わったことにおいても共通性がある。彼らは優れた哲学者であり、思索者であると同時に、アフリカの脱植民地化に強くコミットした活動家であり、革命家であった。

ただし後に述べるように、ファノンが、アルジェリア独立運動の思想的中核を与えたスポークスマンとして主に知的・言論的に貢献したのに対して、カブラルは、知的・言論的な活動に加え、武力闘争を組織し指導した、稀有なる哲学的実践家であった。この違いは、アルジェリアとギアナ・ビサウの置かれた状況の違いであり、フランスとポルトガルの支配の違いを反映しているとも言えるだろう。

†ファノンの人生

ファノンは、日本で最も知られている現代のアフリカの哲学者であろう。著作はすべて翻訳され、海老原武に代表される優れた研究が積まれている。

フランツ・ファノンは、植民地主義を批判した哲学者であり、精神科医であり、アルジェリア独立運動を指導した革命家である。ファノンの経歴については日本でもすでにかなり知られている。[1] 彼は、一九二五年にマルティニークのフォール・ド・フランスで、インド系移民労働者の後裔の父と、白人と黒人の混血である母の間の八人兄妹の三番目の子として生まれた。父親は下級公務員であり、母親は商売の店を持っており、中流の裕福な家庭であったという。親は教育熱心であり、子どもたちは全員、高等中学まで進んでいる。

若年期にファノンに最も影響を与えたのは、ネグリチュード運動の主導者であり、マルティニークで直接の指導を受けたエメ・セゼールである。[2] 先に触れた『熱帯』誌の読者は、マルティニーク島の学生と高校生、特にセゼールとメニルの教え子であった。セゼールがマルティニークに戻った一九三九年には、ファノンは一四歳であった。そしてファノンは、一八歳の時には島を離れる。したがって、セゼールの哲学の内容に感銘を受けたというよりは、反植民地主義的態度を示す教師としての存在に影響を受けたことであろう。

ファノンは、一九三九年当時を振り返り、そのときにフランス領アンティル諸島には自発的な復権要求は生じていなかったという。しかし、その現状への変化をもたらしたのが、セゼールの到着であり、第二次世界大戦におけるフランスの敗北であったという。セゼールは、「教養のある人間、……《ニグロであることは不幸である》ことを理解しているはずの人間」であるはずにもかかわらず、「自分の肌は美しく、《この大きな黒い穴ぼこ》が真理の源であると大ぴらに言ってのけるとは[3]」、むしろ当初は、醜悪な事態に思えたのだという。

第二次世界大戦中の一九四三年、西インド諸島がド・ゴール将軍のもとに結集すると、彼はフランス解放軍に入隊した。レジスタンスや志願兵として各地を転戦し、負傷する。ファノンは、人間の自由と尊厳という理想のために参戦したが、人種差別と卑小なナショナリズムにも直面することになる。マルティニークでは、大戦の期間中、約二〇〇〇名のヨーロッパ人が身を寄せており、フランスが敗北すると剝き出しの人種主義を黒人に示し始めたという。

終戦後の一九四五年に、ファノンは、短期間マルティニークに戻り、共産党から立候補するセゼールの手伝いをする。退役軍人として高等教育の資金を得て、一九四六年にはフランス本土に留学し、リヨン大学で医学、精神医学を学ぶ。哲学や演劇、文学も

フランツ・ファノン

ジャン＝ポール・サルトル

学び、特に、ヘーゲルの哲学、さらにジャン＝ポール・サルトル（Jean-Paul Sartre, 一九〇五〜一九八〇）の実存主義の強い影響を受ける。メルロ＝ポンティは、一九四五年から四八年までリヨン大学で講義をしているが、ファノンはこれにも出席した。

人種差別は、この時期において、マルティニーク島でよりもフランス本土でより深刻なものとしてファノンに襲いかかった。おそらくリヨンでの出来事であろうが、白人の子どもから「ママ、見て、ニグロだよ、ぼく怖い！」と言われると、その母親が「どうぞお気になさらないで。子供なもんで、あなたが私たちと同じくらい開けていらっしゃることがわからないんですのよ」と言われた経験を『黒い皮膚・白い仮面』のなかで述べている。[4] 子どもは珍しいものを怖がるだろう。母親は表面的には彼に子どもの無礼を謝罪している。しかし母親の発言は、人種による「あなた」と「わたしたち」という人種的な絶対的区別、そして自分たち白人の文明による「同化」を前提にしている。謝罪の背後には、疑われない上下の別が存在している。

こうした経験からファノンは、自分の身体のあり方が、肌の色という一つの特徴によって侵食され、萎縮し、凝固し、人目を避けるようになる経験を、次のように述べる。

身体図式は四方からの攻撃を受け崩壊し、人種的皮膚的図式がとって代った。汽車の中ではもはや私の身体の第三人称での認識ではなく、三重人格としての認識を行わなければならなかった。私は私の身体、私の人種、私の父祖の責任を同時に負っていた。私は自分の身体の上に客観的なまなざしを注いだ。私の肌の黒さを、私の人種的な特徴を発見した。(5)

差別の経験はファノンに、セゼールの主張を思い起こすきっかけとなったであろう。

一九五一年に精神科医の資格を取り、ロゼールで一五カ月の研修を経て、一九五三年には、アルジェリアの首都アルジェから五〇キロほど南西に位置する都市ブリダのブリダ＝ジョインヴィル精神病院の医長として赴任する。ファノンは、ここで、ヨーロッパ人女性やアフリカ系男性の治療と分析を通して、彼女らが植民地主義の犠牲者であり、被差別民族や被植民者の心理的問題を理解するために過去の植民地時代のトラウマを分析する必要性を指摘した。

抑圧された人々の歴史を検証し、その心理的側面を研究することで、はじめて今日の世代における患者の治療が行えるのである。彼は、五六年までこの病院に勤める。

そして、一九五五年ごろからアルジェリア民族解放戦線（Font de Libération Nationale：ＦＬＮ）に接触し始めたファノンは、病院を辞すと五七年初頭にＦＬＮに合流して、チュニジアでアルジェリア解放闘争に身を投じる。以降、医療活動と医療改革を行い、国際舞台でのＦＬＮのスポークスマンとして活躍する。一九六一年に『地に呪われたる者』を執筆出版したのちに、白血病で死亡する。アルジェリアが独立するのは、翌一九六二年である。

以下では、「植民地化されたメンタリティ」、「暴力」、「脱植民地化」というファノンが取り組んだ三つのテーマについて、彼の考えを紹介していこう。

†植民地化されたメンタリティと精神医学

『黒い皮膚・白い仮面』でファノンが取り組むのは、自分たちアンティル人の肌と外見に向けられた白人たちの人種差別の眼差しの克服であり、黒人であることとの劣等感の治癒である。精神科医としてファノンは、この眼差しが黒人の自己形成にあまりに大きな負の影響を及ぼすことを指摘する。

「ニグロは、行動に際し、強迫観念に取りつかれた神経症に似てくる。というよりかむしろ、神経症的状況のまっただ中に身を置くのである。……黒い皮膚の人間が抗議するとき、そのたびに自己疎外が起こる。黒い皮膚の人間が非難の声を発するとき、そのたびに、自己疎外が起こる」[6]。

黒人は、この自己疎外と劣等感から自分を解放しなければならない。

先ほど取り上げたように、差別の眼差しで見られることは、その人の「身体図式は四方からの攻撃を受け崩壊し、人種的皮膚的図式がとって代る」ことである。身体図式とは、人間が世界に向かい合うときに、身体のさまざまな部分を結び合わせ、全体としての統一性を与える働きである。別の言い方をすれば、身体図式とは、全身の一体感であり、人格の整合性であり、私たちが何かの目的や目標をもって世界に打って出るときに必要な集中力の源である。

それが、白人が黒い身体を見た途端に投げかけてくる、見下し、論い、軽んじ、人間性を否定する眼差しによって、自分自身の自己の身体感覚が侵食される。そこには、道徳的評価さえも伴っている。人種差別の視線は、黒人に、不道徳であり、嘘つきで、怠け者だという倫理的不適格の烙印を押すのである。その差別的な眼差しは、怒りや恐怖、不安、そして性欲といった感情のこもった眼差しでもある。黒人は、忌避されるか、欲望の単なる対象に貶められる。

マルティニークでは、あらゆる白人文化が模範として示される。学校、書物、新聞、教材、ポスター、映画、ラジオ、あらゆる媒体で表現されるのは、白人の言葉で表現された白人の世界観である。黒人にはいかなる表現も存在しない。黒人は、主体的な個人として行動することをやめ、自己嫌悪の感情を抱えながら、白人という他者になろうとする。黒人は白人という他者によってしか価値を与えられないからである。また黒人は恐怖症に陥る。恐怖症は、自分の外部にある一切に対する不安に満ちた恐れを特徴としている。それは、合理的思考を無視する感情の優越でもある。これにより人間関係、とりわけ愛情が疎外されていくのである。

ファノンの指摘したことの最も重要な点は、これらの精神病理学的な黒人のメンタリティは、個々の黒人の問題ではなく、奴隷制と植民地化という歴史的・経済的な状況から生じてくるものであり、その状況に置かれたことによる劣等コンプレックスの内在化によって生まれることである。

精神の病は、歴史的・経済的な状況によっても引き起こされる。それゆえ、一定の人々がみな同じような精神状況に置かれてしまう事態が生じるのである。ファノンは、この状況から目を背けさせてしまう宗教的指導者、教会、音楽、そして近代教育を糾弾する。黒人に必要なのは、自分の見た目と身体的な実存を愛することであり、そうでなければ劣等感によって打ちのめされてしまう。

このマルティニークの人々に見られたのと同じ精神の病を、ファノンはアルジェリアの病院の患者にも見出すことになる。ファノンにとって植民地で疎外された神経症患者は、自分の兄弟姉妹であり、父母であり、患者の疾患とは彼自身の疾患であった。

ファノンによれば、西洋医学は人種偏見や侮辱とともにアフリカに導入された。それは、抑圧的な体制の一環として、現地の人間には好悪が入り混じった感情を引き起こしてきた。「植民地主義は、軍隊による抑圧と警察制度に依拠して行われた後に、慈善事業をとおして己れの存在を正当化し、その永続性を合法化しようとする[7]」のである。当時、アルジェリアの精神科医たちは、人種差別的な視点で、アフリカのムスリムを見下していた。ムスリムは、虚言癖があり、犯罪に走りやすく、怠け者であるとみなされ、その原因も人種的気質や脳の特徴に求められていた。しかしファノンは、植民地化は患者を非人格化すると指摘する。植民地化された人間は、幼児化され、抑圧され、拒絶され、非人間化され、文化を剝奪され、疎外された存在にされてしまう。

ファノンは、ブリダ＝ジョインヴィル精神病院では、入院の困難や過密状態、設備の不足などの改善を試みながら、社会療法という治療を実施していく。しかし、ヨーロッパ人女性には有効であった患者同士の共同体の感覚を養うための治療法、たとえば、対話や話し合い、ゲームや合唱、お芝居、共同の手仕事といった方法は、イスラム教徒男性にはまるで受け入れられなかった。通訳が必要だったり、イスラム教徒の多くが文盲であったりと、言葉が通じにくいことに加え、イスラム教徒の男性には、それらの活動を行う文化的・伝統的素地がなく、合唱や手仕事、芝居はしばしば嫌悪された。

ここから、ファノンは、ヨーロッパ人に有効であった治療法を普遍とみなすことはできず、イスラム教徒をその内側から理解する文脈主義的な考えに立つべきことを学んでいくのである。

『地に呪われたる者』[8]の第一章「暴力」論は、極めて多くの議論を呼んできた。「民族解答、民族復興、国家を再び人民の手へ、コモンウェルス等々、いかなる名称が使用され、いかなる新表現が導入されようとも、非植民地化（décolonization）とは常に暴力的な現象である」[9]。

西洋による世界の植民地支配は、巨大な暴力そのものである。西洋社会はこの暴力を長年にわたり徹底的に行使し、世界の多くの地域を植民地化し、支配し、搾取し、その住人を虐殺し、奴隷化し、被植民地化してきた。

原住民は、他者からのこの暴力を内在化して、同胞を攻撃し合う一方で、自分たちの攻撃性を抑制してしまう神話と魔術の世界へと逃避している。こうした世界の秩序を変え、植民地という社会を解体するのが、「非植民地化」というプログラムである。

非植民地化というプログラムは、搾取者と原住民という敵対関係の出会いであり、それを覆す人類史上の歴史的な過程であり、「新たな人間を創造する」歴史化の運動である。そして、「このプログラムを実現し、その推進者たらんと決意する原住民は、常に暴力を覚悟している。禁止事項だらけの狭められたこの世界を否認し得るものが、絶対的暴力のみであることは、生まれおちたときから彼の目に明らかだ」[10]。

ファノンは、原住民が暴力によって暴力を通じて自己を解放する姿を予言する一節を、セゼールの詩『奇跡の武器』[11]の中に見つけるのである。ファノンは、『地に呪われたる者』のなかで、以下のセゼールの詩を引用している。


反逆者 世界は私の容赦しないのです……。この世のだれかが惨めにもリンチを受け、だれかが悲惨な拷問を受ければ、必ず私はその男の内部で虐殺され、辱められているのです。

母親 天なる神よ、この子を解放したまえ。

反逆者 心よ、私を思い出から解放しないでくれ……。

あれは十一月のある晩だった……

そしてとつぜん喊声が沈黙を照らし出した。

われわれはとび上がった、われわれ奴隷たちは。われわれ下賤のものどもは。われわれ忍耐の木靴をつけた家畜どもは。

気狂いのように、われわれは走っていった。銃声がひびきわたった……われわれは突きに突いた。汗と血汐が爽やかだった。


植民地という暴力は、原住民からの暴力という「絶対的実践」によってはじめて、暴力の廃絶された世界、すなわち、人間性が全的に解放された世界へと向かうことができる。暴力とは、「原住民大衆が、自分たちの解放は力によってなしとげられねばならず、またそれ以外にあり得ないとみなすところの直感である[12]」。

植民地的状況によって世界は、植民地宗主国と被植民地国、植民地主義者と抑圧者に、二分されている。「非植民地化はこの世界を統一する。徹底した決意でこの世界の異質性をとり去ることによって、また民族という基盤、ときには人種という基盤に立ってこれを統合することによって[13]」。民族や黒人種といった集合は、むしろ非植民地化のための基盤であり、目的ではない。

したがって、植民地の民衆は孤立していない。植民地主義者の妨害にもかかわらず、民衆の絶対的実践は空気のように国境を越えて広がり、あちこちで植民地体制を吹き飛ばしている。焦燥に駆られた原住民が暴力を振りかざして相手を威嚇するのは、彼らが、その時代の例外的な性格を意識して、それを利用しようとしているからである。暴力というと、人は性急すぎるといいたてるだろう。しかしこれまで被植民地化された原住民は、のろまで、怠惰で、現状に甘んじるばかりの運命論者だと言われ続けてきたのである。

ファノンの暴力は、暴力的な植民地主義が生み出したものであり、暴力が生み出した暴力である。したがって、それは、植民地支配へのカウンター・バイオレンスである。ファノンは、暴力そのものを讃えているのではない。抑圧者によって被抑圧者の内部に蓄えられた暴力が放出され、被植民地化された人々の身体に鬱積したエネルギーが抑圧者の身体に向けて解放されない限り、原住民は、自分に戻ることができず、恐怖や恨み、恐怖、憤激、苦悩、悲嘆を癒すことができないというのである。こうファノンは指摘する。

個々人の水準においては、暴力は解毒作用を持つ。原住民の劣等コンプレックスや、観想的ないし絶望的な態度をとり去ってくれる。暴力は彼らを大胆にし、自分自身の尊厳を回復させる。……暴力による天啓を受けた民衆の意識は、すべての和解に反抗する。[14]

『地に呪われたる者』には、サルトルが「序」を寄せており、「ヨーロッパの人びとよ、この本を開きたまえ」と訴える。サルトルによれば、この著作は、ヨーロッパ人の自己疎外をヨーロッパ人のため明らかにしており、ファノンは、エンゲルス以来、「何が歴史の産婆役をつとめるのかを明らかにした人間」である。[15]

サルトルは、「黒いオルフェ」のなかで、ネグリチュードは「人種差別に反対する人種差別」であり、普遍的な人間性に到達する中で乗り越えられるべき主張であると論じた。これに対して応答しようとしたのが、ファノンの『黒い皮膚・白い仮面』である。サルトルは、白人と黒人の人種主義を単純に、弁証法の「定立」と「非定立」として捉え、それらを乗り越える「普遍」としての人間を「綜合」として論じる。しかしファノンにとって、サルトルは、黒人と白人との間にある決定的な非対称性、あるいは超越関係を見逃してしまっている。たしかに、ファノンは、白人の文明を否定したのちに、自らの黒人性（ネグリチュード）も否定する。ファノンが自己批判するのは、自分がフランス語しか解さないインテリであり、植民地主義の申し子だからである。しかし、そう自己批判しても、ファノンは黒人性のうちに戻ることはできず、「黒人である権利を持たない」。自分は、そうした内実を欠いた存在である。この事実を認め、その空虚さを通してはじめて人間性という普遍に到達できるとファノンは考えるのである。ファノンの暴力論は、自己解体から人間性を見出す過程の表現である。

サルトルは、「序文」の中で、この時代にアルジェリアやアンゴラで生じている植民地解放の暴力は、ヨーロッパ人の自分自身の暴力の跳ね返りであることを理解しなければならないと訴える。「地に呪われたる者」が「人間になる」ことができるのは、凶暴な憤怒を通してなのである。そしてサルトルはこう述べる。

ファノンが見事に証明しているとおり、この抑制できない暴力は訳もわからぬ熱情の狂奔ではないし、野蛮の本能の復活でもなく、恨みの結果でさえもない。それは自らを再び人間として作りあげつつある者の姿なのである。われわれはかつて次のような真理を学んだように思うのだが、今ではすっかり忘れてしまっている。すなわち、暴力だけが暴力の痕跡を消滅させ得るという真理である。植民地原住民はコロン〔植民者〕を武力で追い払うことにより、自らの手で植民地の神経症を癒すのだ。[16]

サルトルによれば、植民地におけるカウンター・バイオレンスは、以下の条件のもとで正当化できる。[17] すなわち、第一に、暴力は暫定的な使用にとどまり、永続的に人間を隷属させるような体制を構築するために使用されないこと。第二に、暴力は、最初から容易な手段として用いられてはならず、他に選択肢のない最終手段として用いられるべきであること。第三に、一般大衆の支持が得られていること。第四に、必要な範囲にのみ限定されること。第五に、暴力は人間性を欠いたものとして現れるため、その真の目的を隠さないことである。

サルトルによれば、「戦士たちのスポークスマンとして、ファノンは一切の反目、一切の部族主義に反対し、アフリカ大陸の団結と統一を主張した。彼の目的は達せられた」。[18]

サルトルのこの序論は、賛否両論の大きな反響をもたらした。[19] アレントは、自著『暴力について』のなかで、サルトルの「暴力賛美」はファノンをも凌ぐものであるとして批判した。アレントは、ファノンの主張に対しても限定的にしか評価できないという。彼女は、「ファノンの言葉が指しているのは、この上なく高貴な、無私の行いが往々にして日々の出来事になる、戦場における兄弟愛という周知の現象である」[20]とみなし、ファノンの非植民地化運動は「生の充溢した若者の特権」であると断ずる。

しかしこれでは、ファノンの発言は、まるで若者の行き過ぎた同士愛のようである。「暴力が理性的たりうるのは短期的な目標を追求する場合だけである」[21]というアレントの言葉が正しいとしても、そのことは、アレントなどに指摘されずとも、ファノンはよく理解していたことだろう。

アレントの論文には、植民地化された人間たちの苦悩や憤怒に共感する叙述はほとんど見当たらない。植民地主義において行使され続けてきた暴力にはほとんど無関心なままに、権力や暴力に関する一般的な関係について述べるだけである。また、アレントは、暴力と権力を区別し、「暴力は、権力が危うくなると現れてくるが、暴力をなすがままにしておくと最後には権力を消し去ってしまう」[22]と述べ、権力が機能しているときには、暴力が生じていないかのように思われる発言をしている。

アレントは、権力は暴力と対立するとまで述べているが、植民地の非抑圧者が直面していたのは、奴隷化と収奪を正当化する植民地の法的システムであった。植民地化された人々は、植民地の制度と規範という絶えざる暴力に晒されていたのであり、植民地化の成功は、抑圧された人々の恒常的な精神疾患の出現という形で現れる。これが、ファノンが精神科医としてアンティル諸島とアルジェリアで直面したことである。

権力の想定する法と制度の背後には、常に潜在的な暴力が徘徊し、それが行使される可能性を恐れるがゆえに、被植民地の原住民は、神経症的なメンタリティに陥るのである。このことは、カフカの「掟の門」[23]という短い小説が見事に描き出していることである。アレントのファノンの言葉の取りまとめは、アフリカの独立運動の先駆けとなった思想と実践の理解として、あまりに共感に欠き、批評的態度に傾いたものに思われる。サルトルの「序文」に見られる、ヨーロッパ人としての痛恨の自己批判は、こうした反暴力論の中で曖昧になり、なし崩しになってしまうだろう。アレントの著作の中で、ファノンやサルトルを批判したのと同じ勢いの情熱をもって、西洋世界の植民地主義を糾弾した論考があっただろうか。彼女はアフリカ人の運命などには無関心だったに違いないと判断されても仕方ないだろう。

一九八〇年代後半からの英語圏におけるファノン再評価の流れの中で、アレントのファノンの暴力論評価への反論がなされ、ファノンの暴力論と解放論も新たに解釈し直される[24]。ファノンの暴力論は、あくまでアフリカでのアルジェリアで進行している解放運動を支援する趣旨であったという解釈もある。こうした解釈は、ファノンの思想の射程を狭めてしまうものではあるが、他方、ファノン自身がそれをどの状況へも普遍化し得ると考えていなかったことも事実である。政治的文脈や現状を顧みないで、哲学的な一般論を当てはめて正邪を論じるのは、哲学における植民地主義である。

ファノンの暴力論の解釈については、ファノン以上に実際のアフリカでの反植民地的闘争に身を置いた思想的活動家、具体的には、これから論じる南アフリカのネルソン・マンデラやスティーヴン・ビコはもちろん、ポルトガル領ギニアの独立武装闘争に参加し、ゲリラ運動を率いた兵士でもあったアミルカル・ロペス・カブラル、あるいは、修士論文でファノンの革命的暴力について論じ、アミンとオボテ政権の転覆を実施した、ウガンダの現大統領であるヨウェリ・カグタ・ムセヴェニ（Yowei Kaguta Meseveni, 一九四四〜）を取り上げて比較しないことには、十分に論じたことにならないだろう。[25]

以下の節で論じるカブラルは、当初は穏健な独立運動を構想しながら、当局の多数の死者を伴った暴力的弾圧を目の当たりにして、武装闘争へと立場を変じていった哲学者である。

抑圧された植民地の人々は、どこであれ、自分たちを自由にするために暴力に訴え、自らを自己決定できる主体へと変ずる必要があるだろう。この後で初めて、その国に癒しと道徳的メンタリティが生じる地盤ができるというのが、ファノンの考えなのである。

†民族解放戦線との連携

ファノンによれば、非植民地化の運動を生み出すのは植民地化であり、後者の中にすでに前者が胚胎されている。フランスの植民地主義者は、フランスの征服以前には、アルジェリアには国家をなすような民族的統一は存在しなかったと断定していた。これに対して、アルジェリアには民族が存在し、「アルジェリア国家の回復」を成し遂げるべきだということが、アルジェリアの「民族解放戦線」の主張であった。第二次世界大戦中の一九四三年に、「植民地制度の廃止と民族自決を訴えたアルジェリア人民の宣言」（「アルジェリア議員の宣言」とも呼ばれる）が、連合軍代表へ提出される。フランスとアルジェリア双方から改革案が出されるはずだったが、アルジェ新総督によって退けられる。

こうした民族運動の高まりのなか、一九五四年五月八日の戦勝記念日に、アルジェリア北東部の街、セティフでのデモ隊に警官隊が発砲する「セティフの虐殺」が生じ、二万人から四万人のアルジェリア人が殺された。数百名のフランス人も殺されたことから戒厳令が敷かれた。これがきっかけとなり、モロッコやチュニジアでの民族闘争も刺激になり、同年一一月には、アルジェリア各地で暴動が生じるようになる。

蜂起を組織したのは、民族解放戦線（FLN）であり、イスラムの原則に基づいた、アルジェリア人に主権のある、民主的、社会的国家の回復、人種・宗教の別のない一切の基本的自由の尊重を掲げたマニフェストを打ち出した。民族解放戦線は、アルジェリア国内での政治的・

軍事的行動と、この問題を世界の問題たらしめる国際活動を開始する。

フランス政府は、FLNの活動を民族運動とはみなさずに暴徒として扱い、当事社会党の書記長であったフランソワ・ミッテランも軍事的抑圧を主張するだけだった。フランス政府は、兵力を増強させ、危険人物を取り締まり、捜査、集会の取り締まりなど弾圧を強化した。穏健派の運動グループにさえ弾圧を強めたが、蜂起はさらに広がる。一九五六年に強硬派のロベール・ラコストがアルジェの総監督に就くと、五七年の初頭にアルジェでは無差別の虐殺と処刑が行われた。

こうして、アルジェリア戦争が始まると、ファノンは民族主義レジスタンスに関与するようになり、民族解放軍の将校や民族解放戦線の政治指導部と接触する。ファノンは、一九五六年一一月、アルジェリアが「組織的な人間性を破壊する」状況にあると政府を批判した辞表(「アルジェリア駐在相への手紙」[26])をラコストに提出して、ブリダ＝ジョインヴィル病院を辞める。翌年一月には、ファノンはラコストから追放令を受け、アルジェリアから退去させられる。そこで彼は、フランス国籍を放棄し、アルジェリア人として、チュニスでFLNに合流する。

以後、ファノンは、FLNのスポークスマンとして働き、中央報道機関紙『エル・ムジャヒド』機関誌の編集と執筆、チュニス大学での講義、さらに医師としての治療活動、病院改革を行う。植民地戦争によって生じた精神障害者については、『地に呪われたる者』で論じられている。[27]

アルジェリア共和国臨時政府が一九五八年九月に成立すると、その代表として、五八年から六〇年にかけて「アフリカ人民会議」「アジア・アフリカ連帯会議」「アフリカ独立諸国会議」などいくつもの国際会議にも出席した。この間、駐ガーナ大使に任命され、アクラでは国際的に活動する。ファノンは、アルジェリアの解放をアフリカ解放の一環として捉えていた。

民族解放戦線と共同しても、ファノン自身は民族主義者ではなかった。民族意識と民族主義は異なる。民族意識は、民族の解放のためのものであり、それこそが国際的な広がりと連携を生み出すことができる。その意味で、ファノンは汎アフリカ主義の哲学者であったと言えよう。ファノンは、『地に呪われたる者』の結論部で、ヨーロッパの技術と文明の様式、そのスピードへの執着が人間を否定するものであることを指摘する。そこで、ヨーロッパの道を辿ることなく、「人間の条件、人間の企図、人間の全体性を増大する仕事のための人間同士の協力、これらは新たな問題であり、文字どおりの創造を要求している」[28]と述べる。そして、「ヨーロッパのため、われわれのため、人類のため、同志たちよ、われわれの脱皮が必要だ、新たな思想を発展させ、新たな人間を立ち上らせようとすると試みることが必要だ」[29]と締めくくるのである。

白血病に冒された彼はモスクワとワシントン近郊で治療を受けるが、一九六一年一二月六日、アルジェリア独立の数カ月前に三六歳の生涯を閉じた。彼の遺骨は、アルジェリアとチュニジアの国境近く、エル・ケルマの戦争殉教者のための墓地に埋葬された。

†ポルトガル植民地の独立と本国への逆影響

ポルトガルは、アフリカの植民地化を開始した海洋国家であった。[30] ポルトガルの支配を受けていたアフリカ諸国は、西アフリカのギニア・ビサウ、西アフリカ沖のカーボベルデ、ギニア湾のサントメ・プリンシペ、大陸南西部のアンゴラ、南東部のモザンビークの五カ国である。

ポルトガルは、一五世紀後半に東方貿易への船の寄港地であったこれらの地域を植民地化し、その後、一六世紀から一九世紀半まで奴隷貿易の拠点とした。しかしポルトガルは、他の西洋列強に比較して農業中心の社会に留まり、政治的・経済的に長期的に停滞していく。

それゆえに、ポルトガルの植民地支配は、かえって過酷なものとなった。植民地の現地エリートを形成することもなく、教育や医療施設は劣悪であった。ポルトガルでは、二〇世紀に、アントニオ・デ・オリヴェイラ・サラザールによる全体主義的なファシズム的独裁政権が続き、軍事支配によって植民地解放運動が厳しく抑圧された。また、南アメリカ、イギリス、アメリカが、それぞれの国益からポルトガル支配を支援していた。そして、第二次世界大戦後も、貧窮化した農村から植民地への移民が続いた。これらの事情から、ポルトガルの植民地の独立は一九五〇年代末まで抑圧されていた。

しかし、一九六一年のアンゴラの首都であるルアンダ市での蜂起を起点として、アフリカ人による独立運動が開始されている。モザンビークでは、エドゥアルド・モンドラーネが率いるモザンビーク解放戦線（FRELIMO）、アンゴラでは、アゴスティーニョ・ネトーの率いるアンゴラ解放人民運動（MPLA）、そしてギニア・ビサウでは、アミルカル・カブラルが率いるギニア・カーボベルデ・アフリカ人独立党（PAIGC）が結成され、ゲリラ戦争による解放運動が拡大した。この解放運動は、アフリカ諸国、東側諸国と西側反体制運動からも支援される。

アミルカル・カブラル

こうして、ポルトガルでは、植民地戦争を経験した軍の内部から反政府運動が生じて、一九七四年四月二五日にリスボンで「カーネーション革命」と呼ばれる無血のクーデターが起こり、ファシズム政権が打倒された。そして、国軍と左派勢力のもとで、農地解放、基幹産業の国有化を成し遂げた。

新政権のもとで、一九七四年から七五年にかけて植民地の独立が承認され、それぞれの解放戦線が政権についたのである。ただし、独立後の旧ポルトガル植民地、特にアンゴラとモザンビークは、ローデシアの右派白人勢力やいまだアパルトヘイトを続けていた南アフリカの政府転覆活動によって不安定な苦難の道を歩むことになる。

†カブラルの生涯

ファノンの植民地解放に関する活動が、執筆や講演、出版、そして政治的には広報・交渉といった知的貢献に限られていたのに対して、アミルカル・カブラルは、知的であるだけでなく、政治的・軍事的にも植民地独立に貢献した。[31]

カブラルは、一九二四年に、ギニア・ビサウの第二都市バファァタに教師の子供として生まれた。宗主国ポルトガルの首都、リスボンで農業高等研究所（大学）に留学し、農業工学と経済学を学ぶ。リスボン大学には植民地各地から留学生が集まっており、その中で、カブラルも、ネグリチュード、汎アフリカ主義などにから影響を受けながら、アフリカの文化的意義を再発見し、アフリカ人としての民族意識に目覚めていく。この精神の「再アフリカ化」が後の運動の重要な基礎となる。

一九五二年にギニア・ビサウに農業技術者として戻ると、一九五六年にアフリカ人独立党を結成する。カブラルは当初は平和的な独立運動を構想し、その活動は穏健なものだった。しかし、五九年八月三日、首都ビサウでの港湾労働者による平和的なストライキに対して、ポルトガル警察が発砲したピジギチの虐殺が発生した。これを契機としてカブラルは、武装闘争による独立を目指し、六〇年の拡大党大会で、ギニア・カーボベルデ・アフリカ人独立党（PAIGC:

Partido Africano da Independência da Guiné e Cabo Verde）と改称する。

カブラルは、農村を基盤として組織を拡大し、六三年にはPAIGCを率いてポルトガル軍基地を襲撃し、ギニア・ビサウ独立戦争を開始する。七〇年代には、アメリカ、ソ連、キューバを訪問し、七二年には、国連安保理に参加し、ポルトガル政府に向けて独立交渉の開始を訴えた。同年八月に日本も訪問し、第一八回原水爆禁止世界大会に参加している。

カブラルの活躍に対して、ポルトガル政府は逮捕を試みる。そして、七三年一月二〇日に、隣国ギニアの首都、コナクリで右翼テロリストに襲撃され暗殺される。その翌年七四年四月に、カルヴァーリョ大尉の指揮のもとポルトガルでクーデターが起こり、ギニア・ビサウの独立が承認されたことは先に述べたとおりである。カブラルの哲学は、旧宗主国も解放に導いたといえるだろう。

†カブラルの批判哲学

カブラルの重要性は、第一に、アフリカにおける独立闘争を組織し指導し、アフリカにおけるポルトガル植民地主義に対抗したこと、第二に、数多くの民族グループを、統合された二国（ギニアとカーボベルデ）という大義（binationalist cause）のもとで動員したこと、第三に、今日でも意義を失わない革新的な哲学を説いたことである。[32]

カブラルは、ギニアやカーボベルデを解放したいと考える民族主義者であった。だが同時に、脱植民地化が遅れたポルトガル植民地においてそれを実現することこそが、アフリカの全体の西洋支配を終了させると考えた点において汎アフリカ主義者でもあった。

アフリカでは、植民地主義が帝国主義の道具であることを知っているため、アフリカ大陸を植民地のくびきから完全に解放することに全力を尽くしている。CONCP〔Conference of Nationalist Organizations of the Portuguese Colonies（ポルトガル植民地民族組織会議）〕は、新植民地主義に、その形態が何であれ、激しく反対している。われわれの闘いは、ポルトガルの植民地主義に反対するだけではない。われわれの闘いの枠組みにおいて、われわれの大陸における外国支配の完全な排除に可能な限り効果的に貢献したいのである。(33)

こうした脱植民地化は、最終的に、世界における人間性、人類のために貢献するとカブラルは考えていた。カブラルの考えは、「革命的ヒューマニズム」と呼ぶことができるだろう。

第二の大衆の動員の仕方は、とりわけ注目すべきである。カブラルが、解放運動のために農村を組織化できたのは、農業技術者として農村を統計調査のために渡り歩いた経験があるからである。解放運動を地に足をつけるために、ギニアの社会構造を的確に分析して、どの階層が

PAIGCの活動の主体になるかを彼はよく理解していた。そうして、カブラルは、PAIGCの賛同してくれるのは、農民の中でも階層構造を持たない村落の人々、都市の失業青年層、都市在住の賃金労働者層であると見抜くことができた。[34]

また彼は、伝統的な通念や迷信を一概に否定しようとはせず、伝統に囚われている人々を性急に教化しようとはしなかった。というのも、伝統的な民間信仰の中に生きている人々にそれを捨てよというのは、彼らからアイデンティティも生活基盤も奪うことになるからである。

農業技術者であったカブラルは、科学は西洋文化の優れた点であり、アフリカの中に積極的に取り込んでいくべきだと考えていた。しかし、迷信については漸次的な啓蒙が必要だとしても、解放指導者もそうした信仰生活に入り込み、そこから人々と同じことを体験しつつ、科学的精神を受け入れるまでに共に進むべきであると考えた。むしろ、民族的な抵抗の源泉は、昔と変わらぬ農村の文化と農村民衆の中にこそあると考えていたのである。カブラルは、文化こそが抵抗と解放の基盤となることを次のように論じている。

> 支配される側の文化と抑圧する側の文化の違いが大きければ大きいほど、そのような勝利の可能性は高まる。歴史は、征服者の文化と類似または類似した文化を持つ民族を支配し、支配を維持することはそれほど難しいことではないことを示している。ナポレオンの失敗

は、その征服戦争の経済的・政治的動機が何であったにせよ、その野望をフランスと多少なりとも類似した文化を持つ民族の支配に限定する知恵（あるいは能力）がなかったことにあると言えるかもしれない。同じことは、他の古代、近代、現代の帝国についても言える。[35]

異民族同士は、相互の文化的差異が大きければ大きいほど、征服・支配しにくくなるのである。文化は植民地解放運動の基礎となるものである。

アフリカで植民地支配を行った列強諸国が犯した最も重大な過ちのひとつは、最大の過ちではないにせよ、アフリカの人々の文化的強さを無視したり過小評価したりしたことであろう。この態度は、特にポルトガルの植民地支配の場合に明らかである。ポルトガルは、アフリカ人の文化的価値の存在と社会的存在としての彼の状態を絶対的に否定することに満足せず、彼にいかなる政治的活動も禁じることに固執してきた。ポルトガルの人々は、アフリカの人々から簒奪した富を享受することもなく、その大半は国の支配階級の帝国的メンタリティに同化しており、われわれの文化的現実を過小評価した過ちの代償として、今日、三つの植民地戦争という高い代償を払っている。[36]

カブラルによれば、アフリカ人が植民地的搾取される中で、ネグリチュードのような「源泉への回帰（return to sources）」が起こる。しかし、それは宗主国の文化がアフリカの文化よりも優れているわけではないことを主張しているに過ぎず、それだけでは植民地支配に対する闘争の基盤になり得ないと考えた。文化的な活動は、アフリカの人民と一体化して、植民地支配を全体として否定するようにならなければならない。「源泉への回帰」を自覚した都市のプチ・ブルジョワ層は、民族解放運動において、人民の最深部から生まれてくる希求と一体化して、自らが革命的労働者として生まれ変わる必要がある。

カブラルは、自分の哲学を形成するときにマルクス主義を参照し、アフリカの植民地主義が資本主義と深く結びついていることを指摘している。しかし、マルクスの理論の唯物論的な側面については評価していても、ヘーゲルから受け継いだマルクスの西洋的な歴史観については強い批判の念を抱いていた。というのは、西欧のマルクス主義者たちは、「歴史のない」アフリカ社会にマルクス主義の理論が適用できるのかと問いながら、アフリカを見下していたからである。カブラルはこう書いている。

歴史は、階級という現象、ひいては階級闘争という現象が始まった瞬間からしか始まらないのだろうか。肯定的に答えるならば、狩猟の発見から、その後の遊牧や定住農耕、牧畜、土地の私的流用に至るまで、人類集団の生活の全期間を歴史の外に置くことになる。また、アフリカ、アジア、ラテンアメリカのさまざまな人類集団が、帝国主義のくびきを受けた瞬間には、歴史がなかった、あるいは歴史の外に生きていたと考えることである。それは、ギニアのバランタ族、アンゴラのクアンハマ族、モザンビークのマコンデ族といった私たちの国の人々が、彼らが受けてきた植民地主義のごくわずかな影響を除外すれば、今日でも歴史の外で生きている、あるいは歴史がないと考えることである。[37]

そうであれば、植民地化された人々には、改革をもたらす歴史という原動力がないことになってしまう。今日でも「歴史の外で生きている」アフリカの人々の多くは、解放運動の主体たり得ないことになってしまう。カブラルによれば、階級闘争の内容と形態の本質的な決定要因は、「生産力」の水準である。ここでカブラルがいう「生産力」とは単に経済的な意味に限定されず、文化的・政治的な意味も含まれている。

マルクスはアフリカの現実についてなど言及していなかった。西洋の歴史に範をとって理論化されたマルクス主義を、西洋以外の地域に当てはめることは適切ではない。アフリカの現実を、西洋の歴史的な枠組みで理解する必要などない。マルクス主義は、人種主義やナショナリズムなどについて適切に説明できるわけではない。マルクス主義は普遍を持ち出しすぎるのであり、その理論は、場所と状況に応じて変容されるべきである、とカブラルは論じた。
カブラルによれば、民族の解放は、文化的活動である。文化は固定的ではありえない。彼によれば、文化的現実を深く分析すれば、大陸的文化や人種的文化が存在しうるという仮定は取り払われるはずである。というのも、歴史と同様、文化は大陸、「民族」、あるいは社会のレベルにおいて、不均等なプロセスで発展するからである。アフリカの人々の文化に共通する特徴や特別な特徴が存在するとしても、それは必ずしも、アフリカ大陸に存在する唯一の文化しか存在しないということではない。経済・政治同様に、さまざまなアフリカ文化が存在する。

間違いなく、人種差別的感情や外国人による搾取を永続させる意図に基づくアフリカの人々の文化的価値の過小評価は、アフリカに多くの害を及ぼしてきた。しかし、進歩という極めて重要な必要性に直面すれば、次のような要因や行動もアフリカにとって有害であることに変わりはない。すなわち、非選択的な賞賛、欠点を非難することなく美徳を組織的に称揚すること、何が実際に否定的なのか、潜在的に否定的なのか、反動的なのか、後退的なのかを考慮することなく、文化の価値を盲目的に受け入れること、客観的で歴史的な物質的現実の表現であるものと、精神的な創造物や特殊な性質の結果であるように見えるものとの混同、妥当かどうかにかかわらず、芸術的創造物と想定される人種的特徴との不合理な関連付け、そして最後に、文化現象に対する非科学的または非科学的な批評的評価である。[38]

したがって、カブラルの「源泉への回帰」とは、アフリカ独自の伝統文化に立ち戻るということではなく、植民地に対する闘争にとどまるものでもない。それは、文化的な進歩の道を歩むことを意味するのであり、「批判的な」回帰なのである。言い換えるなら、それは、文化的変革のことである。戻るべき「源泉」とは、アフリカ人のアイデンティティにとどまらず、その「尊厳（dignity）」を意味する。「源泉への回帰」とは、したがって、出来上がった、固定的な伝統への回帰や、文化的な権威への依存とは正反対のものとなるだろう。以下のカブラルの引用が、この考えを端的に表している。それは、創造的な自治としての文化である。

外国からの支配から解放された国民は、抑圧者の文化や他の文化からの積極的な貢献の重要性を過小評価することなく、自国文化の上向きの道に戻らなければ、文化的に自由にはなれない。後者は、環境の生きた現実によって養われ、外国文化へのあらゆる種類の服従と同様に、有害な影響を拒絶する。したがって、帝国主義的支配が文化的抑圧を実践する必要不可欠なものであるならば、民族解放は必然的に文化的行為であることがわかる。[39]

註

（1）ファノンの人生と経歴については以下の書籍を参考にした。海老坂武（2006）『フランツ・ファノン』みすず書房. Fanon, Joby (2004) *Frantz Fanon: de la Martinique à l'Algérie et à l'Afrique*. Paris: L'Harmattan; Gordon, Lewis R. (2015) *What Fanon said: A Philosophical Introduction to His Life and Thought*. New York: Fordham University Press; Kiros, Teodros (2004) "Frantz Fanon (1925–1961)" in Wiredu, K. (ed.) (2004) *A Companion to African Philosophy*. Oxford: Blackwell; Lee, Christopher, J. (2015) *Frantz Fanon: Toward a Revolutionary Humanism*. Athens: Ohio University Press; Macey, David (2000) *Fanon: A Biography*. London: Verso, Kindle.

（2）Césaire, A. (1939,1955/1997)『帰郷ノート・植民地主義論』砂野幸稔訳，平凡社. Bourvier, Pierre (2010) *Aimé Césaire, Frantz Fanon: Portraits de décolonisés*. Paris: Les Belles Lettres. Rabaka, Reiland (2015) *The Negritude Movement: W. E. B Du Bois, Leon Damas, Aime Cesaire, Leopold Senghor, Frantz Fanon, and the Evolution of an Insurgent Idea*. Lanham: Lexington Books, Kindle.

（3）Fanon『アフリカ革命に向けて』p. 27.

（4）Fanon『黒い皮膚・白い仮面』pp. 132–134.

（5）同上, p. 132.

（6）『黒い皮膚・白い仮面』邦訳, p. 82.

（7）Fanon『革命の社会学』p. 91.

（8）Fanon, F. (1969)『地に呪われたる者』（フランツ・ファノン著作集3）鈴木道彦・浦野衣子訳，みすず書房。ファノンの著作についてはフランス語の全集が出ているが、引用は翻訳を頼りにした。Fanon,

F. (2011) *Frantz Fanon Œuvres*. Paris: La Découverte. Fanon, F. (1984)『アフリカ革命に向けて』北山晴一訳、みすず書房 ;『革命の社会学』宮ヶ谷徳三・花輪莞爾・海老坂武訳、みすず書房

(9) Fanon『地に呪われたる者』, p. 23.

(10) 上掲書, p. 23.

(11) 上掲書, p. 53.

(12) 上掲書, p. 45.

(13) 上掲書, p. 29.

(14) 上掲書, p. 56.

(15) 上掲書, pp. 9-10.

(16) 上掲書, p. 15.

(17) Cf., Anderson, Thomas, C. (1993) *Sartre's Two Ethics: From Authenticity to integral Humanity*. Chicago and LaSalle, Illinois: Open Court, p. 433.

(18)『地に呪われたる者』p. 16.

(19) Arendt, Hannah (1969/2000)『暴力について――共和国の危機』山田正行訳、みすず書房。またサルトルの暴力論が誰に向けて語られているのかを問題とした論考として以下を参照。Butler, J. (2011)「暴力、非暴力――ファノンにおけるサルトル」尾崎文太訳、『クァドランテ』(東京外国語大学海外事情研究所) 12-13, pp. 227-244.

(20) Arendt (1969/2000), p. 145.

(21) Arendt (1969/2000), p. 166.

(22) Arendt (1969/2000), p. 145.

(23) Kafka, Franz (1987)「掟の門」『カフカ短編集』池内紀訳、岩波文庫

(24) Alessandrini, Anthony C. (ed.) (1999) *Frantz Fanon: Critical Perspectives*. London: Routledge, Kindle; Gibson, Nigel, C. (2003) *Fanon: The Postcolonial Imagination*. Cambridge, UK: Polity Press; Gibson, Nigel, C. (2011) *Living Fanon: Global Perspectives*. New York: Palgrave Macmillan; Gordon, Lewis R., Sharpley-Whiting, T. Denean and White, Renée T. (eds.) (1996) *Fanon: A Critical Reader*. Cambridge, Mass: Blackwell; Henry, Paget (2000) *Caliban's Reason: Introducing Afro-Caribbean Philosophy*. New York: Routledge; Jinadu, L. Adele (2013) *Fanon: In Search of the African Revolution*. London: Routledge; Kistner, Ulrike and Van Haute, Philippe (eds.) (2001) *Violence, Slavery, and Freedom between Hegel and Fanon*. Johannesburg: Wits University Press; Rabaka, Reiland (2010) *Forms of Fanonism: Frantz Fanon's Critical Theory and the Dialectics od Decolonization*. Lanham: Lexington Books; Renault, Matthieu (2011) *Frantz Fanon: De L'anticolonialisme à la critique postcoloniale*. Paris: Edition Amsterdam; Serequeberhan, Tsenay (1994) *The Hermeneutics of African Philosophy: Horizon and Discourse*. New York: Routledge; Silverman, Max (ed.) *Frantz Fanon's Black Skin White Masks: New Interdisciplinary Essays*. Manchester: Manchester University Press; 神谷光信（2018）『遠藤周作とフランツ・ファノン』デザインエッグ.

(25) カブラルについては以下の著作を参考のこと。Cabral, A. African Information Service Staff (ed.) (1973) *Return to the Source: Selected Speeches of Amilcar Cabral*. Monthly Review press; Cabral, A. (1980)『アフリカ革命と文化』白石顕二・正木爽・岸和田仁訳、亜紀書房；石塚正英（1992）『文化による抵抗——アミルカル＝カブラルの思想』柘植書房；Mendy, Peter Karibe (2019) *Amilcar Cabral: A Nationalist and Pan-Africanist Revolutionary*. Ohio: Ohio University Press; 石塚正英編・石塚正英・白

石顕二共著（2019）『アミルカル・カブラル――アフリカ革命のアウラ』柘植書房新社。ファノンとカブラルについて見通しのよいまとめとして以下の著作を参考にした。Rabaka, Reiland（2010）*African Critical Theory: Reconstructing the Black Radical Tradition, from W. E. B. Du Bois and C. L. R. James to Frantz Fanon and Amílcar Cabral*. Plymouth, UK: Lexington Press.

（26）Fanon『アフリカ革命に向けて』, pp. 52-54.

（27）Fanon『地に呪われたる者』, pp. 143-180.

（28）Fanon『地に呪われたる者』, pp. 182.

（29）Fanon『地に呪われたる者』, pp. 184.

（30）宮本・松田編（2018）『新書アフリカ史（改訂新版）』講談社現代新書、pp. 375-386.

（31）Cabral, Amilcar（1979）*Unity and Struggle: Speeches and Writings of Amilcar*. texts selected by the PAIGC, translated by Michael Wolfers. New York and London: Monthly Review Press (Kindle). Cabral, Amilcar（2023）*Return to the Source: Selected Texts of Amilcar Cabral*. Second edition. ed. by Africa Information Service, revised and expanded by Tsenay Serequeberhan. New York: Monthly Review Press (Kindle). Rabaka, Reiland（2010）*African Critical Theory: Reconstructing the Black Radical Tradition, from W. E. B. Du Bois and C. L. R. James to Frantz Fanon and Amílcar Cabral*. Plymouth, UK: Lexington Press, pp. 227-283. アミルカル＝カブラル（1993）『抵抗と創造――ギニアビサウとカボベルデの独立闘争』アミルカル＝カブラル協会編訳、柘植書房。カブラルの哲学とその革命闘争は、日本では以下の石塚正英などによってかなり研究されている。石塚正英（1992）『文化による抵抗――アミルカル＝カブラルの思想』柘植書房；石塚正英編、石塚正英・白石顕二共著（2019）『アミルカル・カブラル――アフリカ革命のアウラ』柘植書房新社

(32) Mendy, Peter Karibe (2019) *Amilcar Cabral* (Ohio Short Histories of Africa), Ohio University Press, p. 23.
(33) Cabral (2020), p. 72.
(34) 石塚・白石′ pp. 43-47.
(35) Cabral (1979), p. 147.
(36) Cabral (1979), pp. 147-148.
(37) Cabral (1979), pp. 124-125.
(38) Cabral (1979), pp. 149-150.
(39) Cabral (1979), p. 143.

Ⅱ テーマ篇

——現代哲学への視角

第8章 現代の哲学1

エスノフィロソフィーとその批判

第7章までは、アフリカの哲学を歴史的に紹介してきたが、本第8章から第12章までは、アフリカの現代哲学のトピックスを取り上げて論じることにする。

本章では、本論では、「アフリカに哲学は存在するか」という問いをめぐるアフリカ哲学の議論と論争を再びとりあげ、紹介することを目的にする。

†はじめに――アフリカへの問い

序章では哲学という知的活動をある程度、定義し、「アフリカに哲学は存在するか」という問いが、現代のアフリカでは繰り返し問われてきたことに触れておいた。実際、「アフリカに哲学があるか」という問いは、第二次世界大戦後のアフリカ哲学の大きなテーマのひとつであった。すでに述べてきたように、植民主義の時代とその後にも続いた西洋による差別的な扱いによって、アフリカ社会とその文化は、体系的かつ持続的に価値を剝奪されてきた。

アフリカの文化は西洋と比べて全面的に劣ったものとみなされ、アフリカには、古来、哲学など存在しないと断じられてきた。そもそも、Philosophy というものが、ギリシャ・ローマ時代の哲学を引き継ぐ西洋的なものであり、他の地域では哲学はありえないとされてきたのである。

したがって、「アフリカに哲学は存在するか」という問いは、すぐれて脱植民地化時代における問いである。というのも、植民主義によって、アフリカでの知的営為を判断するのに、アフリカ独自の基準が無効化されてきたからである。アフリカ人たちは、自分たちの宗教や思想、哲学といったものを、自分たちで定義し、評価する資格を奪われてきた。それゆえに、自分たちの宗教や思想、哲学が、西洋的な基準に照らしあわせて、「哲学」と呼べるのかという問いが、アフリカ人の内部から生じてきたのである。

日本においても、「日本に哲学はあるか」という問いが、明治時代以来、問われてきたことは知られているだろう。「日本には哲学はあったか」という問いも、同じく植民地化された心性からくる問いである。哲学者のモゴベ・ラモーセが指摘するように、「アフリカに哲学はあるか」という問いそのものが、西洋の、あるいは西洋化された視点からの脱価値化の眼差しの産物なのである。[1]

しかし、「アフリカに哲学は存在するか」という問いは、正確には何を問うているのだろうか。それは、「アフリカ（という場所）に哲学は存在するか」という問いなのだろうか。「アフリカ人（黒人）による哲学は存在するか」という問いであろうか。「アフリカ（的）哲学は存在するか」という問いであろうか。以下の論じるように、どの問いであるかによって、もちろん解答も異なってくる。

だがいずれにせよ、それらのアフリカへの問いかけは、「では、そもそも哲学とは何か」という問いとして、哲学を無自覚のままに西洋的な枠組みで捉えている者に跳ね返ってくる。アフリカに哲学はあるかという問いは、哲学の再定義と哲学のあり方をめぐる問題でもある。それゆえに、「アフリカに哲学は存在するか」という問いは、現在の哲学のあり方への根源的な批判と、その脱構築と再構築の要求になりうる。本論では、第1章で述べたように、哲学を「テーマの一般性」、「真理探究の態度」、「価値と意味の追求」を含んだ知的活動と定義したいと思うが、この基準から見て、「アフリカ的」な哲学は存在すると言えるのだろうか。また、アフリカ的な思想は、「哲学」と呼べるのだろうか。以下に論じてみよう。

†植民地主義的問い

「アフリカという場所に哲学は存在するか」という問いに対しては、これまで本書で論じてきたアフリカ哲学の歴史を見れば、「存在している」というのが、当然の正解である。もはやこの議論を繰り返す必要はないだろう。古代には、その後の西洋哲学の本流を形成する哲学のいくつかがアフリカにおいて生まれていたし、近世においてもヤコブやアモなど重要な哲学者を輩出してきたことはすでに述べておいた。

しかし、それを認めた上で、以下のような疑問もあり得るだろう。古代エジプトの哲学がいかに重要だったと言っても、はるか数千年前の話である。現在のアフリカ人の誰もが実感を持てないあまりに遠い話であろう。また、近世と言っても、ヤコブやアモでさえも一七世紀の人物であり、数百年前のデカルトの時代の哲学者を現代のアフリカ人が身近に感じることはないだろう。一九世紀の汎アフリカ主義は思想であると言えても、あまりに政治的であり、現実の脱植民地闘争に密着している。それが、重要な思想運動だったことは間違いないとしても、彼らの思想は、哲学としての思弁性や探究性が弱く、むしろ政治的イデオロギーと呼ぶべきではないだろうか。このように問う人がいてもおかしくないだろう。

今述べたように、歴史を学べば、古代や近世にアフリカ出身の哲学者がいたことを否定する者はいないだろう。そして、アフリカに近代大学ができて以来、あるいはアフリカ人がヨーロッパなどに留学して以来、西洋哲学を学び研究したアフリカ人がいたし、現在もいることを否定する者もいない。つまり、アフリカという場所に哲学はあったし、そこにアフリカ人による哲学的な営みは存在しているということは火を見るよりも明らかである。

しかし、それらの哲学が、かりに、アフリカという場所で、アフリカ人によってなされていたとしても、現代のアフリカ人の通常の生活からははなはだ遠いものだとすれば、どうだろうか。現代のアフリカの大学で教えられているのが、基本的に西洋哲学を基盤とした講壇化した知識であり、他方で、教条的なマルクス主義イデオロギーが哲学とは呼べないように、アフリカでの政治思想があまりに政治的であるならば、どうであろうか。

アフリカには固有の哲学が存在するのかという問いが生じてきても不思議ではないだろう。すなわち、「アフリカに哲学はあるか」という問いは、「アフリカ的な哲学は存在するのか」という問いに他ならないことになる。まったく同じことが日本の現状においてもいえるのだから、日本人には容易に推察がつくはずである。

また、かりに、アフリカ人が、その伝統的な宗教や神話、説話、教えや箴言を自分たちの生活の中で活かしているとしよう。アフリカの伝統には、独自の世界観、生命観、人生観、人生訓、社会観があることを否定する者はいないだろう。それは、文化人類学や比較宗教学などが明らかにしてきたことである。アフリカには哲学がないと蔑んできた人々も、このことを否定する者はいないだろう。そうなると、問題は、それらの世界観、生命観、人生観、人生訓、社会観、総じて言えば、伝統的な思想のことを、「哲学」と呼んでよいかということである。

だが、実は、「アフリカに哲学はあるか」という問いは、近年、アフリカの哲学の世界ではあまり問われなくなった。この数十年で、現象学や分析哲学、社会哲学など現代哲学を身に着けたアフリカの哲学者が、多数、輩出したこと、そして、伝統と西洋的な近代性との折り合いが付き始めてきたことなどがその理由として挙げられるだろう。ちょうど、日本に哲学はあるかと問われなくなったように、である。

しかし、日本においてそうであるように、いまだに世界には、「アフリカに哲学などあるのか」という素朴な疑問をもつ者も多いし、アフリカの哲学がアフリカ人以外に熱心に研究されているとも言い難い。そこで、以下では、「アフリカに哲学はあるか」という問いに対するアフリカの哲学者たちの応答を見てみることにしよう。

†バントゥ哲学

二〇世紀における「アフリカ哲学とは何か」という問いは、一九四五年に出版されたプラシード・タンペル（Placide Tempels, 一九〇六～一九七七）『バントゥ哲学（Bantu Philosophy）』[2]が出版されたことを契機として生まれたと言ってよいだろう。タンペルは、ベルギー生まれの、ベルギー領コンゴで三〇年活動したフランシスコ会宣教師である。彼はアフリカ人でも、哲学を専門とする者でもなかったが、アフリカの伝統的な宗教や教えの中に、一種の存在論や世界観、そして独特の思考法を見出し、それを「哲学」と呼んだのである。

タンペルによれば、アフリカ文化の基底には以下のような特徴的思想があり、そのシステムが人々の行動に大きな影響を及ぼしているという。

アフリカ文化には、存在論ないし宇宙観が確かに息づいている。まず何よりもアフリカの文化は、神を重視する文化である。生命力そのものである絶対的な存在である一者としての神が、その創造的力によって生きとし生けるものに生命を与えている。生命は創造的な存在であり、その内なる生命によってすべての力は結びついている。

力は生命的であり、それは本質的に関係的に働く。生きとし生けるものは相互に影響を及ぼし合っており、その力は、強まったり弱まったりする。西洋的な独立の「実体」という考えは、バントゥには異質である。個々人が孤立した魂を持つといった西洋近代的な個人主義は、この力と生命の原理を理解できないであろう。神と生命の結びつきは、物理的な因果性を超えて、形而上学的因果性（魔術）と考えられている。

プラシード・タンペル

また、生命力は階層的であり、生命の段階を含んでいる。神の後に、最初の人類が力を持ち、動物から植物、鉱物へと生命力は下位になっていく。創造された世界の中心には人間がある。現在生きている人類は、死者のそれを含めて人間性の中心をなす。人間は、生者・死者共に、他の人間の存在(生命力)を強めたり、弱めたりできる。人間の力は、他の下位の生命(動物、植物、鉱物)に影響を与えることができる。理性のある存在(神、精霊、人間)は、他の下位の存在への影響を介して、他の理性的な存在に影響することができる。

バントゥの叡智は、認識する「力」は神から与えられた力であり、真の知識は形而上学的(神との関係)であることの自覚からなっている。知恵と知識とは、この存在=生命力についての知識に他ならない。祖先たちはこの知恵に従って生きてきたのであり、祖先は占いの形でこの叡智を伝えている。神話に基づく伝統や通過儀礼などの儀式は尊重される。こうした真理は、外的にも内的にも現れて検証される。真理には、人間の通常の知性「ムントゥ(muntu)」によりアクセスでき、知性により内的に知ることができる。

ムントゥは、生命力であり、人格の力である。ムントゥは周囲に価値ある効果、すなわち、生命力を増強させる効果を及ぼす力であるが、それは弱まったり、強まったりする。アフリカでは、個人はムントゥを有し、最も親しい仲でも不可侵の存在とみなされている。個人が個人であるのは、いくつかの基準がある。第一に、可視的な存在であることである。身体を持ち、息をして、影が生じる。第二に、名前を持つことである。

ムントゥには三つの名前があると考えられている。第一に、個人に内的で、本質的、不変の生命の名前である。これは部族（クラン）における個人の名前を意味している。部族のメンバーはすべて関係性の中にあり、母親は子どもを産むと「あなたは、私たちの祖父、叔母、叔父を産んだ」と言われる。第二に他人から与えられた名前、たとえば、祖先からの継承、割礼の儀式でつけられた名前、占い師によって与えられた名前、首領が与えた名前などである。第三に、自分自身でつけた名前である。

子どもは祖先の生まれ変わりだが、子どもはその祖先と同一視されることはなく、その祖先は死者の国から出てくるわけではない。子どもの守護となるのである。生命は神からの贈り物である。ユダヤ・キリスト教的な伝統に見られるように、神と人間は契約を交わすような関係にはない。子どもは自分の生命力を先祖や親との関係で持つことができ、親は子どもの生命力を強くする義務を持っている。子どもと親も契約関係にはない。

バントゥの倫理観や道徳観については、その具体的な規則は、十戒や人権の原理とそれほど異なるものではなく、敵意や憎しみ、嫉妬、悪口などは諫められ、人を害する行為は非難される。ただし、善悪は、生命力を高ずるものと減ずるものとして存在論とムントゥの原理に基づいて解釈される。神、祖先、死者、年長者は、生命力を減じるものではない。

悪とは生命力を損傷することにあり、バントゥの倫理観にとって重要なのは、その損傷を回復することである。法的な賠償も、この生命力の回復という文脈に置かれる。それゆえ、バントゥの法は、懲罰的であるよりも、補償的なものとして機能する。神や先祖、年長者への過ちは、賠償によってではなく、高次の生命力を認識することで償われる。共同体内に悪が生じた時になすべきことは、懲罰よりも、関係性の修復である。関係性を修復することは、生命力を回復することだからである。西洋文明が重んじる懲罰、罰金、懲役などは、バントゥの倫理観には異質である。

†タンペルの主張

タンペルは、以上のように「バントゥ哲学」をまとめ、西洋社会に対して次のような指摘をする。西洋の教育主義者たちは、アフリカ人が無知蒙昧な白板のような存在であると信じているが、これまで述べてきたように、存在論・認識論・心理学について優れて体系的な思想を持っている。

アフリカの哲学が、批判的ではないというのも当たらない。アフリカ人たちは、内的・外的な証拠によって自分たちの信念の確かさを試そうとする。

したがって、アフリカ人を教育し、アフリカにおいて居住環境や衛生、職業技術を発展させるとしても、彼らの元々の哲学を無視してはならず、むしろその基盤にこそ文明の大きな発展の可能性を期待できる。西洋の産業化を例として示すのはいいとしても、近代的な物質文明と、産業と経済の発展が人間性を真に進歩させるかは大いに疑問である。人間の人格的な面を尊重しなければむしろ産業化は文明の破壊をもたらしてしまう。

また、アフリカ人の倫理観が部族道徳を出ないとの批判も当たっていない。アフリカ人の人間概念は、普遍化可能であり、その道徳は他の社会に拡張できる。人権やキリスト教的価値と矛盾しない内容をそこから引き出すことも可能である。実際に、彼らは他の部族の間でも、道徳的な振る舞いをしている。

バントゥの人々の伝統を無視することなく、それを発展させ、その限界に到達させ、そこで、自分たち固有のバントゥ文明を構築させるべきだ。それによってこそ、バントゥは初めて文明化される。西洋もこの生命力の哲学から学ぶところがある。合理性がない、有効性がない、実証性がないというが、社会における理念や目的、規範は事実性から来るのではない。

しかし現代の西洋文明の枠組みで、バントゥの哲学を生かすことができるのは、ただキリスト教である。カトリックだけがバントゥの理想を吸収できるであろう。そうしてこそ、アフリカ人たちを「文明化するミッション」をなすことができるのだし、「魂を高度なものにする」ことができるのだと、このようにタンペルはいう。

こうしてタンペルは、バントゥ哲学とそれに基づいたアフリカの伝統文化を評価し、西洋哲学をむしろ相対化していく。しかし同時に、彼は、アフリカ人たちを西洋の物質文明と産業化の害悪から守り、その良き精神性を保つには、キリスト教による包摂しかないと信じているのである。そこで、タンペルは、アフリカをキリスト教によって「文明化」する使命について語る。

アフリカを「文明化する」という言葉を使うと、タンペルの意図はひどく教条的・植民地主義的、差別的に思えてくるだろう。確かに、タンペルの主張は、あまりに自分のキリスト教の宣教師としてのミッションに密着しすぎているように思われる。しかし彼の「文明化」という言葉を、「近代化」とか「産業化」という言葉に置き換えるなら、どうなるだろうか。それならば、問題はなくなるのだろうか。独自の伝統を生かしながら近代化を成し遂げる、とか、地域の文化を尊重しながら産業化を推進する、というのは、実際に、私たちが現在でもよく使う表現である。同じ国の地方に用いることさえある。問題は、当事者が、すなわち、アフリカ人側が、自分たちの社会を変化させることを望んでいるとして、その中で「西洋化」「文明化」「近代化」「産業化」をどのように捉え、どのようなことを望んでいるかであろう。

†エスノフィロソフィーの発展

タンペルのアフリカ文化の解釈は、ポーラン・J・ウントンジ（ウントンジはベナンの哲学者で、ベナンでは仏語が公用語のため、ここでは仏語読みする）（Paulin J. Hountondji, 一九四二〜二〇二四）によって、「エスノフィロソフィー（ethnophilosophy）」と名付けられる。

ウントンジは、一九四二年四月にコートジボワールのアビジャンに生まれた、現代アフリカを代表するベナンの哲学者である。[3] パリの高等師範学校でアルチュセールとデリダに師事し、フッサールをテーマとした論文で学位を取得した。フランスのブザンソンやコンゴのキンシャサなどで教えたのちに、コトヌー（Cotonou）にあるベナン国立大の教授となる。多くの論文や著作があるが、現象学的な視点をとりながらも、文化や社会、政治についての多角的に論じたものが中心で、『アフリカの哲学について――エスノフィロソフィーの批判』（一九七六年）、『意味の葛藤――アフリカにおける哲学・文化・民主主義についての反省』（一九七七年）といった重要な著作を記した。

これまで見てきたように、エスノフィロソフィーは、伝統的な文化の中に含まれている哲学的なテーマ、すなわち、存在論、認識論、生命観、人間観、倫理（道徳）観、社会観などを抽出し、明示的にあるいは暗黙の内に、西洋の伝統や思考法と比較しながら、アフリカ的な概念や発想、思考方法を取り出そうとする研究である。

エスノフィロソフィーは、タンペルの例からもわかるように、文化人類学における宗教研究をモデルにしている。こうした研究方法には、固有の問題が存在している。第一に、そこでは、アフリカ人は自身の宗教や文化をどう生きているのかという観点から語られがちである。したがって、アフリカ人自身にとっての世界観や人生観、道徳観に関するナラティブになりがちである。しかし、それだけでは、「真理の追求」としての哲学とは言い難くなるだろう。

第二の問題は、アフリカの哲学が多様なことである。アフリカは広く、哲学・思想・宗教に関する情報は多様であり、集めにくく、しばしばまとまって保存されていない。それらは、インフォーマルな個人ベースの記述になってしまいがちであり、民族や社会に共通する特徴や傾向を分析するまでに至っていない。そこから無理にアフリカ文化の共通特徴をとりだそうとするならば、性急な一般化となってしまう。

これらの問題点は、タンペル自身がアフリカ人ではなく、その哲学を生きていない外部者の立場でアフリカの哲学を紹介しているからだと言えそうである。しかし、詩や散文形式などの形をとってアフリカの伝統思想を表現するアフリカ人（アフリカ大陸在住というよりはアフリカン・ディアスポラの）思想家は、一九三〇年代から始まったネグリチュード運動の中にすでに見られる。たとえば、サンゴールの詩篇が劇作に見られる思想にアフリカ的特徴を見出すことができ、それらをエスノフィロソフィーの先駆に数えることが可能だろう。[4] 実際に、サンゴールは、タンペルの著作が出た後は、自らの見出したネグリチュードの哲学を「黒人形而上学」と呼ぶようになる。

ウントンジは、サンゴールやタンペルを含め、アフリカ大陸に現れたエスノフィロソフィーの哲学の流れに非常に懐疑的である。彼によれば、これらの著作は、根本的に、グリオール(Marcel Griaule)の『水の神――ドゴン族の神話的世界』、ジェルメーヌ・ディテルレン(Germaine Dieterlen)の『ドゴン族――人格と創造の神話』、ザハン(Dominique Zahan)の『アフリカの宗教、スピリチュアリティ、思想』、マカラキザ(André Makarakiza)の『ブルンジの弁証法』などの一九五〇~七〇年代に多出してくる文化人類学的研究と基本的に変わらない。

エスノフィロソフィーに属する研究としては、一九六〇年代では、南アフリカの司祭であるアントワーヌ・マボナ(Antoine Mabona)は、一九六〇年に「アフリカの哲学」、一九六三年には「アフリカの哲学の深み」、一九六四年には「アフリカの精神性」と題した論考を発表している。ラハジャリザフィ神父(Rahajarizafy)は、一九六三年に「マダガスカルの賢慮とキリスト教神学」という論文を書き、一九六二年には、旧ベルギー領コンゴのフランシスコ会のフランソワ=マリー・ルフルボ(François-Marie Lufuluabo)が、『バントゥの弁神論のために』、一九六四年には『ルバ-バントゥの存在概念』という別の小冊子を発表している。一九六五年には、彼の同胞であるヴィンセント・ムラゴ大修道院長(Vincent Mulago)が『キリスト教のアフリカ的側面』の中でアフリカの「哲学」に一章を割いている。カメルーンの元プロテスタント聖職者ジャン=カルヴィン・バオケン(Jean-Calvin Bahoken)は、一九六七年に『アフリカの形而上学的空地(Clairières métaphysiques africaines)』を出版し、その二年後にはケニアの牧師ジョン・ムビティが、今や古典となった『アフリカの宗教と哲学』の中で、アフリカ人の時間概念を論じた。[5]

ウントンジは、これらの著作はすべてキリスト教の聖職者によるものであり、その立場と思想が反映されているという。すなわち、それらは、宣教という意図のもとで集められた文化人類学的な情報なのであり、ウントンジによれば、それらは「哲学」とは呼べないのである。

しかし、その後、より発展したエスノフィロソフィーが発表される。ルワンダの哲学者・神学者であり、詩人、政治活動家としてツチ文化を指導するアレクシス・カガメ（Alexis Kagame, 一九一二〜一九八一）の『存在についてのバントゥ＝ルワンダの哲学』（一九五六年）、『比較バントゥ哲学』（一九七六年）もエスノフィロソフィーに属すると言ってよいだろう。[6] ガーナ人のウィリアム・エイブラハム（William Abraham）による『アフリカの心』（一九六二年）[7] についてウントンジは、たとえ誤った仮定に基づいていたとしても、非常に有益であり、興味深い研究であると述べる。クワメ・ンクルマの有名な『良心主義（Consciencism）』（一九七〇年）、ダホメア人のI－P・ラレイエ（Issiaka-Prosper Laleye）の『ヨルバの伝統思考における人格――現象学的アプローチ』（一九七〇年）もエスノフィロソフィーと呼べるだろうし、ナイジェリアのJ・O・アオラル（Awolalu）は、「ヨルバの人生哲学」と題した論文を『プレザンス・アフリケーヌ』誌に出版している。

ウントンジは、これらの著者による研究は、タンペルに始まるキリスト教聖職者による限定的な動機で書かれた初期のエスノフィロソフィーとは異なり、「アフリカ文明の様々な表現の下に、この文明を無秩序に押し流してきた歴史の洪水の下に、確信の基礎となる堅固な岩盤、つまり信念の体系を探し出そうとしていた」と肯定的に評している(8)。

†ウントンジのエスノフィロソフィー批判

ポーラン・ウントンジ

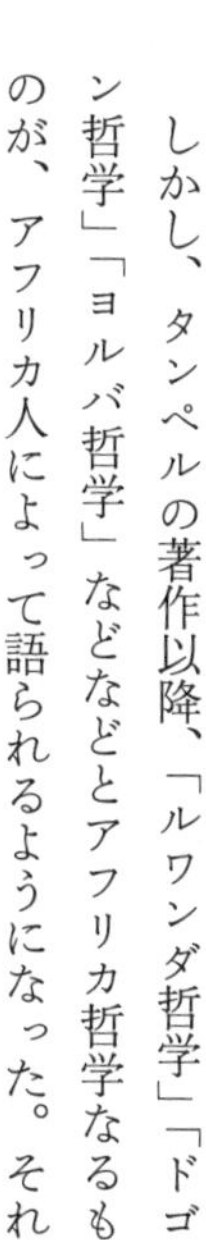

タンペルらの哲学を「エスノフィロソフィー」と名付けたのは、先に触れたように、ウントンジである。彼は、タンペルの仕事を帝国主義の一環として極めて厳しく批判する。それは、レヴィ＝ブリュルらの文化人類学を劣化させたようなものである。アフリカの伝統的思考を乱雑にまとめ、西洋的な概念やその二分法で再構築しようとする企ての政治的な含意、すなわち植民地主義への加担は明らかであると論難する。

しかし、タンペルの著作以降、「ルワンダ哲学」「ドゴン哲学」「ヨルバ哲学」などなどとアフリカ哲学なるものが、アフリカ人によって語られるようになった。それらは、タンペルの場合とは違い、その哲学を生きている人々、いわば当事者によって語られる哲学である。

たとえば、アレクシス・カガメの『存在についてのバントゥ＝ルワンダ的な哲学』は、ルワンダの言語分析を元にして、アリストテレス的なギリシャ語の範疇とバントゥ＝ルワンダのそれを比較しようとするものである。ウントンジのカガメの評価は両義的である。[9] それは、タンペルのエスノフィロソフィーと比べるとはるかに客観的な基礎のある研究である。しかし、内容について言えば、あたかも文法構造によってアフリカ人の未来が定められているかのようである。

ウントンジによれば、結論的には、カガメは、アフリカの哲学を開始はしていても、その責を最後まで果たしているとは言えない。アフリカの思想は、すべて民族的で集合的なものであるかのように画一化されてしまい、個人の努力としての思索は無視されてしまうからである。民族学が提示するようなアフリカの思想の漠然とした一般化を行うのではなく、アフリカの過去と現在と未来において、大いなる議論や大思想家の討論を再構成すべきだ、こうウントンジは言う。

ウントンジは、アフリカ人によって書かれたものを含めて、エスノフィロソフィーは以下のような特徴と問題点を持っているという。

①個人の哲学的営為ではなく、集団の思想である。しかし哲学とは、個人の営為としての思考に基づいているはずであり、エスノフィロソフィーは集団的思想の収奪である。そこには責任が伴い得ない。[10]

②リソースとして、それは近代化以前の口承文学であり、学術的に書記されていない。書かれたテキストの偉大な伝統から議論を起こすべきだ。口頭伝承の復権は大切だが、書記による反省は不可欠である。[11]

③思想を伝統として固定したものとして捉え、それを解釈するだけで、古いものを乗り越え真理を目指す運動ではない。それはアフリカの過去を画一化し、未来を閉じ込めてしまう。未来を解放するには、過去は未来に向けて回復の運動、矛盾の展開、ダイナミズムとして捉えられなければならない。ンクルマの「良心主義」の哲学もアフリカの多様な構成を捉えているとはいえ、最終的に還元主義に陥っている点で、他のエスノフィロソフィーと変わらない。[12]

④哲学は自己言及的であり、メタ哲学といえる言説を含んでいるが、エスノフィロソフィーにはそれがない。

ウントンジは、エスノフィロソフィーが文化人類学や民族誌として提示されるならまだしも(文化人類学の植民地主義的性格は置いておくとして)、それが「哲学」であると主張されたときには、大きな問題となると考える。エスノフィロソフィーは、自分たちがメタ哲学であるかのように考えているが、実は哲学以前の段階にとどまっている。それは、アフリカの哲学が、批判的、反省的、合理的、科学的、そして進歩的な性質を持っていないことへの言い訳になってしまう。

しかし批判や反省とは、どこかの視点からの未反省なものに対する妥当性の検討である。ウントンジは、どの視点から伝統的なアフリカ思想を批判するのだろうか。アルチュセールから大きな影響を受けたウントンジにとって、それは、科学的で、マルクス・レーニン主義的な視点からである。ウントンジは、最終的に、「私たちの哲学はいまだ得られていないことを認めよう」と指摘する。(13)

エスノフィロソフィーの問題とは、「外在性(extraversion)」、すなわち西洋という外部からの目で自己規定し、その枠組みで自分たちを眺め、論じることの問題である。アフリカ人は、もはやエキゾティズムを求める白人に向けて話すのではなく、自分たちの公衆に向かって語りかけるべきである。アフリカの公衆たちは、ルワンダ存在論やドゴン形而上学に関心があるのではなく、現代の科学について関心を持ち、それを自分たちの言葉で語りたいのである。

ウントンジは、「アフリカ哲学」を、内容によってではなく、研究者が帰属する地理によって特徴づけようとする。タンペルの著作は、西洋人の著作である。タンペルについて論じたものはアフリカ哲学ではない。アフリカ哲学とは、アフリカ人の哲学的著作について論じた哲学でなければならない。たとえば、エスノフィロソフィーの分野であってもカガメの著作について論じるのは、アフリカ哲学となる。アフリカ哲学とは、アフリカ人たちによって探求される哲学である。

一八世紀のアモのドイツにおける業績は素晴らしいが、結局、西洋哲学への貢献となってしまう。それは「アフリカ的なるもの」の探究ではなく、普遍的な真理の探究である。アフリカとは、実証的で地理学的に定義されるものであり、形而上学的内容によって定義されるものではない[14]。しかしそれは、自分たちを一定の特徴へと閉じ込めるのではなく、その文化的価値を普遍的なものへと解放するものでなければならない。

こうして、ウントンジは、エスノフィロソフィーとは、アフリカ人を「アフリカ的な本質」なるものに閉じ込めようとする思考として批判する。彼は、アフリカ人の自律的で、科学的な、真理の探究、それもおそらくは、左翼的な方向性を持った探究を称揚したと言えるだろう。

ウントンジによる批判を嚆矢として、エスノフィロソフィーに対して、アフリカの哲学者から批判や支持のさまざまな反応が寄せられた[15]。とりわけ七〇年代から八〇年代初頭までに、アカデミズムの代表的な哲学である何人の哲学者が批判を表明した。エスノフィロソフィーは、政治的理由から、アフリカの文化的な擁護や、独立を目指す民族主義的・国家主義的イデオロギーとなる傾向がある。性急な一般化と結びついた場合には、研究として好ましくないものになるだろう。

たとえば、フランツ・クラエ(Franz Crahay)は、「バントゥ哲学にとっての概念的出発の条件[16]」という論文で、哲学とは、明確で、抽象的な分析がなされ、厳しく批判的・自己批判的であり、体系的で、人間の条件、経験、意味や価値を扱うものだと定義する。そして、バントゥ哲学には以下の概念的な分離が不十分だと指摘する。すなわち、①主観と客観の分離、他者と自己の分離、②自然と超自然の分離、③時間と空間の分離、④自由と責任の概念の発達、⑤単純化や差異の拘泥への誘惑を断ち切ること、である。哲学たりえるには、現代哲学のイノベーションを行い、偉大な哲学的伝統のオリジナリティへ貢献しなければならないという。

また、八〇年代になると、ガーナと数多くのアメリカの大学で哲学を教えたクワシ・ウィレドゥは、アフリカの伝統文化に基づくエスノフィロソフィーは科学的認識に大きく劣っており、哲学たるべき自己批判性が弱いとするどく批判する。[17]エスノフィロソフィーは、西洋の科学的な哲学には比較することはできず、比較できるとすれば、西洋文化に対してである。ウィレドゥによれば、現代のアフリカには書記による哲学の伝統、すなわち、哲学書がない。教育と訓練を受けた哲学者は、西洋的な概念枠に基づいた思考を行っており、アフリカ伝統思想もそのような概念枠で解釈されてしまっているという。

†エスノフィロソフィーの擁護

以上のエスノフィロソフィー批判を現在の、筆者の視点からみた場合には、さまざまなコメントが思いつく。たとえば、クラエのバントゥ哲学批判、特に①から③までは、現代の観点から見ればかなり西洋哲学の伝統的枠組みをそのまま踏襲した批判に尽きている。これらのパラダイムで、アフリカの思考法を評価するのは不当であろう。哲学たるからには、人間社会に、知的な貢献をしなければならないことは正しいとしても、「偉大な哲学的伝統」への貢献といった場合に、西洋の知的伝統だけを想定しているのならば、偏りがあるだろう。

ウィレドゥの批判は理解可能なものであり、アフリカでの「占い」に表現される神や祖先との人間の関係を、文字通りに信じることは科学的な観点からはできない。それらの「迷信」が引き起こす社会的問題も少なくないことは、現代の先進国社会での類似の現象を見た時に明らかである。ウントンジは、アフリカの大衆は現代科学に強い関心を持っており、これこそを哲学のテーマにすべきだと述べていた。しかし逆に言えば、現代のどこの社会でも、アフリカの伝統に表れているような「呪術的」思考は存在しているのであり、そうした思考法が、事実に関わる知識の増大によっては解消されないものであることを認めて、哲学の課題にしなければならないだろう。

また、ウィレドゥは「科学」をおそらく西洋において著しく成功した物理科学を想定している。タンペルのように、単純な検証主義では、現代科学の水準で認められるような実証には到達しないというのは理解できる。しかし現代では西洋起源の科学の、男性中心的・植民地主義的・権力主義的な偏りが指摘され、フェミニズム科学とともに、先住民の科学の可能性が示唆されている。

バリー・ヘイレン(Barry Hallen)とJ・オルビ・ソディポ(J. Olubi Sodipo)は、分析哲学の日常言語学派の方法で、アフリカの言語を分析し、ヨルバ語に見られる認識論が、西洋の現代哲学が基礎としている英語などの言語に含まれている認識論と著しく異なることを指摘した。[18]異なった認識方法から、異なった科学が生まれても不思議ではない。知が植民地化されているということは、科学もその状態にあると考えられ、そこからの解放が求められているのである。

そしてウントンジの批判であるが、次のように反論が可能だろう。第一のエスノフィロソフィー批判である「個人の思想的営為ではなく、集団の思想である」という指摘については、哲学的活動の想定としてかなり狭いと言えるだろう。グループで哲学的活動を実施することは可能であり、現代の専門誌でも複数の著書の論文は珍しいものでもない。ただし、ウントンジは、エスノフィロソフィーの思想が匿名であり、誰もそれを積極的に自分の哲学として打ち出していないと言いたいのかもしれない。

第二の「リソースとして、それは近代化以前の口承文学であり、学術的に書記されていない」という批判も、偏った発想と言えるだろう。これは第三の「思想を伝統として固定したものとして捉え、それを解釈するだけで、古いものを乗り越え真理を目指す運動ではない」という批判とつながっている。この現象、すなわち、外部から、しばしば優勢な社会や文化からの視線で与えられた特徴を受け入れ、それを自文化の「本質的な」特徴することによって、その特徴の中に自らの社会を閉じ込めてしまう、いわば「自己ステレオタイプ化」（ウントンジはこの言葉を使っていないが）が行われていると言いたいのであろう。

セオフィラス・オケレ（Theophilus Okere）とルーシアス・アウトロー（Lucius Outlaw Jr.）は、ウントンジは伝統をまったく顧みない考えだと厳しく退けながらも、しかしそれでも、エスノフィロソフィーは歴史性を軽んじた一種の考古趣味に陥っていると批判する。[19]

ウントンジやウィレドゥによる批判は、アフリカ人たちは、自分たちの文化や社会の前近代性を直視せずに、批判的・科学的・進歩的な文明からの逃避や退行に陥っているという考えに基づいている。

ウントンジは、文字を持たない社会では伝統的な信念が強化される傾向にあるのに対して、文字社会では、思考の独立性や多様性が促進されると信じているかのようである。後で詳しく論じるが、ケニアのアカデミックな哲学者であるオデラ・オルカは、こうしたウントンジの批判に対して、すぐに反論し、バントゥ哲学を擁護した。[20]

アフリカの賢者は、書物を記さなかったとはいえ、宗教や社会的信念を、合理的に批判的に検討してきた。彼らは、神、宗教、身体と心、徳、善と悪、真実と偽り、幸福、生と死、正義などの哲学的基礎について独自の思考を行ったのである。オルカは、アフリカの文化には、フィールドワークを通して、「賢者」と称される独自の哲学者がいたことを主張する。彼らはただ伝統や文化を受け継ぐだけではなく、批判的に分析し、それらを評価し、しばしば合理的な根拠から反対を表明する存在であった。

他にも多くのアフリカの哲学者が、アフリカ哲学における口承の伝統の重要な役割についての指摘をした。一九九〇年代初頭から、アフリカ哲学は口承伝統の資料だけに基づいて進める必然性はないとはいえ、口承伝統はある意味ではアフリカ哲学にとって基礎的であり、それを哲学として主張する権利がある、というコンセンサスが生まれてきた。

こうした伝統に基づいた哲学は、西洋文化の帝国主義へ抵抗し、それを脱構築する意味がある。だがそれに留まらずに、アフリカの文脈においてアフリカの知的遺産の特徴を活かすために、そのような哲学があってもよいのだという認識が共有されてきたのである。

クワメ・ジェチェ（Kwame Gyekye, 一九三九〜二〇一九）は、『伝統と近代――アフリカの経験に関する哲学的考察』[21]の中で、アフリカの哲学を語ることは可能であり、アフリカの文化的伝統の中には、人間存在を根源的な次元において反省的に思考した賢者がいたことを示す。こうした考えに立てば、現在の私たちが勝手に想定しているように、哲学のアウトプットは書籍である必要はない。そのアウトプットは、「賢者」を生み出すことでもありうるのである。賢者は、哲学的思考を生み出すものでもあり、その思考によって生み出された「成果」と言ってもよいのだ。

†セナイ・セラクバハンの解釈学的考察

ウントンジのエスノフィロソフィー批判は、一九七〇年代から八〇年代初頭まで多くの人に強い影響をもっていたが、今見てきたような反批判が八〇年代から興隆してきた。そこで、最後に、セナイ・セラクバハン(Tsenay Serequeberhan)のウントンジ批判をみてみよう。[22]

セラクバハンは、エチオピア領だったエリトリア生まれで、ボストン・カレッジで一九八八に博士を取得し、現在、米国ボルチモアのモーガン州立大学の教授である。『アフリカ哲学の解釈学――地平と言説』(一九九四)、『私たちのヘリテージ』(二〇〇〇年)、『異議を唱えられた記憶』(二〇〇七年)、『マルシアン・トワのアフリカ哲学』(二〇一二年)、『実存と伝統文化(ヘリテージ)』(二〇一五年)など多数の著作を出版している。彼は、解釈学を専門としながらも、解釈学自体があまりに西洋的な方法論であることを問題にする。この観点から、ウントンジやウィレドゥがあまりに容易に西洋的方法論をアフリカ哲学に導入していることを指摘する。

セラクバハンの解釈学の立場からのウントンジの批判をみてみよう。

解釈においては、地平と言説という区別がなされるなら、近代以降のアフリカのあらゆる言説の地平となっているのは、植民地主義であり、現代アフリカにおいては、新植民地主義である。新植民地主義とは、アフリカ諸国が独立を果たした後にも、政治的・経済的・文化的影響を通じて、アフリカを恒常的な搾取状態におこうとする傾向であり、イデオロギーである。

従来、解釈学では政治的な状況が解釈のための地平とされることはあまりなかったが、アフリカの言説は、植民地主義と新植民地主義という背景を抜きにして理解することはできない。解釈学では、過去は自らを現在に伝え、現在を媒介して、現在に作用（影響、Wirkung）を与えて、現在をたえず変容させて、未来へと動かしていると考えられている。過去の歴史を了解するというのは、そのような媒介の出来事の一部である。解釈学における「作用史」的意識とは、自分が歴史性に規定されていることを自覚しながら、現在の歴史に参与して、それを把握しようとする意識のことである。

この観点からセラクバハンは、オコロやオケレの先駆的著作を参照しながら、アフリカの哲学の解釈とは、新植民地主義から解放される歴史性への参与でなければならないと主張する。

アフリカにおいては、解釈学的興味は常に危機から生じてくる。それは、外国文化と伝統の束縛、そして自己肯定的になれる真正の文化と伝統の構築である。

ウントンジのマルクス゠レーニン主義は、アフリカの現実と歴史、文化の個性と特徴を見逃してしまい、結局は、ヨーロッパ的近代を目指す方向性において、アフリカをそれよりも低い段階として位置づけることに終始してしまう。[23] ウントンジは、サンゴールの言う「ネグリチュード゠アフリカ性」も拒否することで、アフリカのあらゆる文化的・歴史的個性や特徴を蔑ろにしてしまう。ウントンジも後期のンクルマも、マルクス゠レーニン主義の立場から、ヨーロッパ中心主義的な科学主義的普遍主義に加担してしまうのだ。[24] サンゴールに見られるような本質主義的個別主義も、ウントンジとンクルマのマルクス゠レーニン主義的な形而上学的客観主義も、現在のアフリカ的な実存を出発点にして議論を展開できていない。[25] アフリカの人々は何から解放され、何を打ち立てようとしているのか、その現実からスタートしなければならない。セラクバハンはこのように主張する。

†アフリカ的な哲学とは何か

では、ここで最初の問題に戻り、アフリカに哲学は存在すると言えるのかについて解答を試みてみよう。過去を振り返れば、「存在した」と言えることは先程確認した。では、現代のアフリカではどうだろう。アフリカ大陸にも近代的な大学制度はすでに根付いており、そこの中で哲学を研究し教育している大学教員は、多数存在している。あるいはアフリカ出身者だが西洋的な教育を受け、西洋のアカデミズムの流れの中で、アフリカ大陸以外の場所で仕事をしている研究者はたくさんいる。

この意味で、「アフリカに哲学は現代でもある」、「アフリカ人による哲学は現代でもある」と言うのは簡単である。しかし問題は、単にアフリカ人が生み出したというだけではなく、またアフリカが生産の場所であるというだけでもなく、アフリカ「の」哲学、あるいは「アフリカ的」哲学はあるのだろうかという問いである。そこには、「アフリカ的なテーマを扱う哲学」「アフリカを哲学の対象とする哲学」「アフリカ的な概念枠や思考法を用いた哲学」が含まれるだろう。西洋哲学ではなく、それとは異なるアフリカ哲学はあるのだろうか。あるとすれば、それはどのようなものであろうか。

多くのアフリカの哲学者は、他の国の哲学者と同様に、哲学が人類に共通する知的態度に根ざしていると考えている。そこに含まれると考えられているのは、以下の特徴である。[26]

①一般性（あるいは、普遍性）：自分の周囲のものごとの全体に一定の秩序や意味を与えようとする。一般的・普遍的な問題を扱う。古典的には、宇宙の秩序の原理や宇宙における人

間の地位への関心がそうである。超領域性、分野横断性は、この現代的表現である。
②批判性：所与の説や現状を再検討する。懐疑主義、対話主義、自己への批判性としての反省性もここに含まれる。神秘主義に対する科学的な合理性の批判性の発揮と考えられる。批判性が開始される地点として「驚き」、すなわち、日常性からの距離化が挙げられることはしばしばである。批判に対して「開かれた」性質を挙げることもできるだろう。
③体系性：一定の原理に基づいており全体が整合している。一貫性としての合理性はここに含まれる。

①は、宗教や神話体系と共通の傾向であり、②は科学と共通の傾向であり、③は、人間の知的活動のさまざまな局面（数学、論理、法体系、科学、神話体系など）に現れる一般的な傾向ということができるだろう。

さて、アフリカに限らず、宗教的説話や神話体系が、①と③の特徴をもっていることが広く認められるところであることは、文化人類学の示すとおりである。アフリカの伝統的な宗教観や世界観についても同様である。すると、問題は②である。②を科学性、実証性と結びつけて考える人、たとえば、先のウィレドゥは、宗教や神話体系をもとにしているエスノフィロソフィーに対して批判的となり、そのようなものは文化とは言えても、「哲学」とは言えないと考える。②の条件として思想が書籍として記されていることを求めるウントンジも、同様の結論を与えることは先に見た。

しかし、一九五九年にローマで開催された第二回黒人作家・芸術家会議（Second international congress of negro writer and artists）において、哲学委員会は以下のような声明を出した。「黒人作家・芸術家会議」は、植民地主義、奴隷制、ネグリチュードの問題を扱うために、第一回大会は一九五六年のパリで開催された。第二回の以下の決議は哲学において重要である。[27]

文化の発展における哲学的反省が果たす役割の多くの部分を鑑み、これまで西洋が哲学的反省の独占を主張し、それ故、哲学の試みがもはや西洋が培ってきた範疇の枠の外で行われることを鑑み、伝統的なアフリカの哲学的営為は生きた態度の中に反映し続け、決して概念だけにとどまるものではなかったことを鑑み、哲学委員会は次のことを宣言する。

①アフリカの哲学者にとって哲学は、アフリカの現実を西洋的体系に還元することからなっているのではない。

②アフリカの哲学者は、自分たちの探求を、西洋的な哲学のアプローチが唯一可能なものではないという根本的な確信に基づかなければならない。したがって、

（a）アフリカの哲学者は、人々の伝統、説話、神話、ことわざから学ぶべきであるこ

とが促されなければならない。それは、他の人間の英知を補うように、それらから真のアフリカの叡智の諸指針を引き出し、アフリカ的思想の独特の範疇を引き出すためである。

(b) アフリカの哲学者には、西洋の全体主義的、ないし自己中心的な哲学者に対して、生まれがちな劣等感を持たずにいることを求める。劣等感は、哲学者を外国での貢献によって自分のアフリカ的存在を創始することを妨げる。

ここで表現されているのは、「西洋的体系に還元しない」「西洋的なアプローチが唯一ではない」といった言葉に見られる西洋哲学の脱構築と、アフリカ独自の概念や思考法を伝統文化から引き出そうとする態度である。エスノフィロソフィーは肯定的に受け取られる。西洋哲学の脱構築は、西洋中心主義や植民地主義と結びついている。論理的、美的、倫理的、形而上学的な秩序は、各社会がどのように生を営んでいるかによって異なったものでありうる。[28] アフリカにはアフリカ的な生の秩序づけが存在し、それをめぐる論理的、美的、倫理的、形而上学的、認識論的秩序があると指摘する。また、イムボは次のような指摘をしている。[29]

ヨーロッパ的合理性が普遍性を唱え始めたのは、啓蒙主義の時代からである。哲学は自らを普遍として唱え始めた時点で、哲学の反省的性格・自己懐疑的性格を忘れてしまっている。こうして、西洋の啓蒙主義哲学は、むしろ哲学であることを離れ、植民地主義のイデオロギーとなった。西洋の近代哲学は、こうして自らの罪を隠す自己正当化の手段となったと、イムボはこう言うのである。イッシアカ＝プロスペ・ラレイエも、西洋のいわゆる「大文字」の哲学に見られる天才信奉の問題点を指摘している。[30] それは個人崇拝と権威主義の表現である。

アフリカ独自の伝統的な概念、宇宙や人間、生命についての考え方に基づいた哲学を、現代社会の文脈で発展させることは、それ自体が西洋哲学の積極的な脱構築につながるだろう。アンソニー・カヌに言わせれば、オルカ、ンクルマ、ムディンベといったアフリカ哲学の設立者たちは、西洋の大文字の哲学の脱構築を目指していたという。[31]

同じ主張が、アンリ・モーリエのかなり以前の論文にも見ることができる。[32] 彼によれば、まだアフリカ哲学をもっていないというのは、哲学の条件とされる反省性、合理性、批判性、体系性が伴っていないからとみなされているからである。しかしアフリカ人は、西洋哲学の提示するテーマや主張に関心を持てないことが多い。アフリカの思想は人間中心主義的である。しかし、それはデカルトのような、独我論的で孤立したコギト中心主義ではなく、人間が共同体を形成することに多くの関心を持つ思想である。

また、アフリカではコスモロジーには多くの関心が集まっても、西洋的な知識論、普遍、哲学的批判などはあまり関心を持たれるテーマではない。むしろ、人生や生命といったものにアフリカ人は強く興味を持つのであり、いわばアフリカ人は生命主義者なのだ。

アフリカ人は共同体の重要性を強調するが、しばしば誤解されているように、集団主義や同調主義からは遠い。アフリカ人は、主観や個人が、自己充足的で、自律的、自由で、競争的なものとして捉えず、社会の中の不断の交流を通して、人間関係によって個人が陶冶されてくると考える。「我と汝」でもなく、「私たち」でもなく、「私と私」という人間関係のとらえ方がアフリカ的である。そして人を結びつける根源的な力は神の愛である。

したがって、アフリカ的な哲学の発展があるとすれば、そうした西洋的な個人主義の概念枠においてではなく、他者と世界との関係を維持する生命的な関係という概念枠においてである。そして、こうした概念枠を作り出すことが、普遍的な世界への貢献となるはずである。アフリカの哲学は、連帯、共同体主義、伝統主義、社会参与を重視する。アフリカの共同体主義は、参加することによってより個人が成長するという考えである。

だが、じつはこのようなアフリカ人の概念枠、世界観、社会観、人間観、個人観を展開するべきだという点においては、エスノフィロソフィーを批判するウィレドゥやウントンジも変わらない主張をしている。この数十年で、アフリカ独自の概念を活かした哲学は、分析哲学や現象学といった現代哲学の枠組みの中でも交流しつつあり、分析哲学の伝統を受け継ぐウィレドゥも、現象学的な研究を行うウントンジも自身が、新しいアフリカ哲学を作り出しているといえる。

先に少し触れたヴァンダービルト大学のルーシアス・アウトローは、現代のアフリカ哲学をアフリカ人とアフリカ起源の人々の哲学と定義しており、以下のような特徴があると指摘している。[33] ①社会文化的セッティングに優先性を置く。②歴史的・文化的なものに優先性を置く。③多人種的・多民族的な比較に重きを置く。④西洋一元主義への抵抗。⑤アフリカ的なものの維持と再解釈という文化的ダイナミズムの重視。⑥思考システムの比較文化的な分析。

このような傾向を持つアフリカ哲学であるが、テーマとしては以下のようなものが挙げられる。

・文化の哲学：エスノフィロソフィー的テーマを含む
・形而上学（存在論）：神、祖先、魔術、人格、原因、観念論
・認識論：真理、合理性と論理、知識の社会学
・倫理学：道徳性、親族と社会、権利と義務、共同体主義
・政治哲学：自由と自律、経済と道徳、人種とジェンダー、アイデンティティ、法と宗教
・美学：アフリカ芸術の位置づけと評価

これらのテーマについての批判的な議論が、第二次世界大戦後のアフリカですでに十分に豊かに展開されている。そのなかにはアフリカ独自と言えるテーマもあるし、あるいは、世界の他の地域と共通のテーマを扱いながらも独自の視角と思考法でアプローチしているものもある。「アフリカ哲学とは何か」という問いは、政治的である。その問題は、むしろ、アカデミズムの中で活躍する哲学者に向けられる。特に、ウントンジは、アフリカ哲学を、アフリカ人が書いたテキスト、特に大文字の哲学によって記述されたものとみなす。あるいは、ピーター・ボダンリンは、アフリカにおける西洋思想の検討はアフリカ思想といってもよいのではないかと主張する。[34] このようなアフリカ人が生み出せば、それは何であれ、アフリカ哲学であるという立場に対しては、強い批判も存在する。

たとえば、シェーグン・バデゲセン（Segun Gbadegesin）は、アフリカ哲学の定義として、「伝統思想」、「職業的な哲学者による仕事」、「アフリカ人によって作られたテキストの総体」などの定義がありうるが、自分は以下のような定義を与えたいと主張する。[35] ①アフリカの概念システムに注目する、②本質的にアフリカで生じた問題を扱う、③現代のアフリカの経験に基づいている、④他の地域に対してアフリカの現実を、比較論的に研究し分析する。バデゲセンは、アフリカの発展に寄与しないものは、やはりアフリカ哲学と呼びたくないと主張するのである。

アフリカ人が作ったものであっても、西洋哲学を西洋哲学的な文脈で論じ、西洋哲学の世界の中で評価された哲学は、アフリカ哲学と言えないのではないのか。これが、バデゲセンの問いかけである。近世で言えば、先に挙げた、一八世紀のドイツで活躍したアモは、西洋的なアカデミズムの中で認められたアフリカ出身の哲学の嚆矢であるが、この考えに立てば、アモの哲学は、西洋哲学であっても、アフリカ哲学ではないということになるだろう。

クワメ・ジェチェも、アフリカ人による西洋哲学はアフリカ哲学とは言えないと指摘する。(36) 西洋人がインド哲学を生涯研究すれば、それはインド哲学への貢献である。アメリカ人でも儒教研究者はいるが、その研究は中国哲学の発展であり、それをアメリカ思想だとは言えない。ウントンジが現代のアフリカ人に勧めているのは、西洋哲学への貢献に他ならない。

ジェチェによれば、アフリカ哲学は、アフリカ的な現実、すなわち、植民地以後の状況、産業化や近代化の軋轢といった問題を共有していなければならない。政治的不安定、軍事政権の正当性、政治経済を支える思想、一党独裁制や政治腐敗の問題、法の支配の不十分など、アフリカの現実に向き合った哲学を作り出すべきだ。ウィレドゥのように、アフリカの伝統概念が現代哲学の基礎たり得ないと考えるのは早計だ。迷信的でも宗教的でもないアフリカ的な道徳概念は存在しており、伝統的な連帯と共同体主義をもとにしながら、道徳体系や政治思想を展開することは可能である。

アフリカ哲学は、伝統的思想と決別すべきではないし、できない。現代アフリカ哲学は、アフリカの人々の文化や言語、歴史的背景から抽出された諸概念を組織化して整備することを出発点にしなければならない。こうジェチェは主張するのである。

しかし、ジェチェのこの主張にもかなりの偏りがあることを指摘できるだろう。たとえば、イギリス人が日本の哲学を研究すると日本哲学への貢献となるのだろうか。もちろん、一面においてはそうであるが、同時に、それが英語で出版されて、他の伝統、たとえば、分析哲学を研究している者や学生院生、一般読者に影響を与えた場合には、イギリス哲学に貢献があったと言えるだろう。エマソンやソローなどアメリカの環境哲学の始祖には、東洋哲学からの影響が顕著であることは知られている。だからといって、彼らがアメリカの哲学者ではなく、東洋思想家であるなどとは言えない。また彼らを、日本に導入するという場合には、東洋への逆輸入というべきことになるのは明らかである。

文化の影響は、政治的な線引きを超えていく。だが、アフリカの状況、それと西洋との関係を、簡単に、西洋と東アジアの関係に比較することもできないだろう。本書は、アフリカ的なテーマを扱い、アフリカ的概念枠をテーマにしているが、アフリカ人ではない筆者によって、日本語で書かれている。本書は、アフリカ哲学の一部なのだろうか、それとも日本の哲学の一部なのだろうか。筆者は両方であることを望んでいる。

したがって、問題は、①何を哲学とみなしたいか、②何を哲学の資源とみなしたいか、③誰が、誰に対して哲学の定義を行うか、④どのような政治的な立場へコミットしているかによって、アフリカ哲学の定義は変わってくるのであり、それは、経験的・事実的な問題ではなく、最終的に政治的だということである。

†アフリカに哲学はある

以上、本章では、「アフリカに哲学はあるか」という問いを追求してきた。古代エジプトのヨーロッパとアフリカ全土への影響力を考えれば、アフリカには哲学の歴史が存在した。現代のアフリカにおいても大学での講壇哲学は存在してきたし、存在している。問題は、アフリカ的な特徴を持つ哲学があるといえるかである。この問題はさらに、サハラ以南のアフリカの多くが無文字社会であることを考えたときに、アフリカの伝統的な思想・宗教・世界観を哲学と呼ぶことができるかという点に絞られる。

いくつかの批判があるとは言え、賢者の哲学が示唆するアフリカにおける口承的な批判の伝統を考えたときには、それらの伝統的な思想・宗教・世界観も哲学的営為の結果であると考えることができる。さらに現代では、それらの伝統を批判的に継承しようとする哲学が存在している。それゆえに、「アフリカ的哲学も存在する」と結論してよいだろう。しかし、アフリカの哲学の対象は、伝統的文化ばかりである必要はないし、アフリカの概念枠や思考法とその解釈ばかりである必要もない。アフリカの現実、政治的・社会的問題を扱うのは、紛うことなく、「アフリカ的なテーマを扱う哲学」であり、「アフリカを哲学の対象とする哲学」である。

これまでの議論から得られるものの中で重要なのは、口承的な伝統を持つ社会においても哲学の根本特徴とされる批判的思考が成立するということである。口承的哲学が可能であることは、ソクラテスが著作を残さずとも、その対話によって哲学の代表者であることを考えるならば当然であるが、それがアフリカ哲学によって思い起こされたのである。

エスノフィロソフィーも、アカデミックであってもアフリカ的な概念を用いて議論を展開する哲学も倫理学も、いずれをとっても、アフリカ哲学は、西洋哲学を脱構築する。かつての西洋の大文字の哲学は、脱構築によって普遍性と統一性を奪われる。しかしそれでも、普遍性と統一性を目指した哲学的営為は可能である。普遍性と統一性がもし達成できたとしても、すなわち、世界哲学が成立したとしても、それはつねにかりそめのものであろうし、私たちをより広い思索の世界へと導いてくれる新規参入者に開かれたものでなければならないだろう。

註

（1）Ramose, Mogabe B.（2003）"The Struggle for Reason," Coetzee, P. H. and Roux, A. P. J.（ed.）（2003）

The African Philosophy Reader. 2nd Edition. NY/London: Routledge, pp. 1–8.

（2） Tempels, Placide (1945) *Bantu Philosophy*. Paris: Éditions Présence Africaine.

（3） 以下の著作を参考。 Hountondji, Paulin (1970) "Comments on Contemporary African Philosophy". *Diogenes*, 71, pp. 120–140; ——. (1996) *African Philosophy: Myth and Reality*. Second Edition. Bloomington and Indianapolis: Indiana University Press; ——. (2002) *The Struggle for Meaning*. Athens: Ohio University Center for International; —— (2013) *Sur la « philosophie africaine »: Critique de l'Ethnophilosophie*. Bamenda, Cameroon: Langaa Research & Publishing.

（4） Towa, Marcien (1971) *Léopold Sédar Senghor: Négritude ou Servitude?* Paris: CLE.

（5） Mbiti, John S. (1969) *African Religions and Philosophy*. London: Heinemann Educational Book. 邦訳 (1970)『アフリカの宗教と哲学』大森元吉訳，法政大学出版局

（6） Kagame, Alexis (1956) *La Philosophie bântu-rwandaise de l'Être*. Bruxelles: Académie Royale des Sciences Coloniales; ——. (1976) *La Philosophie Bantu Comparée*. Paris: Présence Africaine.

（7） Abraham, William, E. (2011) *The Mind of Africa*. Sub-Saharan Pub & Traders.

（8） Hountondji, Paulin (2002) *The Struggle for Meaning*. Athens: Ohio University Center for International Studies, pp. 58–59.

（9） Hountondji (2002), pp. 89–92.

（10） Ibid., p. 91.

（11） Ibid., p. 97.

（12） Ibid., p. 130.

（13） Hountondji (1996), p. 53.

(14) Hountondji (2002), p. 106.

(15) Deacon, Moya (2003) "The Status of Father Tempels and Ethnophilosophy in the Discourse of African Philosophy" in Coetzee, P. H. and Roux, A. P. J. (ed.) (2003) *The African Philosophy Reader*. 2nd Edition. NY/London: Routledge, pp. 97–111.

(16) Crahay, Franz. (1965) "Conceptual Take-Off Conditions for a Bantu Philosophy," *Diogenes*, 52, pp. 55–78.

(17) Wiredu, Kwasi (1980) *Philosophy and an African Culture*. Cambridge UP; —— (1996) *Cultural Universals and Particulars: An African Perspective*. Bloomington and Indianapolis: Indiana University Press; —— (ed.) (2004) *A Companion to African Philosophy*. Malden, MA: Blackwell. Cf. Mosley, Albert G. (1995) *African Philosophy: Selected Readings*. Upper Saddle River, NJ: Prentice Hall.

(18) Hallen, Barry (2000) *The Good, the Bad, and the Beautiful: Discourse About Values in Yoruba Culture*. Bloomington: Indiana University Press; —— (2006) *African Philosophy: The Analytic Approach*. Trenton, N. J.: Africa World Press; —— (2009) *A Short History of African Philosophy*. 2nd rev. ed. Bloomington: Indiana University Press; Hallen, Barry and J. Olubi Sodipo (1986) *Knowledge, Belief and Witchcraft: Analytic Experiments in African Philosophy*. London: Ethnographica Ltd. (Revised edition 1997, Stanford University Press).

(19) Okere, T. (1983) *African Philosophy: A Historico-Hermeneutical Investigation of the Conditions of its Possibility*. Lanham, Md.: University Press of America; Outlaw, Lucius T. (Jr.) (1987) "African 'Philosophy': Deconstructive and Reconstructive Challenges," in *Contemporary Philosophy: A New Survey*, vol. 5, *African Philosophy*, (Ed.) G. Fløistad. Dordrecht: Nijhoff.

(20) Oruka, H. Odera (Ed.) (1990) *Sage Philosophy: Indigenous Thinkers and Modern Debate on African Philosophy*. Leiden: E. J. Brill; —— (1991) "Sagacity in African philosophy," in Serequeberhan, Tsenay (1991) *African Philosophy: The Essential Readings*. St. Paul, MN: Paragon House, pp. 47–62.

(21) Gyekye, Kwame (1997) *Tradition and Modernity: Philosophical Reflections on the African Experience*.

(22) Serequeberhan, Tsenay (1991) *African Philosophy: The Essential Readings*. St. Paul, MN: Paragon House; —— (1994) *The Hermeneutics of African Philosophy: Horizon and Discourse*. NY/London: Routledge.

(23) Serequeberhan (1994), p. 39.

(24) Ibid., p. 4.

(25) Ibid.,pp. 52–53.

(26) Gyekye, Kwame (1987/1995) *An Essay on African Philosophical Thought*. Revised edition. Philadelphia: Temple University Press; Imbo, Samuel Oluoch (1998) *An Introduction to African Philosophy*. Boston: Rowman and Littlefield; —— (2002) *Oral Traditions as Philosophy: Okot p'Bitek's Legacy for African Philosophy*. Lanham, MD: Rowman & Littlefield; Lalèyê, Issiaka-Prosper L. (2003) "Is There an African Philosophy in Existence Today?" in Coetzee and Roux (2003), pp. 86–96; Maurier, Henri (1984) "Do we have an African philosophy?" in Wright, Richard A. (1984) *African Philosophy: An introduction*. Third edition. Boston: University of America, pp. 25–40; Onyewuenyi, Innocent (1991) "Is There an African Philosophy?" in Serequeberhan, Tsenay (1991) *African Philosophy: The Essential Readings*. St. Paul, MN: Paragon House, pp. 29–46.

(27) Outlaw, Lucius, T. (Jr.) (1998) "African, African American, Africana philosophy" in Eze, Emmanuel Chukwudi (ed.) (1998) *African Philosophy: An Anthology*. Malden, MA: Blackwell., pp. 23-42; —— (1987) "African 'Philosophy': Deconstructive and Reconstructive Challenges," in *Contemporary Philosophy: A New Survey*, vol. 5, *African Philosophy*, (Ed.) G. Floistad. Dordrecht: Nijhoff; —— (1996) *On Race and Philosophy*. New York and London: Routledge.

(28) Onyewuenyi, Innocent (1991) "Is There an African Philosophy?" in Serequeberhan (1991), pp. 29-46.

(29) Imbo, Samuel Oluoch (1998) *An Introduction to African Philosophy*. Boston: Rowman and Littlefield; —— (2002) *Oral Traditions as Philosophy: Okot p'Bitek's Legacy for African Philosophy*. Lanham, MD: Rowman & Littlefield.

(30) Lalèyê, Issiaka-Prosper L. (2003) "Is There an African Philosophy in Existence Today?" in Coetzee and Roux (2003), pp. 86-96.

(31) Kanu, Ikechukwu Anthony (2018) *Disciplines of African Philosophy*. Bloomington: Authorhouse.

(32) Maurier, Henri (1984) "Do We Have an African philosophy?" in Wright (1984), pp. 25-40.

(33) Outlaw, Lucius T. (Jr.) (1987) "African 'Philosophy': Deconstructive and Reconstructive Challenges," in *Contemporary Philosophy: A New Survey*, vol. 5, *African Philosophy*, (Ed.) G. Fløistad. Dordrecht: Nijhoff; —— (1996) *On Race and Philosophy*. New York and London: Routledge; —— (2007) "What is African Philosophy?" Philosophy in Multiple Voices. Yancy, George (Ed.), Lanham: Rowman & Littlefield, pp. 109-143.

(34) Bodunrin, Peter O. (1981) "The Question of African Philosophy". *Philosophy*, Vol. 56/216, pp. 161-

179. In Serequeberhan (1991), pp. 63-86.
(35) Gbadegesin, Segun (1991) *African Philosophy: Traditional Yoruba Philosophy and Contemporary African Realities*. New York: Peter Lang.
(36) Gyekye, Kwame (1987/1995) *An Essay on African Philosophical Thought*. Revised edition. Philadelphia: Temple University press; —— (1997) *Tradition and Modernity: Philosophical Reflections on the African Experience*.

第9章 現代の哲学2

アパルトヘイトの超克——ガンディーとファノンからビコとマンデラへ

アパルトヘイトに対する私たちの長い闘いは、単に大多数を占める黒人を自由にすることだけではなく、それに加えて、マイノリティの白人をこの悪の体制のはらむ恒常的戦時体制とも言うべきメンタリティから自由にしてやることにあったのです。

（ネルソン・マンデラ『デイリー・ディスパッチ』紙インタビュー、一九九四年六月一六日）

†哲学的問題としての南アフリカ

二〇二〇年にアメリカを中心として生じた「Black Lives Matter」運動は、すでに過ぎ去ったことのように思えるかもしれないが、忘れるべきではない出来事である。それは、人種差別が、各国における法的規制にもかかわらず、構造的暴力として、いまだ根強く残存していることを知らしめたからである。

現代の人種差別は、西洋による植民地支配から生まれた。人種差別という形で発揮される構造的暴力を明らかにし、これを改変し、そこから生じている人々の分断と亀裂を修復することは、現代哲学最大の、そして政治的に非常にアクチュアルな問題の一つである。

そこで私たちが最も注目すべきなのは、植民地主義を克服しようとしてきた南アフリカにおける思想的かつ政治的な努力であり、その成功と課題である。[1]

本章では、アルジェリア独立運動に指導的役割を果たしたフランツ・ファノンの解放の思想が、ネルソン・マンデラ(Nelson Rolihlahla Mandela, 一九一八〜二〇一三)やバントゥ・スティーヴン・ビコ(Bantu Stephen Biko, 一九四六〜一九七七)に代表される南アフリカの反アパルトヘイト・反人種主義運動に及ぼした影響について思想史的に考察する。[2] 本章で注目したいことは二つある。

ひとつは、ファノン、マンデラ、ビコにおいて、それぞれ暴力的闘争がどのように捉えられていたか、とりわけ、ファノンの暴力論が南アフリカでどのように受け止められたかである。彼らが皆好戦的な人物ではないことは明らかであるが、どのような条件において暴力を行使すべきだと考えていただろうか。[3]

もう一つは、ファノン、マンデラ、ビコが、「人種」という問題をどのように扱っていたかである。彼らのいずれもが、西洋のリベラルな人々が取りがちな「多人種的・無人種的」であることをもってよしとする立場を強く批判する。彼らのそれぞれが、なぜ、「多人種主義」を退けたのか、そして、白人リベラルから受けがちな「反人種主義的人種主義(Antiracism Racism)」という批判にどのように対峙してきたのかを明らかにしていく。両課題とも、現代社会における人種差別問題に取り組むときの糧となってくれるだろう。

アフリカ人差別は、日本人にとって無視しうる遠い世界の問題ではない。日本は、植民地主義に強く加担した唯一といってよい非西洋国であり、第二次世界大戦後も、植民地主義の暗黒面に目を塞ぎ、西洋崇拝を続けてきた歴史がある。

日本が列強の一員とみなされるようになったのは日英同盟(一九〇二~一九二三年)が重要なきっかけであるが、イギリスが日本との同盟を望んだのは、第二次ボーア戦争(一八九九~一九〇二年)のため南アフリカに兵力を割かざるをえず、対独・対露が手薄になったからである。

南アフリカが日本人を戦後再び「名誉白人」(最初は一九三〇年代)として遇しはじめた一九六一年の前年には、シャープビル虐殺事件が起こった。シャープビル虐殺事件(Sharpeville massacre)とは、ヨハネスブルグ郊外で一九六〇年三月二一日に起きた事件であり、身分証の携帯を義務付けるパス法(一九五二年成立)に反対するパン・アフリカニスト会議(Pan-Africanist Congress: PAC)が組織した抗議活動に対して、警察が群衆に発砲したものである。六九名が死亡し、一八〇名以上が負傷した。これをきっかけに政府は激しい弾圧を行い、六〇年四月以降、PACは非合法化される。この弾圧に対して、国連は南アフリカ政府を厳しく批判したが、日本はこの事件を軽くみていたと言われても仕方がない態度をとった。

また、日本は、一九八〇年代にアパルトヘイトを理由として南アフリカへの国際的な経済制裁が強まるなかで、人権外交を意に介さずに南アフリカとの貿易を伸ばした。この件で、日本は一九八八年に国連から名指しで批判されている。日本は、南アフリカでの人種差別を批判することなく、むしろそれを維持させてしまったのである。

†マンデラにおける和解と武力

南アフリカでは、アパルトヘイトが終結（一九九一年）し、全人種による選挙（一九九四年）が実施された後の一九九六年四月一五日に「真実和解委員会（Truth and reconciliation commission）」が設置された。マンデラがこの委員会の設立を推進し、デズモンド・ムピロ・ツツ聖公会大主教（Desmond Mpilo Tutu, 一九三一〜二〇二一）を議長に据えた。

委員会は、人権蹂躙を行った人物と団体（たとえば、シャープビル虐殺事件での発砲者）を訴追する一方で、マンデラは、人種間の対話と和解、赦しを訴えたことは一般によく知られている。一九九〇年の暫定憲法には「過去の違法行為については、いまや、復讐ではなく理解の必要性、報復ではなく補償の必要性、不当な犠牲ではなくウブントゥの必要性に基づいて、処理することができる」と書かれている。(4)

真実和解委員会が設置されたのは、南アフリカがはじめてではない。はじめて真実和解委員会を設置したのは、カーネギー国際平和財団による一九一二〜一九一三年のバルカン戦争での捕虜や文民に対する人権侵害行為に対するものとされる。南アフリカが参照したのは、一九八〇年代以降の南アフリカでの委員会である。南アフリカの直前に開設された委員会としては、チリの例が挙げられる。

一九九〇年三月から九四年三月の間、チリのエイルウィン大統領（Patricio Aylwin Azocar）は真実和解委員会を設置し、ピノチェト軍事政権下での暴力的弾圧と人権侵害の責任追及を行った。しかし、当時、ピノチェトはいまだに陸軍司令官に留まっており、エイルウィンは、ピノチェトの影響を完全に排除できなかった。しかし、二〇〇〇年に市民団体がピノチェトを起訴し、二〇〇五年にピノチェトとその家族の全資産を差し押さえた。二〇〇六年にピノチェトが死亡した時には、父親アルベルトを拷問死させられた当時のミシェル・バチェレ大統領は国葬を断固拒否した。

ネルソン・マンデラ

デズモンド・ツツ

南アフリカの真実和解委員会は、一九九五年から二〇〇〇年まで活動を続けた。アパルトヘイト時代の政治犯罪の真相を究明し、遺族に自分の思いを述べる機会を与え、必要とあれば補償を行う。過去の責任を明確にして記録することが、この委員会の目的である。この活動の大きな特徴は、「処罰よりも真実を」という方針が、白人の差別主義者側だけではなく、解放運動の側の政治的暴力や内部抗争における暴力事件にも当てはめられ、同じ基準で真相の解明と恩赦の検討を行ったことである。(5)

委員会は、犯罪行為を殺人と拷問に、犠牲者を政治活動の闘士に限定した。被害者にはその被害を証言させ、加害者にはその犯罪行為の真実を証言した者に恩赦を与えた。この方針には、キリスト教的な伝統、すなわち「懺悔」と修復的司法の結合を感じさせる。(6) 南アフリカにおいては、キリスト教勢力は、とりわけ八〇年代以降、いわば南米での「解放の神学」のように機能したことを指摘しておこう。

「和解（reconciliation）」とは、本来「元の状態を再建する」「回復する」という意味である。しかし、この国には「元の状態」「戻るべき過去」がない以上、「和解」ではなく「調停（conciliation）」という言葉がふさわしいはずである。それでも、マンデラとツツが「和解」という「回復」の表現を使ったのは、「ウブントゥ」、すなわち、人間は共同性を通して人間たりうるという人間性についてのアフリカ的原理（「我々あるゆえに我あり」）こそが本来あるべき状態だという考えに基づく。和解の推進力は、肌の色の「間」に存在し、これは、マンデラが大統領就任演説で使った「虹の国」という表現に象徴されている。[7]

この報告書を巡って、デリダは「和解、思いやり、赦し」という興味深い論考を寄せて、ツツのキリスト教的な方針に一定の問題を指摘し、「和解」と「赦し」との切り離しを試みている。[8] デリダは、強姦にあった女性の告白をもとに、赦しは被害者からのみ与えられるのであり、思い出す苦痛によって苦しめられる被害者が「赦し」を与えない以上、そこにどのような和解が可能だろうかと問う。ここでは、デリダの解釈を含めて、マンデラの「赦しと和解」を巡っての哲学的議論には踏み込めないが、近年の「Black Lives Matter」運動との関連で十分に検討すべき倫理学的な課題である。

本章でまず指摘したいのは、マンデラの「赦しと和解」という思想が生成されてきた過程の複雑さである。というのも、マンデラは、もともと民族主義（黒人という民族）的な主張を強く出していた活動家であったし、解放運動において非暴力を原則とはしていなかったからである。

一九五一年一二月のアフリカ民族会議（ANC）[9]は、共産主義弾圧法、集団地域法、投票者分離代表法、バントゥー統治機構法、パス法、家畜制限法を一九五二年二月末までに撤廃することを、政府に要求する決議を行い、同年四月六日に超法規的行動であるデモを行うことが決められた。この時期のマンデラは、民族主義者としての側面をかなり強く持っていた。ANC

会議の中では、インド人の経済的・政治的影響力がアフリカ人を圧迫しかねないこと、インド人が白人側に近い立場からアフリカ人を搾取してきたことなどから、政府への抗議行動はアフリカ人のみで行うべきだと強く主張した。南アフリカのインド人は、帰るべき故郷があるが、アフリカ人はその故郷を白人に奪われているという。しかし、この考えは、ANC全国執行委員会でも、全国総

マハトマ・ガンディー

会でも圧倒的多数で否決される。

ANCの当時の第八代議長だったジェームズ・モロカ博士(James Moroka, 一八九一〜一九八五)は、一九五一年の政府抗議行動では、非暴力の抵抗をするように強く説いた。マンデラも暴力には非暴力で応じる規律を守り通すように参加者に呼びかけている。ANCは、インドの植民地運動をモデルとして、一貫して非暴力主義を掲げていた。

しかし、この時期には、政府が抗議行動を抑圧するために組織的に激しい暴力を行うようになる。そこでANC内でも、マハトマ・ガンディー(モーハンダース・カラムチャンド・ガンディー、一八六九〜一九四八)の非暴力原則に従うべきかどうかの議論が戦わされるようになった。周知のように、マハトマが、非暴力的抵抗(「受動的抵抗passive resistance」)の思想を形成したのは、

南アフリカにおいてである。一八九三年に青年弁護士として南アフリカに渡り、人種差別政策のもとにあったインド人の人権擁護活動を二一年間続けたのである。[10]

一九五一年の会合参加者のなかには、倫理的な立場からガンディーの「サッティヤーグラハ（सत्याग्रह, satyāgraha）＝真理の維持」と呼ばれる非暴力主義を強く主張する者もいた。ガンディーの非暴力とは、マハトマ自身の言葉によれば、「非暴力はその積極的形式に於ては、すべての生物に対する善意である。それは純粋の愛である」という。[11] マハトマの息子マニラル・ガンディーは、『インディアン・オピニオン』紙の編集委員、南アフリカインド人評議会（SAIC）の有力メンバーであったが、ANCも、父親がインドで実行したのと同じ路線で運動を進めていくべきだと力説した。

アルベルト・ルツーリ

南アフリカにおけるガンディーの非暴力主義の最も忠実な継承者は、モロカ博士の後の一九五二年にANC第八代議長となったアルベルト・ルツーリ（Albert Luthuli, 一八九八～一九六七）である。彼は、キリスト教的平和主義者であり、南アフリカのアパルトヘイト問題を解決するのにいかなる形での暴力も拒否した。一九六〇年にノーベル平和賞を受賞する。

また言うまでもないが、ガンディーの非暴力主義は、マルチン・ルーサー・キング・ジュニア博士（Martin Luther King, Jr. 一九二九〜一九六八）に受け継がれて、彼の非暴力主義を徹底させ、アメリカにおける黒人公民権運動の基調となる。[12] これに対してマルコムX（Malcon X, 一九二五〜一九六五）は暴力の必要性を説いたが、これに関してもまた稿を別にして論じなければならない。[13]

しかしマンデラは、道徳的原則からではなく、戦術面から暴力的闘争の効果を考えていた。ANCにとって当時の南アフリカ白人政府は強大すぎ、力と力の闘いなど非現実的であった。非暴力はそれ以外にない抵抗の方法であった。マンデラは自伝の中でこう書いている。

わたしもそういう考えで、ガンディー型の非暴力は、絶対にゆるがせない原則ではなく、状況に応じて用いるべき戦術のひとつだと見ていた。ガンディーは、たとえ自滅につながっても非暴力の戦略を貫くという信念を持っていたが、わたしには、原則がそれほどまでに重要だとは思えなかった。効果のあるかぎり非暴力的抵抗を続けていくことを、わたしは提案した。マニラル・ガンディーは強く反対したが、わたしの意見のほうが大勢を占めた。[14]

もし非暴力を採用することで効果が高まれば、非暴力を追求したでしょう。しかし、当時の状況では非暴力は効果的ではなかったので、別の手段を用いたのです。[15]

ただし、ガンディーを完全な非暴力主義者、マンデラを暴力容認主義者と対比させるのは、公平ではない。ガンディーは、大英帝国による暴力を正当化していたのだし（たとえば、一九〇六年のズール人によるバンバータ反乱（Bambatha Rebellion）のとき、ガンディーはイギリスにインド人を使って反乱を鎮圧することを提案している）、人権を守るための暴力をときに肯定しているからである。

マンデラは、一九六〇年のシャープビル虐殺事件について当初、攻撃的な抗議活動が警察の暴力を生んだとして、在宅ストを組織したが、効果が薄く、これをきっかけとして武装闘争路線を選択する。ANC本体は非暴力の組織として留まり、その代わりに、マンデラは、「民族の槍（ウムコント・ウェ・シズウェ：MK）」と名づけられた新しい武装組織を作り、最初の司令官となる。

ANCでは、白人に参加を認めていなかったが、「民族の槍」は白人の参加も認めた。「民族の槍」の標的は、施設や輸送網、送電線の破壊にあり、人命を奪わないように指示された。ただしマンデラは、その効果がない場合には破壊をエスカレートしていく覚悟も持っていた。非暴力は虚しい戦略であり、どんな手を使っても権力を守り抜こうとする白人少数政権を倒す手立てにはならない。インドでガンディーが勝利を収めたのは、敵対勢力が現実に目覚め、同じ原則を擁するようになり、反抗勢力側に折れてきたからであった。しかし、南アフリカのアフリカーナたちに対しては、同じ戦法は通用しない、とマンデラは考えた。[16]

マンデラは、この闘争の支援を得るために、アフリカ各国のリーダーを訪問する。黒人の軍隊をもつエチオピア、ザンビア、エジプト、チュニジア、モロッコを訪れたが、マンデラによれば、「人口の大多数を占める先住アフリカ人を、大規模な白人入植者の集団が支配し、その支配に対して反乱軍が立ち上がったという点で、アルジェリアの状況は、わたしたちに最も近いモデルだと言えた[17]」。

南アフリカとアルジェリアは、アフリカ大陸最大の白人人口を抱えた国である点でも共通している。アルジェリアのゲリラ的な戦闘の方が、エチオピアの正規軍による方法よりも、南アフリカでの闘争の参考になると判断した。一九六二年にエチオピアのアディスアベバで、三カ月、MKの軍事訓練を行う。しかし同年八月帰国するや否や、何の活動もしないうちに逮捕される。MKの存在も知られ、一九六四年に国家反逆罪で終身刑が言い渡される。

以後、マンデラは二七年間、獄中で暮らす。そして、一九九〇年二月に、フレデリック・デクラーク（Frederik Willem de Klerk, 一九三六〜）がANCなど政治団体の活動を許可し、マンデラは釈放される。彼は、一九九一年に第一一代のANC議長となり、第八代の南アフリカ大統領となる。

マンデラの武装闘争の考えに強く影響を与えたのが、カストロのキューバ革命であり、フランツ・ファノンが参戦したアルジェリア独立であった。マンデラは、ファノンに思想的な影響を受けていたようには思われないが、拘留される前のマンデラの解放思想は、ファノンと非常に近かったと判断できるだろう。[18] アフリカ諸国の独立には大きくいって二つの種類があった。ひとつは、西アフリカの多くの国のように、植民地独立プロセスに沿ったプログラムが、比較的穏当に実行された場合である。それに対して、一九六〇～七〇年代に激しい解放闘争を経験したのが、エジプトのガマール・アブドゥル＝ナセルを初めとする北アフリカの運動であり、これが「アルジェリア革命」へとつながる。もうひとつはこれまで論じていた南アフリカである。

このように、マンデラの「和解と赦し」は、非暴力主義からの単純な帰結ではなく、インドをモデルにした非暴力主義と、アルジェリアをモデルとした暴力革命の振幅の中で胚胎された。マンデラとデクラークは、九三年にノーベル平和賞を受賞した。マンデラが絶対平和主義ではなく、デクラークに至っては、大統領期間中に反体制活動家を暗殺したアパルトヘイトの維持者でもあったことを考えるなら、九三年の平和賞は「和解」にこそ与えられたと解釈できるだろう。

†ファノン的実践者としてのスティーヴン・ビコ

ファノンについては、すでに先の章で論じたが、ここでは、『地に呪われたる者』[19]の第一章「暴力」論に再び注目しておこう。それに付されたサルトルの「序」も、「暴力だけが暴力の痕跡を消滅させ得るという真理」[20]という言葉は、ファノン以上の暴力肯定論として受け取られ、賛否両論の大きな反響をもたらした。

ファノンの暴力論をごく大まかに振り返れば、こうなる。植民地支配は巨大な暴力そのものである。原住民はこの暴力を内在化し、同胞を攻撃し合い、神話と魔術の世界へと逃避する。植民地という暴力は、原住民による暴力という「絶対的実践」を行使することで、はじめて暴力の廃絶された世界へと向かうことができる。原住民の暴力は、あくまで、植民地支配へのカウンター・バイオレンスである。そして、抑圧者によって被抑圧者の内部に蓄えられた暴力が解放されない限り、先住民は、恐怖や憤激、苦悩、悲嘆から癒されることはない。

このようなファノンの暴力論は、あくまでアルジェリアで進行している解放運動を支援する趣旨であり、ファノン自身はそれをどの状況へも普遍化し得るとは考えていなかった。しかしながら、ファノンの解放理論は、南アフリカでの反植民地運動にも大きな影響を及ぼした。マンデラは、政治家であり活動家であっても思想家ではなく、ファノンの思想そのものから大きな影響を受けたとは言えない。南アフリカの反植民地活動家の中でファノンから最も強い思想的な影響を受けたのは、スティーヴン・ビコである。ビコの素顔は哲学者然としていたと言われる。[21]

ビコは、マンデラが投獄されている一九六二年から一九九〇年までの間、南アフリカの反植民地運動を牽引する中心人物であった。後に触れる南アフリカ学生機構（The South African Students' Organisation: SASO）での演説で、ビコは、「マルチン・ルーサー・キングと比較して、私たちはマルコムXの説法をより気迫のあるものと感じるし、はるかに私たちが考え感じていることに一致していると思う」と述べている。もちろん、これは、反植民地運動において、ビコが、ガンディーの平和主義ではなく、ファノンの闘争の路線を選んでいることを示している。

スティーヴン・ビコ

ただし、ビコは七三年から政治活動を禁止され、一九七六年の「ソウェト蜂起（Soweto Uprising）」も指導できなかった。

ソウェト蜂起とは、一九七六年四月から六月にかけてヨハネスブルグ郊外のソウェトで生じた学生による暴動である。中学高校で学科をアフリカーンス語で学ぶように強制するアフリカーンス中間法令に反発し、学生がストライキ、デモ行進、抗議集会を行うようになり、六月一六日に学生デモと警察が衝突する。これに抗議する市民も加わり、白人学生や黒人労働者もストに加わるようになる。蜂起の開始から翌年七七年二月までに警察によって五〇〇名以上が殺害され、負傷者は約二〇〇〇人に上った。

マンデラによれば、この蜂起で立ち上がったのは、各現地語で教育し、人々を分断すると同時に、西洋語で表現される高度な知識を黒人に与えまいとする「バントゥ教育法」を受けた落とし子であった(22)。皮肉な形で、南アフリカ政府の方針は裏切られたのである。

しかし治安当局は、ビコの思想を恐れて不当に逮捕する。一九七七年九月一二日に獄中の「尋問」によって、ビコは脳挫傷で輸送中に死亡する。彼の死は、反アパルトヘイト運動を加速させる旗印となった。

ソウェト蜂起の逮捕者たちは、マンデラと同じロベン島の刑務所に送られる。マンデラは、当初はANCとライバル関係にある黒人意識運動を「アメリカ帝国主義勢力の手先」と、左翼的な紋切り型の評価を下していた。しかしそれらの囚人たちについても、ANCに勧誘せずに、彼らの意見を「聴く」という態度に徹したマンデラは、逆に支持を勝ち得ていく(23)。ビコの人生を回想する著作に寄せた賛辞のなかで、「スティーヴンは南アフリカの民主化に貢献した勇敢な指導者たちの銀河系の中で生き続けています」とビコの功績を讃えるとともに（この表現の中に、マンデラが自身も含めて特定の個人の崇拝に至らないような配慮を見ることができる）、「私は、彼に会う機会はなかったが、刑務所から私たちは彼の功績を追い、黒人意識運動の勃興に寄り添っていました」[24]と述べている。

一九四六年に生まれたビコは、一九六六年から六八年にかけてダーバンにあるナタール大学医学部で学びながら、同大学の学生評議会代表として、南アフリカ学生連盟（National Union of South African Students: NUSAS）に参加した。

医療という行為に関わり、植民地支配からアフリカ人の心を癒さねばならないと考えていた点で、ビコとファノンには共通性がある。しかしビコが加わろうとした同連盟は、アパルトヘイト反対を唱えながらも、白人リベラル層が多数を占め、会議でもアフリカ人はホテルも当てがわれず、会場からの締め出しさえ食う始末だった。

ビコはNUSAS参加の経験をもとに、白人リベラル層への不信を高め、彼らがとっていた多人種主義的あるいは無人種主義的な方針に対して深い疑念を持つようになった。実際に、この多人種主義・多文化主義こそが、アパルトヘイトを推進し維持する公的な理由だったのだ[25]。そこで、ビコは、世界学生キリスト教連盟のアフリカ人会員を母体として、反アパルトヘイト活動を行うための南アフリカ学生機構（SASO）を一九六八年に組織し、初代の議長となった。SASOでの議論を通して、「黒人意識」という思想を紡ぎ出していく。

一九七二年のSASOの政策宣言によれば「黒人意識」とは次のようなものである[26]。

黒人意識とは、

1　精神的態度であり、生活様式である。

2　その基本的主張は、黒人は、自分の生まれた土地にありながら自分を異邦人にし一人ひとりの基本的な尊厳を蔑ろにさせる、すべての価値体系を拒否しなければならない、というところにある。

3　それは、黒人が経済的に政治的にひとつの集団として発揮する黒人権力についての自覚に支えられている。

4　黒人は自分自身の価値体系を確立し、自分の存在や生き方を他人によってではなく自分自身で決定しなければならない。

5　黒人意識は、被抑圧者の全面的な参加によって常に高められるだろう。だから、黒人意識のメッセージは、黒人社会の隅々までくまなく広がっていなければならない。

6　黒人の解放は、第一に、劣等感を通じた心理的抑圧から自らを解放することに始まる。それは第二に、白人人種主義において生きるところからもたらされる物理的抑圧から、自らを解放することである。

7　黒人とは、南アフリカにおいて法ないし伝統によって、政治的、経済的、社会的にひとつの人種集団として差別されつつ、自分たちの希求の実現に向けた闘いに一体となってかかわる人々のことである。

ビコの思想において特徴的なのは、一見すると黒人の解放に好意的に思われる白人リベラルに対する強い不信と批判である。「黒人社会がこれまで犯してきた最大の誤りは、アパルトヘイトに反対する者は誰でも味方だと信じてきたことだ」[27]。白人リベラル、すなわち、「リベラル、左翼などあらゆる名前で知られる空想的社会改良家たちの一群」は、アパルトヘイトに反対を表明しては、黒人に対する非人道的行為には自分たちは責任がないと述べる。

さらには、ずうずうしくも、自分もまた黒人同様に激しい抑圧を感じていて、ともに闘いに加わらなければならない、自分たちは白い皮膚を持って黒い魂を持つ者だ、などとうそぶく。彼らは人種統合を解くが、結局は、白人がすべてを語り、黒人が聞くことになる。黒人は劣等感からそれを受け入れてきた。白人リベラルとは、自分たちの権力欲に気づいていないふりをする恥知らずである。

ビコによれば、白人の最大の武器は、劣等感と恐怖を埋め込まれた黒人の心である。アフリカ人は学校時代に、植民地主義的な教育を受けて、自己の伝統を憎悪することを学び、劣った自己イメージを流し込まれる[28]。ビコは、ここでファノンの「民族文化」[29]の概念から学んでいる。

ファノンは、『黒い皮膚・白い仮面』の「植民地原住民のいわゆる依存コンプレックスについて」で南アフリカの文化的植民地化について言及している。ファノンによれば、「文化」は「慣習」と対立するものである。文化は変化し、生成するのに対して、慣習は形式化し、硬直化する。ファノンにとって「民族文化」とは、伝統と慣習の物象化に対する闘争である。ファノンの民族文化とは、闘う文化であり、根源的に民主的であり、開かれたものである。[30]

ファノンの「民族文化」の概念を受け継ぎながら、ビコは、白人が自分たちの搾取を正当化するために、先住民のあらゆる文化を劣ったものとみなすように仕向けてきた策略を指摘する。[31] 植民地的教化はアフリカ人の心に強力な劣等感を植えつけたが、しかし他方で、アフリカ人文化はそれに耐えて力強く存続している。アフリカの文化の核心は、「人間を人間自身のために楽しむ」共同行動にあり、それは互いの意思を伝え合いたいという歌や踊りのコミュニケーションに表現されている。[32] 黒人においては、白人の価値観に頼らずに物事を実現する「自由」こそが文化なのである、こうビコは主張する。

人種差別的な体制のもとでは、白人と被抑圧者が完全に共感しあうなど不可能である。人種主義はリベラルにとって解決すべきひとつの問題に過ぎないが、黒人にとっては四六時中逃れることのできない抑圧である。「リベラル・イデオロギーの旗印のもとに提出された人種統合の神話を打ち壊し、その息の根を止めねばならない。何故なら、それによって人々は何かがなされつつある、と信じ込まされてしまうからである[33]」。

このような主張をすれば、黒人が人種差別主義者になりつつある、と批判されるかもしれない。しかし人種主義とは、誰かを隷属させる権力を有している者が行うことである。排除が隷属のために行われることこそが、人種主義である。南アフリカの黒人は、そうした権力を有していない[34]。白人リベラルは黒人に代わって、黒人のために行動してきたという。しかし白人リベラルが戦わなければならないのは、黒人という「彼ら」のためではない。白人は植民地主義が自分たち自身の人間性を抑圧していることを知り、自分自身のために戦わなければならないのである[35]。

この考えには、アメリカにおける黒人解放の神学の提唱者であり、白人リベラル層に批判的であったジェームズ・コーン（James H. Cone, 一九三八～二〇一八）の影響も見逃せない[36]。他方、マンデラは、リベラル化した黒人がいかに黒人の独立と解放にとっての障害であるかを述べている。「その人々［帝国主義の手先や道具となった被支配者］は、〝文化的〟で〝リベラル〟で〝進歩的〟で〝偏見がない〟と、帝国主義者たちの賛辞を浴びることになるのである。［……］わたしのなかにも、英国植民地主義の温情に牙を抜かれ、白人たちから〝文化的〟で〝進歩的〟で〝洗練されている〟とほめられてうれしがるような部分があったからだ。わたしはすでに、英国支配者の意に添う黒人エリートになるための道を歩んでいた[37]」。おそらく、マンデラは、非白人の原理的平和主義者たちに、「支配者の意に添う黒人エリート」の臭みを嗅いでいたのである。

ビコは、植民地主義化で分断された黒人が団結することを繰り返し強調しながら次のように述べる。

> ゆえに、ヘーゲル的な弁証法的唯物論にもとづけば、全般的な分析は次のようになる。すなわち、テーゼが白人人種主義であるならば、それに匹敵するだけのスケールを持つ唯一妥当なアンチテーゼは、黒人の強固な団結である。南アフリカが、白人による黒人に対する集団的搾取の恐れのない、両者が仲良く共存する国になるとすれば、それは、これらの二者の敵対者が影響を及ぼし合い、諸観念から実行可能なジンテーゼを創り出し、「[両者の妥協の帰結としての]生活様式」を創りだしたときのみである。[38]

ここには、ヘーゲルの奴隷と主人の弁証法は、そのあいだの認知の相互性を基礎として成り立っているが、主人が奴隷を搾取する道具とだけみなして、人間として扱わないアフリカの植民地的な現実では、そうした弁証法などまったく成立しない、と指摘したファノンの主張の木霊を聞くことができるだろう。[39]

リベラルにとっては、定立（テーゼ）がアパルトヘイトであり、反定立（アンチテーゼ）が非人種主義であるとして、では、綜合（ジンテーゼ）とは何であろうか。非常に曖昧な答えしか得られない。実際のところ、白人リベラルにとってのアンチテーゼとは、水増しされたテーゼ、すなわち、柔らかな人種主義以上のものではない。

ビコによれば、「黒人意識」は異なった説明をする。テーゼとは、「強力な白人人種主義」である。「これに対する「アンチテーゼ」は、事実上、「白人人種主義が黒人から奪い去ろうと努めている黒人間の強固な団結でなければならない」[40]。この二つの状態から出発してはじめて、ジンテーゼである「真の人間性」に到達できるのである。白人人種主義への最大の応援は、黒人としての団結を拒否し、アンチテーゼを立てさせないことである。

ビコによれば、「黒人意識」は、排他的な世界に閉じこもり、他の世界との対話を拒絶しているわけではない。「民族意識（ナショナル・コンシャスネス）は民族主義（ナショナリズム）ではなく、われわれに国際的次元を与えてくれる唯一のものである」というファノンの言葉を引用して、ビコは、これは激励の言葉であり、南アフリカに黒人と白人の権力闘争が、「第三世界」と白人国家との地球規模の対立の縮図であることを示していると述べる[41]。

黒人であるということは、単に色素の問題ではない。「黒人である」という自己意識を持つことは、「精神的態度の反映」であり、「自己意識をもちつつなお奴隷状態のままにあることはありえない」ということである。[42] 黒人とは、黒人であることを意識し、白人に隷属せず、「自らの同胞とともに、自分たちの活動の根拠――その肌の黒さ――のもとに団結する必要を自覚する」ことである。[43] ここで、ビコの「白人」「非白人」「黒人」の区別は繊細であり、よく理解する必要がある。それらは肌の色素による区別ではない。「白人」とは、法や伝統によって差別されていない者のことである。「非白人」とは、法や伝統によって差別され、白人への憧れを持つ者のことである。「黒人」とは、法や伝統によって差別され、抵抗の態度を取る者のことである。[44]

これは、ファノンが『黒い皮膚・白い仮面』で展開した議論の発展である。ファノンによれば、人間関係の基本は、互いを認知するのに「正当化を必要としない」ことである。黒人とは、この基本形の否定である。黒人は、何であれ、自分を正当化しないことには認知されない。黒人というカテゴリーは、そのカテゴリーに入る者の個人としての人間性を切り落としてしまう。ユダヤ人を去勢しようとする者はいない。ユダヤ人は宗派的人格、歴史、人種において迫害される。ユダヤ人は、人間であるがゆえに迫害される。ユダヤ人は、殺されはしても去勢されない。しかし黒人は去勢される。黒人は、身体において、具体的人間として侵害される。[45] 黒人は、人種、すなわち、人間の一種でさえないのである。黒人という範疇は、人間という範疇に入らない誤謬なのである。

ビコは、このファノンの問題を引き継ぎ、批判的に発展させた。ビコが主張するのは、黒人は自分たちが非人間化されていることに気づいた証として、自らを「黒人」として意識すべきだということである。ビコがファノンを超えて指摘したのは、白人と非白人という区別が奪っているのは、ファノンがいう「相互性」という認知ではない。その区別は、被抑圧者の「行為可能性」を奪っているのである。白人とは「行為できる者」のことであり、非白人とは「行為できない者」のことである。白人のリベラルは、黒人を人間として認めると言う。そう言いながら、黒人には行為させない。自分たちが語り、運動の主導権を奪ってしまう。

それを象徴するのが、黒人だけを対象とした南アフリカのさまざまな法律である。ビコはこう書く。「平均的な黒人で、自分はいついかなる時も法律を破っていないと、確信をもって言える者はいない。黒人の生活と行動を支配する法律は極めて多く、警察は法令集のページをあてずっぽうにめくるだけで、ある犠牲者を告発する法律を見つけられるとさえ思われるほどである[46]」。

アパルトヘイト下の法律は、黒人が自分たちで決めたものでもなければ、自分たちの常識にもかなったものでもなく、ある個人の行動を規制し、警察が恣意的に逮捕するための手段でしかない。法が普遍性をもたず、当局が暴力を発動させるために自由に利用できる合図に過ぎないとするならば、それは、まさしくカフカが『掟の門』で表現した不条理な世界に他ならない[47]。

不条理とは一切の希望が持てない状態である。それは、行為者性を奪う暴力が偏在した状況である。そこは恐怖の蔓延した場所である。

ここから、エプシュタインは、ビコの哲学的な革新は次の二点にあると論じている。ひとつは、黒人と白人の区別を、認知の回避から、行為者性の剝奪へと定義し直したこと。第二に、この定義から、「黒人である」という自己意識をもち、隷属状態から解放される行為こそを推し進めたことである。[48]

人種主義は、「持つ者と持たざる者の問題」を、白人と黒人に割り振ったことから生じてくる。どんな貧しい白人も、黒人に比べれば「持つ者」である。人々は同じ体制によって抑圧されており、(インド人、カラード、黒人のあいだに)抑圧されている程度の違いがあるのは、人々を社会的に階層化するだけでなく、人々の希求も階層化しようとする企ての結果である。[49]

実際に、黒人の大衆運動を分断するために、白人政府は、インド人とカラードを支配機構の内部に取り込もうとした。[50] そのためビコは、南アフリカの黒人解放活動グループの統一を支持するだけでなく、インド人やカラードにも「黒人」たるように、すなわち、自分達への抑圧を自覚し、解放運動に参加するように呼びかけた。「黒人」とは、不正に目覚め、行動のために団結する者のことである。

ビコの死から五週間後、すべての黒人意識運動は禁止され、彼が深く関与したザネンピロ共同体診療所は閉鎖される。「だが、この後の時代は、もはや冬の時代ではありえなかった。黒人意識の洗礼を受けた「ソウェト世代」の内面的な意識変革は、もはや不可逆的な地点にまで達していたのである[51]」。

一九九〇年、国民党のデクラーク大統領はマンデラを釈放し、ANC、PAC、南アフリカ共産党を合法化し、九四年に全人種参加の普通選挙が行われた。アフリカーナの民族主義政党である保守党、黒人政党のPACは、十分な支持を集められず（保守党はボイコット）、すべての南アフリカ人の政党であることを唱ったANCと国民党の一騎討ちとなった。そして、マンデラを代表とするANCが、国民党の約三倍の票を獲得し勝利した。

マンデラは、「なぜ全人種が統一された政府を決意したか」というインタビュアーの問いに対して、収監されたロベン島の刑務所での経験を語り、こう答えている。「私たちとしては、看守に話しかけ、私たちを人間として扱うように説得するポリシーを採用しました。これは、私たちの持つ最強の武器の一つは対話であることを教えてくれる教訓です」（一九九四年七月一八日『ファイナンシャルタイムズ』紙）[52]。対話は、最強の武器のひとつであるという。

†黒人意識から和解へ

南アフリカの反アパルトヘイト運動は、ガンディー的非暴力主義とファノン的解放思想との間の振幅の中で成長した。長期に投獄される前のマンデラも、ビコも、ファノン的解放思想と同じ方向性を有していた。投獄前のマンデラは、半ば白人化されたインド人やカラードに不信感を持っていた。

他方、ビコは、マンデラ不在の間に、ファノンの思想を「黒人意識」として独自に展開し、解放運動を牽引した。ビコは、植民地における抑圧関係の分析を通して、「黒人であること」をインド人やカラードにも求め、解放運動への参加を呼びかけた。マンデラは、出獄後、アパルトヘイトを終焉へと導き、白人に対して和解と赦しを打ち出した。その変化の理由の分析と、思想の意義については後の章でさらに検討する必要がある。

註

（1）Marchese, David（2020）"What Can America Learn From South Africa About National Healing?" Talk, *New York Times* Dec. 11, 2020.

（2）More, Mabogo, P.（2004）"Albert Luthuli, Steve Biko, and Nelson Mandela: The Philosophical Basis of Their Thought and Practice" in Wiredu, K.（Ed.）（2004）*A Companion to African Philosophy*. Oxford: Blackwell; Gibson, Nigel C.（2011）*Fanonian Practices in South Africa: From Steve Biko to Abahlali baseMjondolo*. Scottsville, SA: University of KwaZulu-Natal Press. また、南アフリカの現代史については以下を参考。Taiwo, Olufemi（2010）*How Colonialism Preempted Modernity in Africa*.

Bloomington: Indiana University Press; 松田素二編（2014）『アフリカ社会を学ぶ人のために』世界思想社；峯陽一（1996）『南アフリカ――「虹の国」への歩み』岩波新書．小倉充夫・舩田クラーセンさやか（2018）『解放と暴力――植民地支配とアフリカの現在』東京大学出版会；Ross, Robert（1997/2009）『南アフリカの歴史』石鎚優訳、創土社；川田順造編（2009）『アフリカ史』山川出版社

（3）以下の著作は暴力論にまとめとして優れている。Bernstein, Richard J.（2013/2020）『暴力――手すりなき思考』齋藤元紀監訳、法政大学出版局；酒井隆史（2016）『暴力の哲学』河出文庫

（4）Krog, Antjie（1999/2010）『カントリー・オブ・マイ・スカル――南アフリカ真実和解委員会〝虹の国〟の苦悩』山下渉登訳、現代企画室、p. 7.

（5）真実和解委員会についての報告としては、クロッホに加えて、以下を参照のこと。阿部利洋（2007）『紛争後社会と向き合う――南アフリカ真実和解委員会』京都大学学術出版会；山本浩（1999）『真実と和解――ネルソン・マンデラ最後の闘い』NHK出版

（6）阿部（2007）, pp. 176-194.

（7）Krog, 前掲書, pp. 150-157.

（8）これについては、後の章で論じる。Derrida, J.（2004/2007）「赦し、真理、和解――そのジャンルは何か?」増田一夫訳、別冊『環』13号, pp. 6-59. さらにデリダのマンデラ論については以下の論文を参照のこと。Derrida, J.（1986/1989）「ネルソン・マンデラの感嘆あるいは反省＝反射の法則」『この男この国――ネルソン・マンデラに捧げられた14のオマージュ』鵜飼哲・港道隆・岩淵達治他訳、ユニテ、pp. 11-61; Farred, Grant（Ed.）（2020）*Derrida and Africa: Jacques Derrida as a Figure for African Thought*. Lanham: Lexington Books. 他に以下の特集を参考にした。『現代思想　ネルソン・マンデラ』二〇一四年三月臨時増刊号。

(9) 一九二一年に原住民土地法に反対するアフリカ先住民民族会議（African Native Congress as a National Society：SANNC）として結成、一九二三年に現名称に改められる。Cf. South African History Online: https://www.sahistory.org.za/article/founding-sannc もう一つの反植民地活動の団体としては、一九五九年にANCから分離したパン・アフリカニスト会議（PAC）が挙げられる。ANCが多人種的組織であるのに対して、PACは党員をアフリカ人に限定している。多人種主義を批判し、アフリカ人ナショナリズムを唱える。一九六〇年に非合法化される。

(10) Gandhi, M. K.（1994/2005）『南アフリカでのサッティヤーグラハの歴史』（1・2）田中敏雄訳注、平凡社

(11) Gandhi, M.（2007）*Mahatma Gandhi Complete works*（Japanese Edition）Kindle, No. 404.

(12) 黒﨑真（2018）『マーティン・ルーサー・キング――非暴力の闘士』岩波新書。

(13) マルコムXについては以下の書籍を参照した。Malcolm X（1964/2002）『完訳マルコムX自伝』（上・下）濱本武雄訳、中公文庫；Malcolm X（1970/1971）『いかなる手段をとろうとも』ジョージ・ブレイトマン編、長田衛訳、現代書館；Manning, Marabe（2011/2019）『マルコムX――伝説を超えた生涯』秋元由紀訳、白水社

(14) Mandela, N.（2014）『自由への長い道 ネルソン・マンデラ自伝』東江一紀訳、Kindle, No. 2657-2658.

(15) Mandela, N.（2012）『ネルソン・マンデラ――私自身との対話』長田雅子訳、明石書店 p. 78. Cf. Stengel, Richard（2012）『信念に生きる――ネルソン・マンデラの行動哲学』グロービス経営大学院訳、英治出版、pp. 124-126.

(16)『自由への長い道』No. 3220.

(17) 同上, No. 6094-6096.

(18) More (2004), pp. 210–211.
(19) Fanon, F. (1969)『地に呪われたる者』(フランツ・ファノン著作集3) 鈴木道彦・浦野衣子訳、みすず書房
(20) 上掲書, p. 15.
(21) ビコの生涯と政治活動については以下を参照のこと。The Steve Biko Foundation (ed.) (2009) *The Steve Biko Memorial Lectures 2000–2008*. Johannesburg: Macmillan; Wilson, Lindy (2011) *Steve Biko*. (Jacana Pocket Biography) Auckland Park, SA: Jacana; Woods, Donald (1978/2018) *Biko*. Lumen Book, Kindle. ビコの哲学については以下を参考のこと。Mngxitama, Andile, Alexander, Amanda and Gibson, Nigel C. (2008) *Biko Lives!: Contesting the Legacies of Steve Biko*. New York: Palgrave Macmillan.
(22)『自由への長い道』No. 3502.
(23) 堀内隆行 (2021)『ネルソン・マンデラ――分断を超える現実主義者』岩波新書、pp. 99–102.
(24) Mangcu, Xolela (2013) *Biko: A Life*. Bloomsbury Publishing. Kindle. "A Tribute to Stephen Bantu Biko" p. 7.
(25) 峯 (1996)、pp. 119–125.
(26) Biko, S. (1978) *I Write What I Like: Selected Writings*. Ed. By Aelred Stubbs C. R. Chicago: The University of Chicago Press; Biko, S. (1988)『俺は書きたいことを書く――黒人意識運動の思想』峯陽一・前田礼・神野明訳、現代企画室、p. 439. Cf. Ahluwalia, Pal and Zegeye, Abebe (2001) "Frantz Fanon and Steve Biko: Towards Liberation" *Social Identities*, 7, pp. 455–469.
(27) Biko (1998), p. 122.
(28) 同上, pp. 66.

(29)『地に呪われたる者』第4章参照

(30)『地に呪われたる者』, pp. 136-137.

(31) Biko (1998), p. 133.

(32) Biko (1998), pp. 85-88.

(33) Biko (1998), p. 54.

(34) 同上, p. 185.

(35) 同上, p. 127.

(36) Cone, J. (2019) *Black Theology of Liberation*. ORBIS, Kindle.

(37) Mandela『自由への長い道』No. 1985.

(38) Biko (1998), pp. 101-102.

(39)『黒い皮膚・白い仮面』第7章B「ニグロとヘーゲル」参照.

(40) Biko (1998), p. 171.

(41) 同上, p. 137.

(42) 同上, pp. 97-98.

(43) 同上, p. 97.

(44) Cf. Epstein, Brian (2018) "Biko on Non-White and Black: Improving Social Reality," in George Hull (ed.) *Debating African Philosophy: Perspectives on Identity, Decolonial Ethics, and Comparative Philosophy*. London: Routledge, pp. 97-117.

(45)『黒い皮膚・白い仮面』, p. 182.

(46) Biko (1998), p. 143.

(47) Kafka, Frantz (1987)「掟の門」『カフカ短編集』所収、池内紀訳、岩波文庫

(48) Epstein (2018), p. 114.

(49) Biko (1998), p. 104.

(50) 峯 (1996), p. 28.

(51) 同上, p. 26. また、ソウェト蜂起の背景については、Tlali, Miriam (1980/1989)『アマンドラ――ソウェト蜂起の物語』佐竹純子訳、現代企画室、を参照した。

(52) 勝俣誠 (2013)『新・現代アフリカ入門――人々が変える大陸』岩波新書、p. 104 参照.

第10章 現代の哲学3

赦しとウブントゥ

†はじめに――アフリカ人の倫理的超克

人種差別の根底にある構造的暴力を改変し、そこから生じた人々の分断と亀裂を修復することは、哲学の重要な責務である。というのは、エメ・セゼールが『植民地主義論』(一九五五年)で指摘したように、人種主義とは、キリスト教＝文明、異教＝野蛮、白人＝優越種、有色人種＝劣等種という図式を立て、植民地支配を正当化しようとする、何よりも思想的な営みだからである。[1] 思想は哲学によってのみ改変されるはずである。

人種主義は、支配と搾取という暴力的欲望を発揮する対象を割り出すために、人類に対してなされる人工的な線引きであり、西洋近代哲学の根本に組み込まれた「倫理的二面性」の発露である。セゼールが述べるように、植民地化は、植民地支配者を非文明化し、非知性化し、野獣化し、その品性を堕落させる。この西洋の堕落を治癒できるのは、抑圧者である白人の反省と改心ではなく、被抑圧者からの「赦し」のみである。

本章で注目するのは、南アフリカでのアパルトヘイトをめぐる反植民地運動であり、アパルトヘイト終了後の「真実和解委員会」で明確に打ち出されたネルソン・マンデラと委員会の議長についた聖公会大主教、デズモンド・ムピロ・ツツによる人種間の「和解 (reconciliation)」と「赦し (forgiveness)」の提案である。マンデラの政治的かつ倫理的決断は、いかなる哲学を背景とし、いかなる思想的潮流の中で可能となったのか。この問いの探究は、現代の反人種差別運動に大きな示唆を与えてくれるだろう。

本章では、広義の「黒人意識 Black Consciousness」運動の軌跡を哲学史的に追いながら、マンデラとツツの唱導した「和解」と「赦し」の二つの概念が、「ウブントゥ (Ubuntu)」というアフリカの伝統的概念とどのような関係にあるのか、また、「赦し」が政治的宣言として可能であるのかどうかについて、ツツ、ヘンリー・オデラ・オルカ (Henry Odera Oruka, 一九四四〜一九九五)、ジャック・デリダの見解を参照しながら哲学的に検討する。

差別された者、抑圧された者からの和解の申し出というマンデラの驚くべき決断は、ウブントゥ概念の実践であり、圧倒的な倫理的優越性の表現として理解すべきである。そして、これが現代の人種問題への倫理的超克の筋道を示しうることを示唆したい。

†南アフリカにおける真実和解委員会

「黒人意識運動」は、通常、黒人の尊厳の回復と自立を促すために、一九七〇年代にスティーヴン・ビコが中心となって展開した南アフリカの思想運動と言われている。ビコは、その思想形成において、ファノンの革命思想へと至るネグリチュード運動から強く影響を受けた。そして、フランス領でのネグリチュード運動は、アメリカの公民権運動の創始者であり、汎アフリカ主義を唱えたW・E・B・デュボイスから大きな示唆を受けている。ネグリチュード運動は、政治的かつ芸術的な運動として、同時代の米国でのニュー・ニグロ・ムーブメントやハーレム・ルネッサンスと共振していたことは先に見た通りである。

さらに、汎アフリカ主義は、遡ること一九世紀から二〇世紀前半に、E・ブライデン、A・クランメル、A・ホートン、J・ヘイフォードなどを代表として、奴隷解放と黒人自治を唱えたアフリカでの運動に端を発している。すなわち、ビコが唱導した狭義の「黒人意識運動」は、アフリカから発して、北米とカリブ海諸国を介してアフリカへと円環していく、黒人の権利と自治、文化を復興するための、世界規模の運動の一環と言えよう。

この黒人意識運動が醸成した倫理観の一つの大きな結実が、ネルソン・マンデラによる人種間の「和解」と「赦し」の提案であるというのが、本章で示したいことである。

南アフリカでは、アパルトヘイトが一九九一年に終結すると、一九九三年に暫定憲法を採択し、一九九四年に全人種による選挙が実施され、ネルソン・マンデラが大統領に就任した。マンデラに率いられたアフリカ民族会議(the African National Congress:ANC)は、アパルトヘイト廃止に先立ち、犯罪行為、拷問、人権侵害の事実を公式に調査するために「真実和解委員会(Truth and Reconciliation Commission:TRC)」の設置を求めていた。それ以前に、ANCではすでに自分たちのメンバーが行った人権侵害、とりわけアンゴラでの訓練キャンプでの加害行為に対して独自の調査を開始していた。

南アフリカ議会は、一九九五年に、さまざまなグループと調整したのちに、「統合と、道徳的に受容可能な和解を達成するには、人権侵害全体の真相が、公正な手続きを用いた公的調査機関によって解明され、完全かつ覆し得ないほどに加害者によって自白され、策謀者、加害者、被害者とともに公衆へ知らされることが必要不可欠である」[2]と結論し、人権侵害(human rights violation)小委員会、恩赦(amnesty)小委員会、賠償・回復(reparation and rehabilitation)小委員会からなる真実和解委員会を設立した。

これにより、反アパルトヘイト運動が非合法化された一九六〇年三月から暫定執行評議会が成立した九三年一二月までの人権侵害の調査が公的になされることになった。この委員会は人権蹂躙を行った人物と団体を訴追する一方で、人種間の「対話」と「和解」、「赦し」を原則として唱え、一九九五年から二〇〇〇年まで活動を続けた。

被害者・加害者の語りを聞く公聴会は、公会堂や病院、協会など八〇ヵ所以上で行われ、二万二〇〇〇人の犠牲者の声明文と七〇〇〇の恩赦願いに関する資料を含んだ五冊の最終報告書が出された。四〇〇名以上が「重大な人権侵害を犯した責任者」として特定された。この公聴会は、マンデラがいうように、「新たな価値を持った人権文化」の創造に寄与するとともに、ときに首尾一貫しないとはいえ、被害と加害の口述を重ねることによって、国民に癒しをもたらす効果を持った。

一般的に言って、真実委員会とは、過去に紛争や内戦、独裁政治、人種差別など、公権力や軍事力によって深刻な人権侵害を経験した国が、過去の過誤を発見・公表することで、人々の間の軋轢と葛藤、対立を解決する手段である。この過程は政治的であり、司法的手続きとは独立に実施される。

法廷と真実委員会はどのように異なるのだろうか。法廷と真実委員会は、過去の不正を調べ、ある判断を表明して、その公的な記録を残す点では共通している。(3) 法廷では、起訴された人物の行為がどの法律にどれほど違反したかを特定することが求められる。これに対して、真実委員会では違法性や有責性の確定ではなく、広範に行われていたにもかかわらず、これまで公的に認知されてこなかった人権侵害の実態をできるだけ明らかにすることが目的となる。

得られた情報や告発された「事実」の十分な裏付けや、不正行為への懲罰の判断を行わない点において、真実委員会は法廷とは異なる。また真実委員会は、収監や尋問などの強制を行う権限を持っていない場合が多い[4]。

南アフリカのＴＲＣも、以上に挙げた目的と特徴とにおいては、他の真実委員会と共通しており、「過去の紛争や国家の分断を超えた理解の精神の下で国内の和解と結束を促進する」ことを目的とした[5]。

その権限は、①人権侵害の調査、②政治的動機に基づいてなされた犯罪に関するすべての関係事項を明らかにした者に対して恩赦を推進すること、③被害者の悲惨な運命や行方を記録し、被害者が調査官に彼らの体験を語る機会を与え、適切な補償を勧告すること、④委員会が調査によって明らかにした犯罪についての報告を可能な限り包括的に収集し、報告書において将来の人権侵害を予防するための提言をすること、にある[6]。

南アフリカのＴＲＣにはいくつかの固有の特徴がある。第一に、他国での先例と異なり、民主的な議会制定法として設立された点である。エル・サルヴァドルでの真実解明委員会は国連主導のもと、アルゼンチンやチリのケースでは大統領によって設置されている。

第二に、過去の責任を明確にして記録することが真実委員会の目的である。その「処罰よりも真実を」という方針が、先に触れたように、白人の差別主義者側だけではなく、反アパルトヘイト運動の側の政治的暴力や内部抗争にも適用されたことである。同じ基準で真相の解明と恩赦の検討の対象になったのである。[7] 委員会は、犯罪行為を殺人と拷問に、犠牲者を政治活動の闘士に限定した。

第三に、真相告白がラジオやテレビなどマスコミで放送されたことである。またTRCは、被害者でも恩赦を求める立場にもない人々が、真相告白を視聴した後に、自分のリアクションを書き込める「和解の登記簿 (a Register of Reconciliation)」を開設したことである。「これほどとは知らなかった」「もっと手助けすべきだった」などの感想が多数書き込まれ、傍観者を新しい国家の設立に向かわせる効果があった。

四番目に、通常はあり得ないが、最終報告書の中に、その報告が不完全であることを明確に認める旨が記されている点である。そして最後の特徴が、宗教的含意である。マンデラは、委員会の議長にデズモンド・ムピロ・ツツ聖公会大主教を議長に据えた。ツツは、マンデラの大統領式典をキリスト教、イスラム教、ユダヤ教、ヒンドゥー教の指導者が参加する多宗教的式典にすべきだと主張した人物であるが、TRCにおける真相告白と赦しは、キリスト教的な発想に基づいていると言える。

また、マンデラやツツが依拠する修復的司法も、発想的にはキリスト教的な含意があると言えるだろう。TRCの分析部長を務めたヴィラ＝ヴィセンシオは、白人であるが、ANCに所属し、ケープタウン大学宗教社会学を講じる教授であり、メソジスト派の神学者であった。彼は、和解の理念を修復的司法の立場から擁護する立場をとった。[8] 南アフリカにおける修復的司法は、世界の潮流において重要な位置付けを占めるのである。また、ヴィラ＝ヴィセンシオは、ツツよりも宗教性を真実和解委員会から厳密に分離しようとしていた。ツツとヴィラ＝ヴィセンシオは、南アフリカの解放の神学にインスピレーションを得ているという。[9]

以上の、和解と赦しという方針、さらにそのキリスト教的な含意については、当初から批判が生じた。先に触れたビコは、一九七七年九月一二日に獄中の当局による「尋問」によって脳挫傷で死亡する。ビコの家族をはじめ、殺害された活動家の家族たちは、TRCの存在自体を、司法的糾弾を求める家族の権利を奪うものとして、合同の訴訟を起こしている。和解や赦しを優先することは、現状を肯定し、アフリカ人解放を遅らせてしまうという批判もあった。また、ケープタウン大学のアンドレ・デュ・トワは、TRCにおける宗教的指導者の関与の度合いが高まることによって、宗教性が政治的・人権的関心を押しのけてしまうと懸念を表明した。[10] この問題は後に論じることにする。

†ウブントゥの概念

先に述べたように、一九九〇年にアフリカ民族会議（ANC）が提案した暫定憲法には、新国家の建設が「和解」と「赦し」を基にして行われるべきであるとして、次のように記されていた。「過去の違法行為については、いまや、復讐ではなく理解の必要性、報復ではなく補償の必要性、不当な犠牲ではなくウブントゥ(Ubuntu)の必要性に基づいて、処理することができる」。

暫定憲法に記されている「ウブントゥ」という用語は、アフリカ中南部で話されるバントゥ諸語に共通して見られる言葉であり、その語源の一つは、「人々」を意味する「バントゥ」という語にあるとされる。"-ntu"は、バントゥ諸語では、「人間」を意味し、接頭辞の"ba-"は、人間の複数形を指す。したがって、ウブントゥとは、端的に訳すとすれば、日本語では「人間性」「人格性」、英語で言えば「personhood」「humanness」、あるいは「human being」を意味する言葉である。南アフリカでは、ングニ系諸語(コーサ、ズールー、ンデベレ、スワジ)では「ウブントゥ」と呼ばれ、ソト系諸語(ペディ、ソト、ツワナ)では「ボト」が同義語だとされる。ングニ系諸語では、生者は「ウムントゥ」と呼ばれるので、「ウブントゥ」の方は、「祖先—生者—子孫」と続く人間存在の系列や生成変化を指している言われる。

ただし、この概念を他の言語に置き換えてしまうと、そこに含まれるサハラ以南の人々の人間観が抜け落ちてしまう。たとえば、バントゥ語では「あの人はウブントゥを持っている(Yu, u nobuntu)」という表現が頻繁に使われる。それは、その人が、他の人間を気遣い、配慮に満ちた、寛容でホスピタリティのある優しい気持ちを持ち、社会における義務に忠実な人であることを意味しているという。[11] それは、その人が自分の権利を他の人の諸権利との関係の中においてしか意識しないことを含意するという。[12]

こうしたウブントゥの意味合いは、南アフリカの公用語であるコーサ語やズール語での次の諺にも表れている。「人は、他の人たちを通して人になる (umuntu, ngumuntu, ngabantu)」。[13] これと類似の概念や発想は、多くのアフリカ諸国に見られる。マラウイの「ウムントゥ」という言葉は、「あなた一人では野生動物と変わらないが、二人以上ならコミュニティができる」という意味である。それは、他の人がいなければ、個人も存在しないという考えであり、内面や個人への反省意識を過剰に唱える西洋近代的な発想法とは逆に、自分の外に存在する他の人間に目を向けろという意味であるという。[14] 本書の冒頭で、筆者のコンゴ人の友人が孤食を嫌ったというエピソードを取り上げたが、それはこうした考えの表れだと言えるだろう。

ウブントゥに見られる人間観は、「他者へ向かう人間」「人間を介して人間は人間となる」ということわざに表れているし、ムビティが主張する「我々あるゆえに我あり」[15] という原理にも反映していると言えよう。ムビティはそれをこう解説する。

他の人々を通してのみ、個人は自分自身の存在、自分の責務、自分の特権、自分自身と他の人々への責任について意識を持ちうる。個人が苦しむとき、その人だけが苦しんでいるのではなく、集団が苦しんでいる。彼が喜ぶとき、彼だけが喜んでいるのではなく、その一族が、隣人が、親戚が、生きていようと亡くなっていようと、喜んでいる。……ある個人に生じたことは何であれ、集団に生じているのだし、ある集団に生じたことは何であれ、個人に生じているのである。[16]

ウブントゥは、人間性の根幹を言い表した言葉であると同時に、それを育てることが人間性の成長につながるとみなされている点で規範としても用いられている（ただし、西洋における事実性と規範性の二分法はここでは放棄されねばならない）。ミシェル・バトルは次のように述べる。

ウブントゥとは、個人と共同体の双方にとっての潜在力を実現し、発展させ、充足させるための人々の間の相互依存性のことである。アフリカ社会において拡大された家族がなぜこれほど重要なのかは、これゆえである。拡大された家族を通して、個人はより大きな人生を送ることが可能になるが、それは、血統や近親、結婚を通してだけではなく、人間性そのものを通して、すなわち、生まれた時からその一員であり、誰もが余所者ではないような家族として捉えられた人間性そのものを通してなのである。[17]

ウブントゥは、人間の集団としての絆を強調するが、そこには、人類を家族とみなす人間観が含まれている。ウブントゥの概念は、アフリカの伝統的概念ではあるが、汎アフリカ主義運動が勃興してくる一九世紀中頃から、西洋の人間観・自己観に抗する形で打ち鍛えられてきた。[18]このアフリカの人間観は、個人主義的、利己的、独我論的、競争的、相克的な西洋の近代的人間観と対比され、後者に対して批判的な視点から提示されるのである。

しかし誤解してはならないのは、ウブントゥの人間観は、共同体を重視するとは言え、個人よりも共同体を優先させる全体主義的な発想には立たないことである。クワメ・ジェチェによれば、アフリカの宗教では、あらゆる人間が神の子であるとされる。それゆえに、個人・人格は本質的な価値をもち、完全な存在である。

ジェチェによれば、アフリカの共同性を重んじる考え方では、人格は共同体の中でこそ成長すると考えられているが、それは個人を共同意志に吸収してしまうものではないし、個人の権利や関心、責任を軽視するような考えでもない。[19]ウブントゥは、アフリカ人にとって自分たちの土地を植民地化し、抑圧してきた西洋の近代哲学に欠けている人間観を示すものであり、キリスト教の教えもウブントゥの人間観によって補完されるべきであると考えられている。むしろウブントゥという概念は、西洋人への贈り物なのである。

ここで注目すべきは、ウブントゥの考えは、日本でかつて「日本思想」や「東洋思想」がそう位置づけられていたように、「東西」、「和洋」といった形で西洋と対比し対抗するためのものではなく、むしろ西洋の思想・哲学の根本的な欠陥を乗り越えるために、西洋人も含め人類全体に対して称揚されていることである。それは、対抗や超克ではなく、癒しであり贈与である。バトルは、以下のように西洋的な人間観を癒すウブントゥの原理を提示している。[20]

1 自己のアイデンティティは、競争によって最もよい形で形成されるのではない。
2 共同体はとらえどころの難しいものであり、それを理解するには技術が必要とされる。
3 ウブントゥは、私たちの地平を広げる。
4 ウブントゥは、私たちの精神性を深める。
5 「共同的自己」の発展は実践を必要とする。

†和解とウブントゥ――オルカとツツ

さて、真実和解委員会報告書に見られる「和解」の方針をどのように評価するかについては、当時においてすでに哲学的な論争が起こっていた。「和解（reconciliation）」とは、本来「元の状態を再建する」「回復する」という意味である。しかし、南アフリカには「元の状態」「戻るべき過去」がない以上、「和解」ではなく「調停（conciliation）」という言葉がふさわしいとの批判が生じた。しかし、マンデラとツツがそれでも「和解」という表現を採用したのは、「ウブントゥ」、すなわち、人間の根源的共同性を「回復」するという意味からである。
また、ウブントゥの考えに立てば、個人は、共同体の中で一定の位置付けを得ることによって自己を形成するのであり、悪しき個人の行動も共同体における変数であると考えられることになる。したがって、ツツは以下のように論じる。

ウブントゥの意味するところでは、実際の意味において、アパルトヘイトの支持者でさえ、彼らが利用し、それほど熱狂的に支持した悪しきシステムの犠牲者なのである。私たちの人間性は縺れているものである。残虐なアパルトヘイトの犯行者の人間性も、彼が好むと好まざるとにかかわらず、被害者の人間性によって捉えられ、絡め取られているのである。他の人を非人間的に扱う過程で、語られていない危害や苦痛を与える中で、犯行者もまた避けがたく非人間化されているのである。かつて述べたように、抑圧者は、抑圧された者と同じほど、それ以上ではないにせよ、非人間化されている。白人社会の多くの人は、当時のほとんどの白人が憎んだ無責任な鬼である、あのツツが扇動した挑発的なスローガンだと信じていたのである。[21]

犯罪者は社会の産物である。悪しき社会が人々に限られた選択肢しか与えないようになると、人々は悪しき行動を犯しやすくなる。この考えは、ウブントゥの概念から来る一つの帰結である。

ヴィラ＝ヴィセンシオに先駆けて、ケニアの哲学者であるヘンリー・オデラ・オルカは、このアフリカ的な観点から懲罰と報復に基づいた正義論を批判し、ウブントゥは、修復的司法を生み出す考え方であることを主張した。[22]

修復的司法とは、犯罪を懲罰によって処するのではなく、犯罪によって生じた害を修復し、人間関係を癒すことによって司法の実現を目指す活動である。ウブントゥの考えに立てば、悪行への対処とは、共同体の調和を回復することである。ケニアの哲学者であるオルー・オスチ・モジョラの指摘によれば、ツツの正義の理解は、ウブントゥの理解に大きく影響を受けている。[23] ツツは、「アフリカの正義の体系の中に、ウブントゥに体現されている価値が実践的に表現されなければならない」と述べた。[24] ウブントゥは世界に意味を与える方法である。[25] ツツの正義に関する考え方は、確かにキリスト教的であるとはいえ、それはアフリカの伝統概念に接合され、ウブントゥによって補完された考えである。「赦しの道を歩むことは私の尊厳があなたの尊厳に結びつき、すべての悪行は、私たち皆を傷つけるということを知ることである」とツツは言うのである。[26]

真実和解委員会において、聖公会大主教であるツツが影響力を持つにつれて、アンドレ・デュ・トワなどから政治的・人権的な課題が宗教的な課題に変質してしまうのではないかとの疑義が出された。デリダは、「abantu（ubuntu）」を、「Fellowship: confrérie（兄弟姉妹性）、communauté（共同体）、concitoyenneté（共同市民性）」を意味していると解釈し、これが「和解（reconciliation）」と同義となっていると指摘する。こうしてツツが、アフリカ固有の諸言語を「reconciliation」という英語に翻訳し、キリスト教化してしまったとして批判している。[27]

デリダが、真実和解委員会がキリスト教に偏向していると批判したことは、間違っていないかもしれない。特に、聖歌やキリスト教的祈りなどの儀式を行っていた当初の委員会には当てはまるだろうし、それについての批判は多方面からあがった。ユダヤ教関係者からは、ユダヤ教での伝統では、媒介者を通じた改悛や赦しを認めないという批判もあった。[28]

ただしキリスト教色は徐々に払拭されていったし、教会は当初からこの委員会に無関与でもあった。確かに、マンデラも、メソジストに入信したアフリカ人たちと幼少より交流があったし、やはりメソジスト教会が運営するミッションスクールで教育を受けている。だが、マンデラは「集団の価値よりも個人の価値観を強調する」ミッション教育に対して、ウブントゥと対比させて低い評価を与えているのである。[29]

キリスト教的偏向という批判には、ある程度妥当性があるとはいえ、ウブントゥと「和解」が同義になって翻訳されているというデリダの解釈はいただけない。まず、ubuntu の意味が誤解されていることは明らかである。ubuntu という「人間性」の概念には、確かに、「フェローシップ」「兄弟姉妹性」「共同体」「共同市民性」が人間の本質をなすという意味合いが含まれているが、ウブントゥという概念は、それらの概念と同義ではない。それは、西洋語の「humanity」を「理性」と訳するようなものであろう。よって、TRCも、マンデラもツツも、彼らがウブントゥを「和解」と同一視することなどあり得ない。オルカをはじめとしたアフリカの哲学者が指摘するように、真実和解委員会で言及される「ウブントゥ」は、一九世紀半ばから伝統的な言葉をうち鍛えた概念であり、この概念についてのたくさんの哲学的・倫理学的な論考がすでにアパルトヘイト廃止以前に存在している。残念ながら、デリダが自著の中で、これらの論考を参照した跡は見られない[30]。あれほど言葉の使用に厳しく、レトリックを華麗に駆使する哲学者が、一体、どうしたことだろうか。何か軽々しい手つきを感じるのである。

ウブントゥの考えが、和解や修復的司法に親近性を持つのは、アフリカの伝統的村落社会の紛争の解決がそれに近いからである。アフリカの村落社会では、加害者の逮捕・拘禁・処罰といった応報的・報復的なシステムは存在しない。それに代わり、加害者、被害者が属するクラン間の財（家畜や現金など）のやりとりとある種の儀礼によって両者の関係が修復され、社会の調和が回復される。こうした伝統的なコミュニティでの紛争解決の知恵が、今日の和解の文脈でも活かされている。[31]

文化人類学者の松田素二によれば、アフリカの紛争解決には二つの「原則」があり、これは西洋で主流のアプローチとは大きく考えを異にするという。[32]第一の原則は「癒しと共生」の原則であり、処罰ではなく加害者受容を優先する点である。それは、加害者個人に罪を帰責せずに共同体に再受容するための社会的手続きに創意工夫を凝らす。第二の原則は、真実の複数性の原則であり、物証に支えられた唯一の真実よりも和解の追求を優先する。物的証拠に裏付けられた唯一合理的判定とは別種の、交渉折衝によって変異する真実に基づく集合的判定を重視する。

この松田の指摘する原則は、南アフリカの委員会にも見られ、マンデラやツツの発言の随所に見られる発想である。

修復的司法は、現在、八〇ほどの国で何らかの形で実施されているが、その主導的な国はおおよそ先住民問題や他民族問題を抱えた国である。むしろ、修復的司法はこれらの伝統的な社会の紛争解決に示唆を得ているとすら言えるのではないだろうか。

独特の政教分離の歴史を持つフランス的な観点からは、マンデラやツツ、特にツツの提案した「和解」は、あまりにキリスト教的含意が強いと見えてもおかしくないだろう。デリダは、ツツが「修復的正義」という言葉を使うときには、それがウブントゥをキリスト教的に読み替えてしまう作業だと批判する。[33] それは、赦しをめぐるアブラハム的なモデル（ユダヤ的、イスラム的モデル）に対して、キリスト教的モデルを優位に立たせようとするものだと指摘する。さらに、デリダは、南アフリカの和解の過程が、ヘーゲル的な亡霊、すなわち、西洋化、キリスト教化、白人化によってアフリカ人は解放に至るという、アパルトヘイトの論理でもあるヘーゲル的な亡霊の予言に従ってしまっているのではないかと示唆している。こう語るデリダは、あくまでユダヤ人としてのスタンスから論じているように思われる。

しかしながら、それまでのアフリカ哲学のウブントゥに関する議論と、アフリカでの伝統的な紛争解決法を視野に入れるときには、マンデラやツツの和解と赦しはアフリカの伝統から決別したものでは決してなく、伝統的な方法の拡張であるとさえ言える。ウブントゥ概念を発展させ、伝統的和解の過程を修復的司法と結び合わせていったオルカやヴィラ＝ヴィセンシオをはじめとする、アフリカの哲学者の努力は、いくつもの現代のアフリカ哲学の文献に見出せる。あデリダは、自分の一方的な視点からマンデラやツツ、そしてアフリカ哲学を解釈している。あたかも、南アフリカでの和解を、ユダヤ教対キリスト教という図式に当てはめたいかのようである。

†和解は赦しの代わりとなるか

最後に検討したいのは、真実和解委員会の原則である「赦(ゆる)し」についてである。このテーマは、哲学的・倫理学的・宗教的に非常に重要であり、長い議論の歴史があるが、現代において「赦し」がとりわけ問題になってきたのは、ナチスによるユダヤ人虐殺に対してである。

ハンナ・アレントの『人間の条件』第五章での議論では、裁きは赦しへと転化するものであり、裁きと両立可能な赦しが追求された[34]。アレントにとっても、赦しは復讐の対局にある。人間の行為は後戻りできないものであり、赦しがあたえられなければ、私たちは行為を臆してしまう。赦しは「何も赦すことなく、誰かを赦す」という人格への尊敬（愛ではなく）に基づいた行為である。

赦しも罰も、復讐を終わらせようとするものであり、復讐の代替と考えられている。アレントによれば、意図的な悪には赦しは適用されない。赦し得ないものは、許しの議論からは外される。「人間は、自分の罰することができないものは許すことができず、明らかに許すことのできないものは罰することができない[35]」。復讐の念を持ち続けるべき対象を罰したり赦したりすることで、その念を終わらせるわけにはいかないというのだ。

しかし、亀喜信(かめきまこと)によれば、アレントは、一九五〇年六月の日記で、和解と赦しの関係について次のように述べているという。それによれば、「赦し」(Verzeihung)と「和解」(Versöhnung)は根本的に異なる行為である。赦しは、一方的であり、垂直的な関係として成り立ち、赦す者と赦される者とのあいだの平等を破壊する。それは、人間的な関わりの根底を破壊してしまうという。それに対して和解とは、水平的な関係として成り立ち、和解する者は他者の犯した不正という重荷を進んで共に担うことである。そして、そのことを通して、両者の「人間的な関わりの根底」が維持される。すなわち、赦しは平等を破壊するのに対して、和解は平等を再建するという。[36]

他方、ジャンケレヴィッチは、もっと直接にナチスの犯罪を問題にする。[37] ジャンケレヴィッチは、以下の二つを赦しの条件とする。一つは、その罪が赦し得ないものであれば、赦しは不可能であること。二つ目に、罪人が赦しを乞うていない場合には、赦しは不可能であることである。彼によれば、ナチス・ドイツの諸々の罪は「人間本質に対する罪(crime contre l'essence humaine)」であり、「時効になり得ぬもの(imprescriptible)」であるという。その罪が、どのような人間的尺度でも贖うことができず、償うことのできないものには、もはや赦すことには意味はない。しかも、加害者は赦しを乞うていないのだから、時効も適用されない。ジャンケレヴィッチにとって恩赦は記憶喪失でしかない。

以上の議論を踏まえながら、デリダは、南アフリカでの真実和解委員会での「赦し」と「和解」の原則に対する発言として、ジャンケレヴィッチの「条件つきの赦し」に対して、「無条件の赦し」の必要性を主張する。

ここでデリダは、アレントにせよジャンケレヴィッチにせよ、その議論が西洋中心的な文脈を出ていないことをよく理解している。本論の冒頭で触れたエメ・セゼールは、ナチズムとは、白人がアフリカやアジアで行ってきた植民地化を白人自身に当てはめたものに過ぎないと言う[38]。白人たちがヒトラーを許さないのは、ヒトラーの人間に対する罪ゆえではない。それまで、アラブ人、インド人、アフリカ人にしか使われなかった植民地主義的なやり方をヨーロッパ人に適用したからである。

白人は、ナチスと同じことを数世紀にわたってアフリカ人に行ってきた。アフリカの植民地化や奴隷貿易、虐殺について白人たちはどれほど赦しを乞うてきただろうか。ユダヤ人たちも白人の一員として、まさしく「人間本質に対する罪」を犯し、「時効になり得ぬもの」に、長年にわたって加担してきたことを認めなければならないだろう。赦しとは自分も犠牲者ではなく、加害者になりえたことを認識することからくるものだとツツは述べている[39]。

デリダは、アレントとジャンケレヴィッチが赦しを最終的に人間同士の「交換（エコノミー、同害報復）」の範囲で理解していたことを批判しつつ、赦しの歴史は赦し得ないものとともに始まると言う。デリダが、アパルトヘイトを含めてここで論じようとしているのは、国際的にさまざまな局面で用いられるようになった「人道に反する罪（crime contre l'humanité）」である。デリダによれば、元々、アブラハム的な宗教的伝統（ユダヤ教、キリスト教、イスラム教）を越えて、人道に反する罪という言葉が世界中で普遍化しつつある。ここでは、赦しが、不可能なものの試練に耐えつつ、例外的なまま、ないし異常なままであるべきだと主張する。

南アフリカの真実和解委員会に見られるように、重大な人道に反する罪に対する「赦し」は、司法的手続きを超えて行われる。法が解決する赦しの可能性は、ジャンケレヴィッチのように「交換条件付きの論理」であり、あるいはアレントが言うように罰と「代替可能」であるといった考えに則っているだろう。フランスでは、一九六四年に人道に反する罪は時効にしえないという判決が下されているが、デリダはここにこそ、無条件的な赦しの可能性を見る。時効になりえぬものは、法の彼岸に到達してしまっている。そこでの「無条件的な赦し」とは、「神によって与えられたあるいは神の教えに鼓吹された」赦しでなくてはならない。デリダによれば、純粋な赦しとは、赦し得ぬままにとどまる者こそを赦すことなのである。

もし私が、赦し得る者（こと）を赦すのだとしたら、私は赦していることにはなりません。それはあまりに安易なことです。もし私が、悔い改めた者の過ち（あやま）（「何か」）を、あるいは悔い改めた者彼自身（「誰か」）を赦すのだとしたら、私が赦すことになるのは、罪あるいは犯罪者とは別のことあるいは別の人なのです。したがって、赦しの真の「意味」とは、赦し得ぬものさえをも、そして赦しを求めない者さえをも赦すことなのです。[40]

デリダの言う「赦し」は、神的であり、宗教的な恩寵であり、垂直的な関係性において成立する赦しである。他方で、デリダは、赦しと和解とが、まったく別のことであることを指摘し、南アフリカでの「和解」と「赦し」とは切り離されるべきだと主張する。

真実和解委員会での一人の遺族の女性は、いかなる政府も委員会も赦しも与えることができず、ただ自分だけが赦しを与えることができるが、まだその準備ができていないと発言する。しかも、真の赦しは、すでに亡き被害者だけからのみ与えられるはずであろう。過酷な経験の記憶によって苦しみ続ける被害者が、あるいは、すでにいかなる行為も行い得ない被害者が、加害者に「赦し」を与えない場合には、どのような和解が可能だろうか。

確かに、個々の被害の物語が、和解という大きな政治的枠組みの中に取り込まれることで、曖昧化してしまい、個々人の特有の受苦の経験が、一般的な国民の経験のレベルへと転換され総括されてしまう危険性を指摘した点でデリダは的を射ている。

ここで独自に考察してみたいが、和解や赦しにおいて避けたい事態とは、際限のない復讐であり報復の連鎖である。裁きによる罰も、復讐の回避のために存在していると言ってよい。しかし、重大な被害者が出て、その喪失にただ悲しみに沈むことがあっても、加害者への復讐や報復を思い立たないのは、いかなる場合であろうか。それは、家族の者の中に、加害者と被害者が同時に含まれている場合ではないだろうか。家族の者をすでに一人失い、さらにその罰のために加害者も失うのだとすれば、家族はひとつの事件で二人の者を失うことになる。先の文化人類学の報告にあったように、アフリカの伝統社会が、加害者個人に罪を帰責せずに、共同体に再受容することを優先するのは、それが同族的な集団の中で行われるからであろう。

南アフリカ的な発想では、家族である加害者の再受容を優先するのは、その者への愛ゆえにだろう。だが、それだけではなく、その加害者を育てたのも、その事件を引き起こす背景を作ったのも、同じ共同体であり、その他のメンバーは事件に至る過程を知っており、介入も可能だったと考えられるからであろう。共同体の罪は、その加害を阻止できなかった無関与にある。バトルの先の引用では、ウブントゥとは、個人と共同体の双方にとっての潜在力を実現する人々の間の相互依存性のことであり、人類全体を拡大された家族として捉えられる仕方なのだと述べられていた。伝統的な村落社会での人間関係のあり方と、それを元にした人間性の理解を、アフリカの哲学者たちは植民地時代の苦難を通して、人類全体のための原理へと昇華させたと言えよう。

たとえば、マンデラは、もともと民族主義（黒人という民族）的な主張を強く出していた活動家であったし、解放運動において非暴力を原則とはしていなかった。マンデラが「回復」や「修復」を強調するに至ったのは、南アフリカにおいては、ガンディーの非暴力的抵抗とファノンの革命思想の大きな振幅の中で、反植民地主義の思想が形成発展してきたからである。

南アフリカにおける「赦し」が「和解」であるのは、「赦し」が、人間の根源的共同性を「回復＝和解」することにあると考えられているからである。それは、加害者の加害行動が、人類が拡大された家族であることを見失っていることから生じた所業であると確認することでもあるのだ。

実は、デリダも、赦しを語る文脈で「兄弟＝同胞」について語っている。しかし、それをアブラハム的な宗教の枠を超えて、ウブントゥの概念と結びつける解釈はなし得なかった。デリダの南アフリカと植民地化の問題に向かい合う姿勢の誠実さと努力は疑い得ない。デリダは、「誰が赦し得るのか」という重要な問題提起をなし、南アフリカにおける「赦し」が不可能ではないことを指摘する論考を行った。とはいえ、アフリカ的概念をつねにキリスト教的・西洋哲学的な文脈に引き戻して語り、アフリカ人の哲学論考はまったく参照せず、ユダヤ人として語る。はたして南アフリカの人々、あるいはアフリカ人一般に向けて語っているのかどうかがはっきりしないデリダの語り口は、残念ながら、西洋中心主義を十分に脱却していないと判断せざるを得ない。

†アフリカ人の義務

重い罪に対して死刑を求める報復的な態度とは、ある人々を人間の枠から排除しようとすることに他ならない。したがって、死刑肯定や報復主義と、人種主義や民族主義とは、極めて親近性の高い発想である。死刑と人種主義とは、根源において一つのものである。死刑を廃しない人々は、人種差別者である。マンデラとツツが、その微妙な立場と思想の違いにもかかわらず共有していたのは、この報復と人種主義の結託を回避しようとする発想であったように思われる。

繰り返しになるが、南アフリカにおける「赦し」と「和解」とは、ウブントゥの概念から理解されなければならない。この人間観の大枠によって、南アフリカの真実和解委員会における「赦し」と「和解」は、アブラハム的な宗教とも、また単なる「忘却」や「恩赦」とも異なる、別の普遍的な文脈に置かれるはずである。懲罰を与えたり、赦したりすることによって、事実が忘れ去られるということはない。

アメリカを代表するポスト・コロニアリズムの哲学者であるベル・フックスは、愛について論じた本で次のように書いている。「赦しは、疎外を乗り越えることを可能にしてくれるだけではなく、互いに肯定し合う能力を強めてくれる。意識的な赦しなしには、真の和解などありえない[41]」。赦しとは、自分自身を信頼し、相手の可能性を信じることである。それは、もっとも愛に満ちた態度である楽天性の表出なのである。

エドガール・モランが指摘するように、アメリカの先住民について言えば、その略奪や殺戮を行った者たちは一度も懲罰を受けていない。奴隷制度で人道に反するような扱いを受けたアフリカ人たちはその罪人たちが処罰されるのを目にしたことがない。懲罰や赦しは、過去の事実を帳消しにはしない。問題は、その事実を公的なものとして共有することなのである。

以下のモランの発言は、マンデラとツツが行った事業に対する西洋からのもっとも説得力ある評価に思われる。「私が思うに、犠牲者には、自分を苦しめた者以上に、賢明かつ人道的であらねばならないという義務があります[42]」。アフリカ人とは、偉大であるべき義務を背負わされた人々である。

註

（1）Césaire, Aimé (1997)『帰郷ノート 植民地主義論』砂野幸稔訳、平凡社、p. 122.

（2）Explanatory Memorandum to the Parliamentary Bill (1995). 引用は以下の著作から。Minow, Martha (2003)『復讐と赦しのあいだ――ジェノサイドと大規模暴力の後で歴史と向き合う』荒木教夫・駒村圭吾訳、信山社、p. 90. 南アフリカの真実和解委員会の設置に関しては、以下の著作を参考にした。Krog, Antjie (2010)『カントリー・オブ・マイ・スカル――南アフリカ真実和解委員会〝虹の国〟の苦悩』山下渉登訳、現代企画室；阿部利洋（2007）『紛争後社会と向き合う――南アフリカ真実和解委員会』京都大学学術出版会；山本浩（1999）『真実と和解――ネルソン・マンデラ最後の闘い』ＮＨＫ出版。さらに、以下のマンデラについての著作を参考にした。Mandela, N.（1992）『ネルソン・マンデラ――闘いはわが人生』浜谷喜美子訳、三一書房；Mandela, N.（2012）『ネルソン・マンデラ――私自身との対話』長田雅子訳、明石書店；Mandela, N.（2014）『自由への長い道 ネルソン・マンデラ自伝』東江一紀訳、Kindle; Stengel, Richard（2012）『信念に生きる――ネルソン・マンデラの行動哲学』グロービス経営大学院訳、英治出版

（3）阿部（2007）, p. 16.

（4）阿部（2007）, p. 16.

（5）Promotion of National Unity and Reconciliation Act, No. 34 of 1995: https://www.gov.za/sites/default/files/gcis_document/201409/act34of1995.pdf

（6）同上

（7）阿部利洋（2007）『紛争後社会と向き合う――南アフリカ真実和解委員会』京都大学学術出版会、山本浩（1999）『真実と和解――ネルソン・マンデラ最後の闘い』ＮＨＫ出版

（8）Villa-Vicencio, Charles.（2000）Restorative Justice: Dealing with the Past Differently, Charles Villa-Vicencio and Wilhelm Verwoerd（Eds.）*Looking Back, Reaching Forward: Reflections on the Truth and Reconciliation Commission of South Africa*. London: Zed Books: 224-244.

（9）阿部（2007）, pp. 185-192.

（10）Du Toit, André（1997）Human Rights Program, Harvard Law School and World Peace Foundation, *Truth Commissions: A Comparative Assessment*. Cambridge, Mass: Harvard Law School and World

Peace Foundation, p. 20.

(11) Tutu, D. (1999) *No Future without Forgiveness*. London: Rider, p. 34.

(12) Battle, Michael (2009) *Ubuntu: I in You and You in Me*. New York: Seabury Books, p. 3.

(13) Shutte, Augustine (1990) "umuntu, ngumuntu, ngabantu" *Philosophy and Theology* 5, pp. 39-54; Shutte, Augustine (1993) *Philosophy for Africa*. Rondebosch, S. Africa: UCT press.

(14) Ngomane, Mungi (2020)『ウブントゥ——自分も人も幸せにする「アフリカ流14の知恵」』長澤あかね訳、パンローリング、pp. 20-21.

(15) Mbiti, John (1969) *African Religions and Philosophy*. Nairobi: Heinemann, pp. 108-109.

(16) Mbiti (1969), p. 106.

(17) Battle (2009), pp. 3-4.

(18) Mojola, Aloo Osotsi (2019) "Ubuntu in the Christian Theology and Praxis of Archbishop Desmond Tutu and its Implication for Global Justice and Human Rights. Ogude, James (ed.) *Ubuntu and The Reconstitution of Community*. Bloomington: Indiana UP, pp. 21-39. 引用は pp. 28-29.

(19) Gyekye, Kwame (1987) *An Essay on African Philosophical Thought: The Akan Conceptual Scheme*. Cambridge: Cambridge UP, pp. 154-161.

(20) Battle (2009), p. 6.

(21) Tutu (1999), p. 35.

(22) Oruka, H. Odera (1985) *Punishment and Terrorism in Africa. Nairobi: Kenya Literature Bureau*. Cf. Nyarwath, Oriare (2019) "Ubuntu and Oruka's Humanitarian View of Punishiment," Ogude, James (ed.) *Ubuntu and The Reconstitution of Community*. Bloomington: Indiana UP, pp. 131-149.

(23) Mojola (2019), pp. 32–33.

(24) Tutu, D. (2013) *God is Not a Christian: Speaking Truth in Times of Crisis*. London: Rider, p. 32.

(25) Tutu, Desmond and Tutu, Mpho (2014) *The Book of Forgiving: The Fourfold Path for Healing Ourselves and our World*. London: William Collins, p. 32.

(26) Ibid, p. 8.

(27) Derrida, Jacque (2004) « Versöhnung, ubuntu, pardon: quel genre? », Cassin, Barbara, Cayla, Olivier, et Salazar, Philippe-Joseph (eds.) *Vérité, Réconciliation, Réparation*. Paris: Seuil, pp. 111–156. 引用はp. 116. 邦訳「赦し、真理、和解――そのジャンルは何か?」増田一夫訳、別冊『環』13号, pp. 6–56.

(28) 阿部 (2007), p. 16.

(29) 堀内隆行 (2021)『ネルソン・マンデラ――分断を超える現実主義者』岩波新書, pp. 10–15; Mandela, N. (2012)『ネルソン・マンデラ――私自身との対話』長田雅子訳、明石書店

(30) Derrida, J. (2012/2015)『赦すこと――赦し得ぬものと時効にかかり得ぬもの』守中高明訳、未來社、Derrida, J. et Roudinesco, Elisabeth (2001/2003)『来たるべき世界のために』、藤本一勇・金澤忠信訳、岩波書店、Derrida, J. (1999/2000)「世紀と赦し」『現代思想』28 (二〇〇〇年一一月号、特集和解の政治学), pp. 89–109. さらにデリダのマンデラ論については以下の論文を参照のこと。Derrida, J. (1986/1989)「ネルソン・マンデラの感嘆 あるいは反省=反射の法則」『この男この国――ネルソン・マンデラに捧げられた14のオマージュ』鵜飼哲・港道隆・岩淵達治他訳、ユニテ、pp. 11–61; Farred, Grant (Ed.) (2020) *Derrida and Africa: Jacques Derrida as a Figure for African Thought*. Lanham: Lexington Books. 他に以下の特集を参考にした。『現代思想 ネルソン・マンデラ』(二〇一四年三月臨時増刊号)

(31) 松田素二 (2000)「共同体の正義と和解――過去の償いはいかにして可能か」『現代思想』28 (二〇〇〇年一一月号、特集：和解の政治学), pp. 122-133.

(32) 松田素二 (2013).「地域研究的想像力に向けて――アフリカ潜在力からの視点」『学術の動向』(日本学術会議) 18, pp. 62-66.

(33) Derrida (2004), pp. 135-143.

(34) Arendt, Hannah (1958/1994)『人間の条件』志水速雄訳、ちくま学芸文庫.

(35) Arendt (1994), p. 377. Cf. 本間美穂 (2013)「ハンナ・アーレントにおける「裁き」と「赦し」」『東京大学宗教学年報』30, pp. 121-139.

(36) 亀喜信 (2009)「行為と赦し――ハンナ・アレント研究 (6)」『大阪府立大学紀要 (人文・社会科学)』57, pp. 23-34. 引用は p. 23.

(37) Jankélévitch, Vladimir (1986) *L'imprescriptible*. Paris: Seuil. (Kindle) さらに、Jankélévitch, Vladimir (1967) *Le pardon*. Paris: Flammarion.

(38) Césaire (1997), pp. 134-135.

(39) Tutu, D. (2004/2005).『ゴッド ハズ ア ドリーム――希望のビジョンで今を生きる』和泉圭亮・和泉利子・和泉裕子訳、竹書房、p. 96.

(40) Derrida (2003), p. 231.

(41) Hooks, B. (2000) *All about Love, New Visions*. New York: Perennial, p. 217.

(42) Morin, Edgar (2000)「赦すこと、それは世界の残酷さに抵抗することである――J. デリダへの応答」『現代思想』28 (二〇〇〇年一一月号、特集和解の政治学), pp. 110-121. 引用は p. 117.

第11章 現代の哲学4 現代哲学における重要な哲学者

本章では、現代のアフリカ哲学において、他の章であまり紹介できなかったが、重要な貢献を成した哲学者たちを何人か取り上げることにする。もちろん、本章ですべての重要な哲学者を紹介できるわけではないし、以下の紹介も、その人の業績を網羅できているわけではないが、これまで頻繁に名前が上がった哲学者を中心にその生涯と業績をまとめてみよう。

†クワメ・ンクルマとアフリカ合衆国の夢

すでに本書で触れてきたが、クワメ・ンクルマ（Francis Kwame Nkrumah, 一九〇九〜一九七二、「エンクルマ」と呼称されることもある）は、汎アフリカ主義を唱える哲学者であり、ガーナ独立運動を指揮し、ガーナの初代大統領となった政治家である(1)。

イギリス領だったゴールドコースト南西部沿岸のンジマで鍛冶職人の子として生まれる。一九三〇年に、首都アクラの師範学校を卒業後、カトリック系神学校の教師を務めた。一九三五年にアメリカに留学、一九四二年にペンシルベニア大学で教育学の修士、翌年に哲学の修士を取得する。教員時代から留学の間に、W・E・B・デュボイスやマーカス・ガーヴェイに影響を受けて、汎アフリカ主義に目覚める。ゴールドコーストにおいても黒人自身が統治してこそ人種間の調和が得られると考えるようになったという。ンクルマは、アメリカでは、ペンシルベニアに駐在するアフリカ人学生のグループを組織し、それをアメリカ＝カナダ・アフリカ人学生協会へと発展させ、その会長となった。

クワメ・ンクルマ記念公園（著者撮影）

一九四五年にイギリス留学すると、ロンドンで、西アフリカ学生同盟副会長となる。その前年の四四年にマンチェスターで「汎アフリカ連盟（PAF）」が設立されたが、そこにンクルマも参加していた。先の章で論じたが、四五年には、ンクルマとジョージ・パドモアが中心となり、第六回（コングレスとしては第五回）汎アフリカ会議をマンチェスターで開催した。

この会議では、イギリス国内の労働運動と連動した汎アフリカ主義が展開され、アフリカ各国の独立が要求された。この会議では、アメリカ黒人よりもアフリカからの参加者が多数を占めるようになる。ンクルマは、パドモアとともにこの会議の書記を務め、以後、汎アフリカ主義の第一の指導者となっていく。こうして、汎アフリカ主義の主導権は、植民地のアフリカ人へと主導権が移っていくのである。

第二次世界大戦後、イギリス、フランスは、アフリカ植民地での黒人ナショナリズムの高まりに応じて、アフリカ人に一定の政治参加を認めるようになっていく。ゴールドコーストでは、一九四七年にJ・B・ダンカー(Joseph Kwame Kyeretwie Boakye Danquah, 一八九五〜一九六五)を中心に統一ゴールドコースト会議(UGCC)が結成され、ンクルマは彼に請われて帰国し、書記長に就任する。四九年にイギリスは憲法修正の方針を発表すると、ンクルマを除いたUGCCの幹部はこれに協力したが、ンクルマはこうした妥協的な姿勢に対立し、会議人民党(CPP)を創設して、即時の自治を求めた。ストライキやボイコットなど非暴力的なあらゆる積極行動を推進した。

ンクルマは、五〇年にゼネストを組織するが、暴力に発展し、植民地政府は非常事態を宣言し、ンクルマなどCPPの幹部を逮捕した。翌年の総選挙で、ンクルマは獄中から立候補して、CPPは圧勝した。イギリス植民地政府はンクルマらを釈放せざるを得なくなり、彼を政府事務主席(首相)に任命した。その後、ンクルマは、イギリスと平和的交渉を続け、一九五七年にゴールドコーストは、サハラ以南のアフリカとして初めて独立を獲得した。ンクルマは、ガーナ独立とともに首相となり、六〇年の共和政への移行で大統領に就任する。彼は、国内のインフラ整備に力を入れ、幹線道路で各地をつなぎ、ダム、産業振興地域などの建設にも力を入れた。

独立後も、ンクルマは汎アフリカ主義の立場から、アフリカ諸国の独立のために指導力を発揮していった。五八年四月には、アクラで「アフリカ独立諸国会議」を開催し、エジプト、エチオピア、リベリア、リビア、モロッコ、スーダン、チュニジアが参加し、解放闘争の支援、政治的独立の優先、国連における共同戦線、冷戦への非同盟路線が決議された。五八年一二月に「全アフリカ人民会議」を開催し、アフリカ全域から二五〇〇名の代表を集め、反植民地主義と、社会主義に裏打ちされたアフリカの統一を強く主張し、「アフリカ合衆国」の創設を訴えた。

ンクルマ記念館に展示されているンクルマの銅像と解説する学芸員。もともと国会議事堂前に置かれていたが、クーデタとともに首が落とされた。現在は、こうして復権されて胴体部と頭部が並置されている。（著者撮影）

しかし、六六年二月、中国を訪問中に、軍部によるクーデターが起こって失脚し、ギニアに亡命する。復権を望んだが、叶わず、七二年にブカレストの病院で病死する。

†ンクルマ主義としての良心主義

ンクルマは、サハラ以南の初の独立を達成した指導者として、一九六〇年代には日本でも盛んに評価され、多数の出版書籍が日本語にも翻訳された。[2] 彼のガーナ独立以降の政治活動の評価に関しては、政治学や政治史に任せることにして、ここでは、彼の哲学的な立場である「良心主義（consciencism）」あるいは、「哲学的良心主義（philosophical consciencism）」について紹介しておこう。[3]

この立場は、別名、「ンクルマ主義」と呼ばれるほど、ンクルマ個人の政治思想と政治姿勢を反映したものであるが、同時に、ある種の存在論の上にその政治思想を基礎づけようとする試みである。ンクルマが展開する「consciencism」とは、conscienceを「人間の活動の指針として善悪を区別する能力と衝動」と定義し、接尾辞「ism」をそれに加えて、「conscience が関係する理論、実践、哲学」を意味するンクルマの造語である。したがって、ここでのconscienceは、「意識」とも「良心」とも訳せる言葉であるが、その倫理的意味合いを重く取り、〝consciencism〟は、「良心主義」と訳した方がよいだろう。しかし、ンクルマは、「自分自身の社会的状況を評価することは、事実や出来事を分析することの一部であり、このような評価は、「社会的評価」と同じくらい重要である」[4]と述べているところから、やはりconscienceは、「自己意識」の意味を含んでいることにも注意すべきだろう。

良心主義に関するンクルマの議論は、自身の政治的な主張を押し出そうとするあまり、やや性急であり、論理の跳躍もかなり多い。しかし、アフリカ諸国の独立という緊急な政治的課題を解決するために、あえて、存在論と政治哲学を接続しようとする興味深い企てでもある。

ンクルマの良心主義とは、存在論と倫理学、政治哲学を含んでおり、倫理学を通して、存在論を政治学に結びつけようとする。そうして、人間社会の倫理的平等主義の回復を通じてアフリカ大陸の解放を求める哲学である。存在論（形而上学）とは、「何か存在するのか」という問いに答えようとする哲学の中心課題のひとつである。一見すると、存在論は、物理学とも共通するような純粋に理論的な課題に思われるが、実は、「何か存在するのか」という問いが政治的意識の直接な反映であることに気がついていたことは、ンクルマの鋭い哲学的センスを物語っている。

良心主義の目標は、人間の行動の指針として善と悪を区別する哲学の提示であるが、そのためにンクルマは、まず存在論を確立しようとする。そこで彼が注目するのは、量子論や相対性理論のような二〇世紀における物理学の革命である。

ンクルマによれば、近代的な心身二元論に対して、二〇世紀の現代物理学は、物質の一元論に立つ存在論である。相対性理論と量子論は、物質が不活性であるという概念を根本的に変え、時空間や法則性が物質に外在的ではなく、物質には自己運動能力が備わっていることを示した。また、現代物理学は、色や音のような質的性質の世界は、物質の量的な性質から出現することを示唆している。

こうして、近代における不活性で受動的な物質と能動的な精神という二元論、量的な物質と感覚的性質に満ちた心的世界という二元論は廃され、その意味での精神と物質の対立はもはや問題とならなくなったとンクルマは指摘する。精神に関する研究は、生理学的研究となるはずである。そして、精神現象が物質的現象の結果だとするならば、物質的な環境が良心を発展させ、促進させると考えるのに、不思議な点は何もないはずである。

物質は、関係の変化という意味でも、性質の変化という意味でも、自己運動が可能である。こうして現代物理学は唯物論を示唆しているが、必ずしもそこから無神論が帰結するわけではないと、ンクルマは主張する。なぜなら、これらの主張は、物質が唯一の実在であると主張しているのではなく、その基礎的な第一の実在性だけを主張しているからである。

マルクスやエンゲルス、その他の一九世紀の唯物論の提唱者たちと同様、ンクルマも物質の優位性を主張している。しかし、彼らが無神論的であったのと対照的に、ンクルマは、物質が精霊を含むより高次の形態に還元可能であることを主張するのである。こうしたンクルマの立場は、「非無神論的唯物論（nonatheistic materialism）」であると呼べるだろう。

ンクルマによれば、非無神論的唯物論は、アフリカの伝統的な存在論に親近性がある。キリスト教の神は、超越的で、超自然的で、非物質的、非物理的という意味で霊的な存在であり、無から世界を創造したとされる。これとは対照的に、ガーナのアカン民族にとっての、至高の存在は宇宙的な建築家であり、世界の秩序を構築する存在であり、動物、植物、無生物が底辺にあり、祖先や生ける人間が中間に位置する存在階層の頂点を占めるものである。

非無神論的唯物論と同様に、アカン民族の宇宙論は、物質に基礎的な実在性を割り当てている。アカン人の宇宙論は、デカルトのような物質と精神の二分法のような鋭利な存在論的断絶を含んでいない。普通の物質と、文献で「魂」と呼ばれているような存在や力との間にある違いは、完全に物質的なものと部分的に物質的なものとの違いに過ぎない。こうして、ンクルマは、現代の物理学の知見は、アカンや古代エジプトなどアフリカの宇宙論と収斂すると考える。良心主義の非無神論的唯物論とは、アフリカ的な思想であると主張するのである。

そして、ンクルマによれば、伝統的なアフリカ社会は本質的に平等主義的である。平等主義は、政治的な命題であるだけでなく、倫理的要請でもある。新しいアフリカ哲学は、主にアフリカのルーツからその糧を得なければならない。アフリカの伝統的社会が倫理的平等主義を好んだのは、マルクス主義など現代の唯物論がそうであるように、物質の一元論的テーゼを信じたからであると、ンクルマは主張する。社会主義が現在のアフリカの良心の最も有効な表現だというのである。良心主義にとって、政治理論や政治実践は、倫理的原則を確立するためのものである。搾取や階級制は、良心主義が目指す平等とは対極にある。良心主義は、社会全体の発展が、個人の発展の条件となるように求める立場である。

アフリカ社会には、伝統的な生活様式、イスラムの伝統、植民地主義と新植民地主義を通じて浸透した西ヨーロッパのキリスト教の伝統と文化の三つの要素がある。ンクルマは、この三つの要素の融合や統合を動機づけるイデオロギーを作る必要があると考える。良心主義とは、アフリカ社会がアフリカにおける西洋、イスラム、ユーロ・キリスト教の要素を消化し、アフリカ人の個性に適合するように発展させることを可能にする力の配置を、知的な用語で表した地図である。

良心主義は、唯物論に基盤を持ち、社会主義の社会的、政治的価値を検討するための実践的な基盤を与える。それゆえ、ンクルマの良心主義はアフリカ人による自己決定の哲学であり、アフリカ人が自らの運命を担うことを前提とした観点に立っている。それは、外部からの干渉、特に西洋やヨーロッパ中心主義的なアフリカ人の物語を排除して、独立した思考を行使する自由を持つことから始まる。それは、自分自身のアイデンティティ、価値観、制度を内側から解明するプロジェクトであり、しばしばアフリカ的なものへの回帰なのである。

以上に見てきたンクルマの良心主義の理論は、西洋の近代植民地主義を超克しようとするあまり、アフリカ的伝統と現代物理学、そして社会主義をかなり強引に統合しようとしている。彼の論述の中に、論理的な飛躍を細かに指摘しようと思えば簡単である。非無神論的唯物論という基本的立場そのものが、唯物論であるにもかかわらず、神の存在を認める矛盾を冒していると批判することもできよう。

良心主義は、アフリカ人たちの信仰と宗教心を否定せずに、社会主義的政策を正当化しようとするイデオロギーだという見方も可能だろう。ンクルマに見られる、アフリカ独立に高揚した一九五〇〜六〇年代においては、大きな意味があった社会主義やマルクス主義への希望は、現代においては、もはや随分と時代を感じるものとなっている。また、ンクルマは、複数政党制の民主主義よりは、単独政党による民主主義の方が民意をまとめる点で優れていると主張しているが、[5]その妥当性については、政治学的・地域政治史的な見解が必要であろう。

以上の点は、すでにアフリカ人たちによってなされている批判である。しかし、西洋の植民地主義による精神的な桎梏を、存在論（宇宙論）、倫理学、政治思想を統合した包括的な哲学を打ち出すことによって克服しようとするのは、ンクルマならではの大きな構想だったと評することができよう。

†アレクシス・カガメ

アレクシス・カガメ（Alexis Kagame, 一九一二～一九八一）は、ルワンダの哲学者であり、言語学者、歴史家であり、カトリックの司祭である。[6] 彼は、ルワンダに伝わる古くからの説話や詩など口承伝統を収集分析し、そこにルワンダ語で表現された哲学を見出そうとした。ただし、彼の研究の多くは、バントゥ語族のひとつであるルワンダ語（キニャルワンダ語）で出版されており、いまだ十分に全容が世界に理解されているとは言えない。また、詩も出版している。彼は、政治的にも活動し、植民地体制化での人々の権利とルワンダ文化の保護推進を訴えた。

カガメはルワンダ北部ムガンバジのキヤンザで、宮廷歴史家の家系に生まれた。ルワンダは、第一次世界大戦時まではドイツの植民地であったが、戦後、ベルギーの統治下に入る。カガメは、ミッション系の小学校に通った後、一九二八年からカブガイの神学校で学び、一九三三年からニャキバンダ地方の神学校で学び、一九四一年に司祭に叙階された。彼は哲学者であるが、何よりもカトリック司祭であった。

アレクシス・カガメ

聖職位を得て二年後から、彼はルワンダの伝統的な詩、文学、歴史、文化的伝統についての調査の結果を「創造主の歌い手」、「ルワンダの王朝詩」、「植民地化以前のルワンダの政治制度法典」などのタイトルの論文や著作を発表する。一九五五年には、『古代ルワンダの社会‐家族組織』、同年に博士論文の一部『存在についてのバントゥ＝ルワンダの哲学』を発表し、翌年に全体が発表される。一九七六年には、その続編となる『比較バントゥ哲学』を発表する。彼は、アフリカの三分の一ほどをカバーすると言われるバントゥ語系の一八〇の言語についての情報を集め、さまざまな言語の三〇〇冊の本を検討し、六〇名から聞き取り調査を行った。彼は、ブタレ市のニャキバンダ神学校とルワンダ国立大学で、哲学、歴史、文学を教え続けた。カガメは一九八一年、ナイロビ訪問中に客死する。

カガメは、バントゥのように文字を持たない社会においては、その哲学は、言語構造、ことわざ、説話や物語、詩のような口承文学の中に表現されていると確信していた。カガメは、ルワンダの歴史、文学、詩を収集分析しながら、植民地化によって変質する以前のルワンダの文化的豊かさを再発見・再構成しようとした。カガメにとっての哲学とは、この文化の復活のための全体的なプロジェクトに他ならなかったのである。

以上の目的から、カガメは、タンペルの『バントゥ哲学』を先駆的な業績として高く評価するが、他方、その方法論と哲学的基盤については適切ではないと考えていた。第一に、タンペルのアプローチは、哲学的というよりは文化人類学的であり、調査も狭いエリアに偏っていたことである。カガメによれば、特定の地域において収集した言語や制度、説話や文学に関する資料から、哲学的な諸側面に注目して抜き出し、それがより広い地域全体に見出されるかどうかといった方法を取るべきである。資料の文化人類学的側面とは、社会の中で変容する歴史的要因のことを指し、哲学的側面とは、人間存在の根本原理に関わるような知識を指している。

そうして、カガメは、バントゥ文化に見られる論理学、認識論、存在論、宇宙論、合理的心理学、神学、倫理学を取り出して見せるのである。

バントゥにおける認識論、すなわち、真偽の規範は、人類に普遍に思われる形式論理に従っているが、他方で、興味深い特徴もある。すなわち、証言による基準である。この証言は、伝統的権威か専門的権威に基づいており、この証言に支えられた主張は、無批判に真と捉えられる傾向があるという。権威に闇雲に従うのはどこの社会でも同様であるが、カガメは、バントゥにおけるその傾向を詳細に検討している。また、バントゥの存在論によれば、存在（Ntu）は、知性ある存在（Mu-ntu）、知性なき存在（Ki-ntu）、時空間（Ha-ntu）、存在の様態（Ku-ntu）という分類からできている。カガメによれば、この分類は、アリストテレス的な分類と対応しているという。

しかしながら、バントゥの存在論がアリストテレス的な存在論に完全に合致することはない。カガメによれば、アリストテレス的存在論の方がより洗練された理論である。ここには、カガメのカトリック神父としての葛藤と限界を見ることができるだろう。カトリックの教義であるアリストテレス＝トマス・アクィナス的な伝統を維持したい神父としての側面と、バントゥに見られる存在論を再構成したいというバントゥの哲学者としての側面が対立しているのである。

だが、カガメは、バントゥの倫理学は、それが西洋の倫理、特にキリスト教を基盤とした倫理とは大きく異なることを指摘する。キリスト教では今世の行いが、来世での報いや懲罰の基準となる。しかし、バントゥの信仰には来世というものがなく、行為の道徳性によって来世で報われる、罰せられるという倫理観は存在しない。

バントゥの倫理は、この世で完結している。バントゥの考えでは、肉体は死んでも、子孫にそれが受け継がれるのであり、人間は子孫につながる限り不死である。来世はなく、人間の生命は世界の中でつながりつづける。したがって、倫理における最も重要な原則は「血のつながり」にある。人間の権利は血族（親族）によって守られるべきであり、人間の義務は血族のためにある。そして、ある親族は他の親族と結びつくことによって、この倫理的規範は拡大され、人間のつながりが強められていくのである。善きことは、個人と集団の生命を強めることにあり、そしてそれが報酬であり、悪きことは、個人と集団の生命を弱めることにあり、そしてそれが懲罰なのである。

カガメの哲学は、ウントンジが批判したように、バントゥ社会に見られる集団的な哲学的通念を表現しただけであり、カガメが個人として形成した哲学だとは言えないのかもしれない。

また、彼はカトリックの聖職者としての立場にとどまり続ける限界があると指摘できるだろう。しかし彼の著作のほとんどはまだ十分に検討されていないのであり、今後、カガメの業績を明らかにすると同時に、そこを土台とした発展を私たちが受け継ぐべきであろう。

†ヘンリー・オデラ・オルカと賢慮の哲学

哲学のアウトプット、総じて、学問のアウトプットとは何であろうか。現代のアカデミズムは、論文執筆や学会での発表に執着し、あたかも有名誌に論文掲載されることが研究のゴールであるかのように考えられている。哲学の世界でも同様の状況であるが、これはとりわけ哲学としては、ひどい堕落ではないだろうか。

論文にせよ、学会発表にせよ、それは媒体である。知の目的は人間性の発展であり、成長であるはずだろう。その目的を忘れて、媒体に夢中になるのは、慎むべきフェティシズムである。再びアレントの用語を使うならば、現代社会における知は、「仕事」ばかりをしていて、「活動」していないということになるだろう。一般の人々は、賢明にも、哲学によく生きることへのヒントを求めているが、アカデミズムは、自家発電のような業績を重ねているだけではないだろうか。哲学のアウトプットとは、吟味された人生であり、そうした人生で人々を先導する賢者ではないだろうか。

賢者の哲学とは、アフリカにおける伝統的な賢者のあり方を明確にしようとする企てである。その代表としては、『青い狐』といったドゴン民族の神話や宇宙観の研究で知られる民俗学者のマルセル・グリオール（Marcel Griaule, 一八九八〜一九五六）は、ドゴン民族において賢者とされるオゴテメリという人物にインタビューし、『オゴテメリとの対話――ドゴンの宗教的観念入門[7]（邦題

マルセル・グリオール

『水の神――ドゴン族の神話的世界』）』という研究を出した。グリオールの研究は文化人類学的であるが、哲学者であるヘンリー・オデラ・オルカによる『賢慮の哲学[8]』、やはり哲学者のハーレンとソディポが書いた『知識、信念、魔術[9]』は、哲学の観点からアフリカの伝統的な賢慮を明らかにしようとした研究として挙げられるだろう。

オルカは、七〇年代からそうした「哲学的賢慮（Philosophical sagacity）」の研究をした代表的な哲学者である。オルカは、ケニアのシアヤ県ウゲンヤで生まれ、ケニアで学んだ後に、スウェーデンのウプサラ大学で地理学や気象学を学ぶ。しかし、そこで哲学に深い興味を持ち、哲学を学び始め、アメリカのウェイン州立大学で博士を取得する。一九八〇年には、宗教学から切り離された新しい哲学科の創設者兼学科長に任命された。

彼は、賢慮の哲学以外にも、政治哲学的な観点から貧困や飢餓の克服、差別や人種主義の問題に取り組むと同時に、迷信の弊害についても啓蒙的な発言を行った。多数の論文を執筆するとともに、さまざまな国内外の学術関連の要職に就き、アフリカにおける哲学の発展に大きく貢献した。

上記の研究者に共通した方法論としては、さまざまな民族の村々にテープレコーダーを持って行き、彼らのコミュニティで賢者だと思われている人々に話を聞く。そして伝統的に賢いとされる基準と、倫理的な基準を当てはめていくというものである。その知恵が真にその民族の伝統に準じているかについては、グリオールはまったくインタビューイーに問い尋ねなかったが、ハーレンとソディポは、ヨルバの伝統的医師に、西洋の「科学的知識」に影響を受けていないかと尋ねた。結果としては、伝統的医師にはそうした影響は認められなかったという。オルカは、地方で文字の読めない人々にインタビューの対象を限り、西洋からの影響を最初から排除した。

オルカは、その共同体の中で、非常に優れて「賢い」とされ、その賢慮を用いて倫理的に共同体に貢献しているとされている人物にインタビューした。

オデラ・オルカ

ハーレンとソディポもその方法を踏襲しているが、共同体への貢献は明確には基準としてはいない。しかしおおむね、上記の研究者たちは、伝統的な知恵に依拠していること、非常に賢いと共同体で認められていること、倫理的に共同体に貢献していることを基準として「賢者」を選び出してインタビューしている。

オルカの研究によれば、伝統的な賢慮には二種類ある。①民衆的な賢慮、②哲学的な賢慮、である。両者とも、共同体の伝統的な知識や思想を身に付けている点では変わらないが、それに対する態度が異なっている。すなわち、前者は伝統的な知識や思想に従い、その範囲に留まるのに対して、後者は伝統に対して超越的な第二階の態度を取りうるのである。

この区別は、インタビューにおいて、それぞれの伝統的な賢慮の発言に対し、研究者が異議を唱えてみることで区別することができる。もしその人が哲学的な態度が取れるなら、インタビュアーの反論や質問に対して合理的な答えを出すことができるが、そうでない場合は、答えられなかったり、満足のいく答えが返ってこなかったりするからである。民衆的な賢慮は、集合的な文化的思想として理解できるのに対して、後者はそれに対して批判的な態度を取る点で、「哲学的」と呼べるのである。オルカによれば、民衆的な賢慮は、エスノフィロソフィーに後退してしまうが、哲学的賢慮は共同体の考えを超越する知性の事例を示唆するのである。

西洋による植民地支配を正当化する言説として、アフリカ人には抽象的な思考はできないという偏見が存在したが、レヴィ＝ストロースにはじまる現代の文化人類学は、アフリカの伝統的な神話や説話は、非常に抽象度の高い体系的な構築物であることを示した。しかしそれでも、アフリカの伝統的な信念の体系は、抽象的とは言え、変化しない閉じた体系を成しており、人々は無批判にそれを受け入れているという指摘があった。それは、科学のように批判を取り込みながら進歩する形になっていないというのである。

これに対して、グリオールやハーレンとソディポの研究は、アフリカの伝統的な知識の体系も、さまざまな異質の要素を取り込んで再構成されていることを示そうとした。他方、オルカは、伝統的な哲学的賢慮は、伝統や常識に対して高階の批判的態度を取れることを示したのである。

賢慮の哲学は、以上のように、静態的・閉鎖的とみなされていた伝統的な知識が、実際には高階の批判的態度により変容してきたことを明らかにした。また、オルカは、社会・経済的な発展の分野で、政治的なリーダーに伝統的な賢慮を参照するように促した。学問としては、賢慮の哲学は、さらに哲学的な考察に値するデータを収集したとも言えるのだし、後に見るが、アフリカ的な賢慮は、西洋の知的体系の隠れた前提と偏向を明るみに出すことができるのである。

†クワシ・ウィレドゥ

クワシ・ウィレドゥ（Kwasi Wiredu, 一九三一〜二〇二二）は、これまで何度も参照してきたが、現代のアフリカを代表する哲学者である。

クワシ・ウィレドゥ

一九三一年に、ゴールドコースト（現在ガーナ）のクマシに生まれ、ケープコーストのアディサデル・カレッジ（Adisadel College）で学んでいることに哲学に深い関心を持つ。一九五八年からオックスフォード大学で学び、ギルバート・ライル、ピーター・ストローソン、スチュアート・ハンプシャーから指導を受ける。「知識、真理、理性」に関する博論を執筆した後に、ノース・スタッフォードシャー大学（現キール大学）の教職に就き、一年間在籍した。ガーナに戻って、ガーナ大学で哲学のポストを得ると、二三年間在籍した。同大の学部長をはじめ、国内外でさまざまな要職に就くとともに、ナイジェリアやアメリカ合衆国のさまざまな大学の客員教授を務めた。

単著、『哲学とアフリカ文化』（一九八〇年）、『文化的普遍と個別』（一九九六年）に加え、ブラックウェル出版から『アフリカ哲学必携』という非常に重要なアンソロジーを編纂するなど、数多くの研究を発表している。[10]

ウィレドゥの哲学は、現代のアフリカの思想体系を「概念的脱植民地化」することを目指したものであった。[11] しかし、ウィレドゥの脱植民地化は、ファノンやカブラルのような政治的闘争を通してではなく、反省的な意識によって植民地における近代化のジレンマと対決することによって達成されるのである。

ウィレドゥによれば、概念的脱植民地化とは、アフリカの哲学的思考から、植民地時代の過去に由来するあらゆる不当な影響を取り除くことである。ここで「不当な」とは、植民地時代のすべてを拒絶しようとするのではなく、かつての植民地支配者たちによって先導された思想や知識が、人類にとって何らかの形で有益ある場合には、それを無視したり、排除したりする必要はないということである。

彼は、概念的脱植民地化によって、アフリカ文化に次の二つのことをもたらそうとしていた。一つは、現代アフリカ思想に染み込んでいる過去の部族文化の好ましくない側面を取り除き、その思想をより発展可能なものにすることである。第二に、アフリカの哲学的実践に見られる不必要な西洋的認識論的枠組みを排除することである。

第二の点をより詳しく論じれば、アフリカ植民地での教育は西洋語によってなされてきた。たとえば英語で哲学を学んだアフリカ人は、歴史的状況の圧力によって、かなりの程度まで概念的に西洋化され、それと同じ程度に脱アフリカ化している可能性が高い。彼らの思考や哲学は、その言語の文化に偏ったものになるだろうし、その言語で哲学するだけでなく、その言語を中心に生活を形成するようになるだろう。したがって、異文化の濾過に向けた意識的な努力がない限り、植民地主義の下で学ばれた文化は、その枠組みが実質的に西洋化されており、それによって西洋を無自覚的に優位させてしまう。

ウィレドゥは、彼の受けた哲学的教育の影響からか、言葉の分析に強く関心を持つ哲学者である。彼によれば、アフリカ人は、西洋語を使用する中で当然視されている諸概念を取り出し、批判的に検討する必要がある。しかし、同じことは西洋人にも言える。西洋思想の伝統の中で育った西洋の哲学者たちも、西洋のカテゴリーを当然視してはならない。それは、吟味されない生活に留まることになるからだ。

アフリカの哲学者は、西洋の哲学者の前提の多くを、アフリカの言語に基づいて批判的に検討できる機会を常に持つことになる。そのために、アフリカの哲学者は、アフリカの哲学的諸概念を西洋語で理解していることを意識すると同時に、西洋の哲学的諸概念をアフリカの言語で検討できるという意識を持たねばならない。歴史的岐路にあるアフリカ哲学は、「正しい反省（due reflection）」に基づき、比較（文化）的でなければならないと、ウィレドゥは指摘する。

彼によれば、哲学は根本的に比較哲学でなければならないのである。ウィレドゥはこう述べる。「もし私たちが、他文化（たとえば東洋のものなど）の哲学的示唆に、適切な反省の精神をもって接し、常に概念的な罠に気を配るならば、おそらく私たちは、それらの情報源から抽出した洞察と、我々自身の土着の哲学的資源から得た洞察とを組み合わせることで、東洋と西洋の双方が何かを学ぶことができるような近代的哲学を、私たち自身と我々の民族のために創造することができるだろう[12]」。

アフリカの哲学者は、アフリカの哲学と宗教の脱植民地化に向けて、論理学であれ、認識論であれ、倫理学であれ、形而上学であれ、何であれ、可能な限りアフリカ的なインプットを導入しなければならない。そうした哲学的なテーマについてアフリカからの発言によって世界に貢献しなければならない。

ウィレドゥは、アフリカ哲学を哲学的思考の主流から切り離すべきものとみなすのは、植民地的なメンタリティの表れだと主張する。ウィレドゥは、アフリカの言語に表現されている哲学を、西洋哲学と対峙させる意図のもとで、「アカン語における真理の概念[13]」と「アカン語の心の概念[14]」と題された論文を発表している。

前者では、西洋語で当然のものとされている基本的な哲学的概念が、アフリカ諸語では存在しないことを論じている。最初の論文では、「アカン語には真理を表す単語が一つもない」と述べ、同様に「アカン語と英語のもう一つの言語的対照は、〝事実〟という単語がないことである」と指摘する。この論考は、以下の章で詳しく取り上げる。

先に触れたように、ウィレドゥは民衆的な知恵や思想はそのままでは哲学たりえないと考える。それゆえに、ウィレドゥは、すでに触れたようにエスノフィロソフィーや哲学的賢慮の文化人類学に近いアプローチには反対する。すべての文化には独特の民間信仰や世界観があるが、それらは哲学する実践とは区別されなければならないという。また、調査をするにせよ、その言語に精通した研究者が、特定のアフリカ民族の伝統哲学を詳細かつ深く研究すべきであり、アフリカの哲学的諸概念について性急な一般化を避けなければならないと主張する。

たとえば、アフリカ大陸の伝統的な生活では、共同体を重視する考え方が一般的だと言われている。しかし、このような推論は、言語学的な情報に基づき、関係する特定の人々の概念使用についての批判的な研究によって実証される必要がある。このような研究は、「ヨルバ人の概念」、「チェワ人の死後の世界に関する概念」、「アカン人の神に関する概念」、「ヌエル人の精神に関する概念」、「ズールー人の道徳に関する概念」などのようなトピックに関する調査というより具体的な形をとるはずである。

しかし、それだけでは、世界の他の人々にとっては、アフリカ人たちは物珍しい考え方をするなどといった、風変わりな風景や生き物を見に来るような観光的な関心を呼び起こすだけである。ウィレドゥは、真の哲学は、そのような民衆的な知恵や思想に対して批判的分析と厳密な議論を適用することで初めて成立すると主張する。

自国の土着の哲学者たちによる批判的で再構築的な思考によって、伝統的なアフリカ哲学の研究に対する単なる物語的なアプローチを真に哲学的なレベルに引き上げることができる。こうしたウィレドゥの考えに立てば、オルカの批判的な賢慮の哲学は優れた方向性を示していると言えるだろう。

また、ウィレドゥは、社会・政治哲学に関しても上記のアプローチによって発言している。彼はとりわけ冷戦時代には、マルクス＝エンゲルス的なイデオロギーに強い疑義を呈した。ウィレドゥのマルクス読解は、「イデオロギー」、「意識」、「真理」といった概念に関するマルクス理論における概念的な欠陥を指摘し、マルクスの道徳哲学のプロジェクトの問題、あるいは実際にはその欠如を批判している。かつてアフリカでは、多くの国で社会主義に好意的な政権をもった時代があり、その時代では多くの哲学者が左翼的な立場をとっていた。このことを考えるならば、ウィレドゥのスタンスは独自であり、その当時には「保守的」ともみなされていた。

また、伝統的なアフリカの政治的意思決定、たとえば、アシャンティ王国意思決定のあり方が、むしろ「同意に基づく民主制」であったと再解釈し、現代の政治家たちが、民主主義を排斥し、そうした伝統から遠ざかっていることを指摘したのである。

†マルシアン・トワ

マルシアン・トワ（Marcien Towa, 一九三一～二〇一四）は、いま論じたウィレドゥと同年生まれの、同じく二〇世紀のアフリカを代表するカメルーンの哲学者である。[15]

トワは、一九三一年、カメルーンの首都ヤウンデから六〇kmほど離れたエンダマ村（サントル地方）で生まれ、中等教育を神学校で受けると、フランスのカーン大学文学部に入り、一九六〇年にヘーゲルとベルクソンに関する論文でDES（Diplôme d'Études Supérieures）を取得する。一九六四年にソルボンヌ大学で教育学、翌年にはジュネーブのルソー研究所で心理学と教育学を学び、一九六九年に博士を取得する。一九六六年には、カメルーンに戻り、ヤウンデの高等師範学校で教職に就き、一般教育学、教育学史、哲学、黒人アフリカ文学などを講じる。ヤウンデ第一ソア大学学長（一九九三）、カメルーン中部レキエ県に位置するエリグ＝ムフォモ市長（一九九六年～二〇〇二年）も務めた。

マルシアン・トワ

トワの哲学は、「解放（la libération）」、あるいは「自由」に最も重きを置いた哲学である。その目的はまさに、人間の自由を妨げるイデオロギー的、政治的体制の専制的権威から人間を解放することにある。自由の称揚において、思考と理性は重要な位置を占める。

主著に、『現在のアフリカにおける哲学的問題についての試論（Essai sur la problématique philosophique dans l'Afrique actuelle）』（一九七一年）、『レオポルド・セダール・サンゴール──ネグリチュードか従属か（Léopold Sédar Senghor: Négritude ou Servitude?）』（一九七一年）、『黒人アフリカ人的哲学の理念（L'idée d'une négro-africaine philosophie）』（一九七九年）、『アイデンティティと超越（Identité et Transcendance）』（二〇一一年）などが挙げられる。

トワによれば、黒人アフリカ人、一般に、自由と尊厳を求めるあらゆる人は、能動的な意識化を必要とする。アフリカ人たちは、現状として、西洋文化への同化とアフリカの伝統の保存という、一見相容れない二つの傾向の間に挟まれている。この状況を超えるためには、一方で、批判的な思考に耐えられた伝統的価値観と、他方で、人間にとって有用な西洋文化の肯定的価値観とを統合する必要がある。

能動的な意識化とは、主体が帝国主義的西洋に由来する価値観に対しても、現代のアフリカ人を圧迫する伝統的価値観に対しても、批判的な距離を取るために必要となる意識である。それは、世界において自分がどのような位置にあるかを知りながら、そこで自律性を獲得していくための意識である。したがって、アフリカの伝統に受け継がれてきた暗黙の哲学を明るみに出すだけでなく、これを自由の達成というプロジェクトに組み込むことが重要なのである。

それゆえに、トワは、サンゴールはネグリチュード運動の革命的側面を歪曲して植民地主義と一致させたと非難する。また、エスノフィロソフィーは、文化の調査と説明が学術的な客観性に欠けているだけでなく、伝統に対する批判的側面が欠けている点において退けられるべきだと厳しく批判する。

植民地主義的価値観からも伝統の束縛からも距離を取り、西洋の有益な価値観と伝統の受け継ぐべき美質を取り入れる「解放」の過程によって、アフリカ的な主体は普遍的な次元に到達する。だが、その普遍性はかつて西洋から押し付けられたような他者の「普遍」として経験されるのではなく、能動的なものとして機能する。

トワによれば、その普遍性は、アフリカ系黒人の政治的、文化的、経済的、社会的解放のために働く。普遍性は理性に根ざし、理性を追求する過程に組み込まれているのである。理性的であるとは、自律的で、責任ある態度をとることによって、人間の魂にとって不可欠な自由を達成するという目的を果たすことに他ならない。

トワの主張によれば、アフリカ人は自己肯定的な意識を持つことによって、一方で、科学技術とそれに密接に結びついた哲学を習得して外部の他者に対して開かれ、他方、アフリカ人自身の文化的伝統に対しても開かれるようになる。ヨーロッパの哲学は、科学技術と密接に関係しながら西洋の勢力の核心にあると言えるが、それはアフリカ人自身の力の成長をもたらす精神革命を行うための糧となるはずである。

しかし、それは、ヨーロッパ文化への盲目的な服従や同化を意味するものではない。その意味するところは、能動的な意識を用いた、西洋文明の創造的な「専有化（appropriation）」の過程であり、それ自体が自由の証なのである。こうして、自らを解放する過程は、狭い民族のアイデンティティに閉じこもることなく、それを超えて、被抑圧者を統合していく。ここにこそトワは、汎アフリカ主義の意義を認め、解放された世界における自由なアフリカの実現を構想するのである。

こうしたトワの基本的な哲学的姿勢に対しては、ひとつには、自由の達成に資する範囲でしか、伝統のなかに哲学を見出していないという点を批判することができるだろう。実際に、トワは、アフリカの哲学を回復し再構築しようとする試みをかなりはっきりと批判している。

また、科学技術をアフリカに対するヨーロッパの権力と支配の秘密であるとし、それゆえアフリカ人がこの支配に抵抗するためには、同じ布を身にまとう必要があるとした。これは、科学に対するあまりに楽天的で批判を欠いた態度であるとも言えよう。

しかし、トワにとっては、政治関係とは、個人間であれ国家間であれ、本質的に対立的な関係であり、自由ないし自由の喪失という形で現実的な影響を及ぼす力関係である。それゆえ、トワによれば、科学技術の習得は、支配する側と支配される側との間のパワーバランスを調整し、各民族が自律的に意思決定するような自由を尊重し合えるような政治状況への条件なのである。

註

（1）宮本正興・松田素二編（2018）『新書アフリカ史 改訂新版』講談社現代新書

（2）エンクルマ、クワメ（1960）『わが祖国への自伝』野間寛二郎訳、理論社；——（1964）『アフリカは統一する』野間寛二郎訳、理論社；——（1971）『自由のための自由』（エンクルマ選集）野間寛二郎訳、理論社；——（1971）『新植民地主義』（エンクルマ選集）家正治・松井芳郎訳、理論社；——（1971）『解放運動と武力闘争』（エンクルマ選集）野間寛二郎訳、理論社；——（1973）『アフリカ解放の道——民族解放と階級闘争』秋山正夫訳、時事通信社

（3）Nkrumah, Kwame（1970）*Consciencism*. New York & London: Modern Reader.

（4）Nkrumah（1970）, p. 2.

（5）Nkrumah（1970）, pp. 100–101.

（6）Kagabo, Liboire（2004）“Alexis Kagame: Life and Thought”. In Kwasi Wiredu（ed.）*A Companion to African Philosophy*. Oxford: Blackwell, pp. 231–242; Mono Ndjana, Hubert（2009）*Historire de la philosophie africaine*. Paris: L’Harmattan; Nyoli Boko, Bwanga Wa Mbenga（2018）*La philosophie du langage d’Alexis Kagame: Contribution à la problématique sur la philosophie africaine*. Nouvelle édition revue et augmentée. Paris: L’Harmattan.

（7）Griaule, Marcel（1965）*Conversations with Ogotemmêli: An Introduction to Dogon Religious Ideas.*

Oxford University Press. グリオール、マルセル（1997）『水の神 新装版――ドゴン族の神話的世界』坂井信三・竹沢尚一郎訳、せりか書房
（8）Oruka, Henry Odera（1991）"Sagacity in African Philosophy" in Tsenay Serequeberhan（ed）. *African Philosophy: The Essential Readings*. Minnesota: Paragon House, pp. 47-62. Presbey, Gail M.（2023）*The Life and Thought of H. Odera Oruka: Pursuing Justice in Africa*. London: Bloomsbury.
（9）Hallen, Barry and Sodipo, J. Olubi（1997）*Knowledge, Belief, and Witchcraft: Analytic Experiments in African Philosophy*. Stanford University Press.
（10）Wiredu, Kwasi（1980）*Philosophy and an African Culture*. Cambridge: Cambridge University Press; ―― （1996）*Cultural Universals and Particulars: An African Perspective*. Bloomington: Indiana University Press; ―― （ed.）（2003）*A Companion to African Philosophy*. Oxford: Blackwell. Cf. Mono Ndjana, Hubert（2009）*Historire de la philosophie africaine*. Paris: L'Harmattan, pp. 102-106; Hallen, Barry（2021）*Reading Wiredu*. Indiana University Press（Kindle）.
（11）Wiredu, K.（1995）Conceptual Decolonization in *African Philosophy: Four Essays*. Ibadan: Hope Publications; ―― （1998）"Toward Decolonizing African Philosophy and Religion." *African Studies Quarterly*, 1, pp. 17-46.
（12）Wiredu（1995）, p. 21.
（13）Wiredu, K.（1985）"The Concept of Truth in the Akan Language" in P. O. Bodunrin（ed）*Philosophy in Africa: Trends and Perspectives*. Ife: University of Ife Press Ltd.
（14）Wiredu, K.（1983）"The Akan concept of mind." *Ibadan Journal of Humanistic Studies*, 3, pp. 113-134.
（15）Towa, M.（1976）Léopold Sédar Senghor, Négritude ou Servitude? Yaoundé: CLE; ―― （2011）*Iden-*

tité et Transcendance, Paris, L'Harmattan. —— (2012) *Marcien Towa's African Philosophy: Two Texts.* Translated and introduced by Tsenay Serequeberhan. Asmara, Eritrea: Hdri Publisher. Cf. Bâ, Cheik Moctar (2014) "The Concept of Active Consciousness in Marcien Towa." *Diogenes*, 59 (3-4), pp. 13-24.

第12章 現代の哲学5

世界に問いかけるアフリカ哲学

先に見たように、アフリカの現代哲学を代表するクワシ・ウィレドゥは、哲学が哲学であるのは、自文化や自言語によって無批判に受け入れられている哲学的諸概念を、他の文化や言語との比較の観点から再検討しつつ、普遍と個別の要素を割り出していくことによってであると指摘した。

本章では、現代のアフリカ哲学が、そうした方法論から、これまでの西洋哲学の基本的な哲学的概念の検討を迫るような、いくつかのトピックスをめぐる議論を紹介しよう。アフリカ的な観点から、西洋が当然視しているいくつかの前提が、ローカルな前提に過ぎないものとして浮かび上がってくるのである。西洋哲学を基本的な枠組みとして受け入れている現代の日本の哲学にも、同様の反省を迫ることはいうまでもない。

これまで論じてきたように、アフリカの哲学に関しては、アフリカの伝統的な文化、宗教、言語、習俗に関する民俗誌的・文化人類学的な研究を基礎データとしながら、それを再構成したり、批判的な検討を加えたりすることでアフリカ独自の哲学のあり方を抽出しようとする試みがあった。

しかし、振り返ってみれば、現代の認識社会学の泰斗であるブリュノ・ラトゥールも、科学についての民族誌的記述を行うことによって科学理論が生成されてくる現場の過程を描き出す研究を行ってきた。(1) そうであれば、アフリカの哲学と現代の認識論の方法論には強い共通性があると言えるだろう。思考や認識の方法についての民族誌的研究は、認識の営為がどのように生成されてくるかについての理解を与えてくれ、比較認識論の基礎的方法のひとつとなりうると言えるのではないだろうか。

そこで、本章では、西アフリカ、アカン語やヨルバ語を用いる人々の伝統的な思想に見られる認識と真理、あるいは因果性や予言に関する諸概念について、分析哲学あるいは現象学の観点から論じている現代の哲学者の諸理論を取り上げることにしよう。

特にここで注目したいのは、西アフリカに見られる認知-規範的という一般的な認識論上の特徴と、ヨルバ語における信念と知識の区別、アカン語の真理概念である。民族誌的研究と言語分析の方法を両用しながら、これらの概念について紹介し、現代哲学にとっての含意と意義について考察する。

ヘイレンたちによれば、ヨルバ人など西アフリカの人々にとって、西洋の認識概念の中でももっとも問題視されるのは、「命題知（propositional knowledge）」と呼ばれる知である。[2] ヘイレンの著作『知識・信念・呪術――アフリカ哲学の分析的実験』には、アメリカの分析哲学の代表的哲学者であるウィラード・ヴァン・オーマン・クワインが「まえがき」を寄せている。ヘイレンは、この著作でヨルバ語の言説における知と信念の区別を論じている。そこでは、西洋の英語話者が、英語における"know"や"believe"といった言葉を無批判に頼りにして分析を行い、それを哲学的な理論として一般化・普遍化することを根本的に疑問視する。

命題とは、事実について述べている平叙文（単語や文の集合ではなく）のことである。命題的態度とは、命題に対する主体の側の（心理的）態度のことである。たとえば、英語の命題的態度、たとえば、「わたしはXと信じる（believe）」（Xには命題が入る。たとえば、「関東地方に何月何日何時に、地震があった」という事実に言及する命題）ということが言われる場合には、「わたしはXと知っている（know）」と何が異なるのであろうか。伝統的には、西洋哲学では、真理は「正当化された真なる信念」と定義される。真理とは、ある適切な方法によって、現実と対応しているものとして正当化された信念のことである。たとえば、「関東地方に何月何日何時に、地震があった」という信念は、その場所に設置してある時計と地震計による測定によって正当化されるだろう。

さて、ヨルバ語は、ニジェール・コンゴ語族に属する言語であり、話者は西アフリカのナイジェリア、ベナン、トーゴに居住するヨルバ人である。約二〇〇〇万人が使用しているという。ヨルバ語では、一応、英語の knowledge に対応するのが、imo（真理）であり、belief に対応するのが、Ìgbàgbọ́（信念）である。しかし、imo（真理）と Ìgbàgbọ́（信念）の差異は knowledge と belief の差異とは大きく異なっている。

imo とは、知覚（感覚）に直接に訴えるところの知識である。Ìgbàgbọ́ は、伝聞により得た間接的な情報のことである。imo は個人的であるのに対して、Ìgbàgbọ́ は集合的・社会的と言えるだろう。英語では、「真である」という述語は、命題（文）を修飾する。英語では、経験そのものに「真である」とは言わない。

しかし、ヨルバ語の真理 ooto/otito は、命題にも、直接経験されたものにも適用される。Ìgbàgbọ́ は、gba と gbo の合成からできていて、前者は「受けいれた」「合意した」、後者は「聞いた」「理解した」を意味する。Ìgbàgbọ́ は、あらゆる間接的な情報を指しているが、それはつねに命題である。Ìgbàgbọ́ は、「可能な真理として受け取られる信念」という意味での

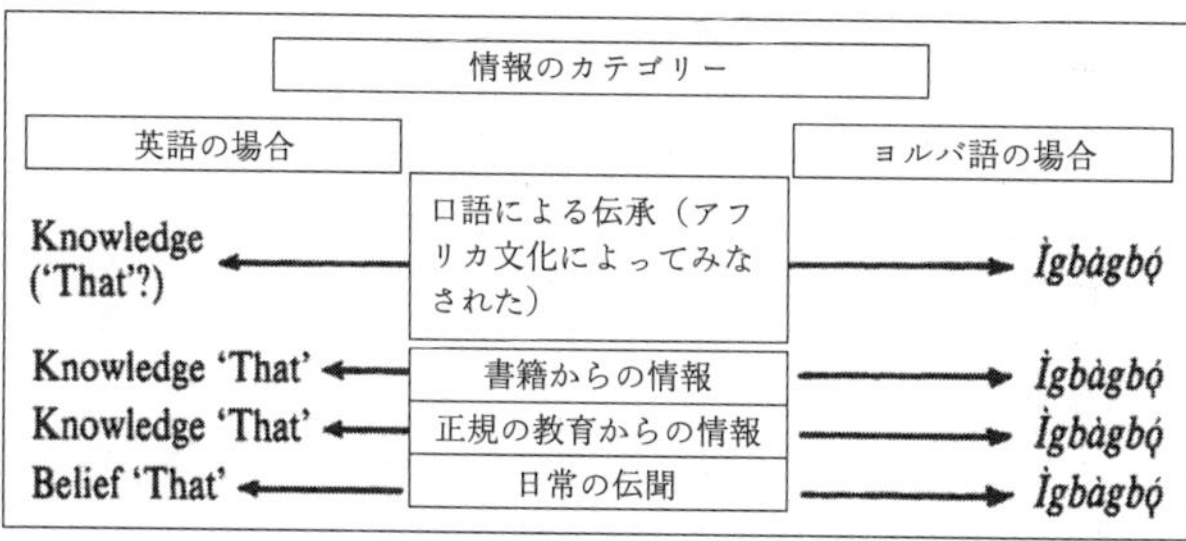

何が真理・信念となるかの英語・ヨルバ語の比較（Hallen & Sodipo（1986）, p. 79）

「情報」のことを言う。

このように、命題について、know か、believe か、が問題とされる西洋語（英語）の文脈と、ヨルバ語 imo（真理）と Ìgbàgbọ́（信念）の差異が問題とされる文脈とは著しく異なる。

聞き手にとってある命題が imo になるためには、伝え手が、直接に聞き手にそれを経験させなければならない。しかしそれができない場合には、聞き手がその命題を Ìgbàgbọ́ と認めるには、聞き手が話し手と「話が一致する（わかり合う）」という状態（papo）にならなければならない。

したがって、「命題を対象とした態度（知る、信じる）」というものはヨルバ語ではありえない。そして、ヨルバ語には、情報を精査する体系的な基準がある。たとえば、薬の調剤方法を薬師から教わってもそれは、Ìgbàgbọ́ に過ぎず、それを自分で作り、使用して、効果を発揮させてはじめて imo となる。農法や軍事技術についても同様である。ある個人が直接的に実施して効果をあげるまでは、単なる伝統的な慣習としてしかみなされない。

そこで、何が、「真理」となり、何が「信念」となるかを、英語とヨルバ語を比較すると、先の図のようにまとめられる。

ヨルバでは、話し手が聞き手に伝える情報がÌgbàgbọ́として papo されるためには、その話し手の iwa が問題となる。iwa とは、道徳的に誠実さや信頼できることを意味し、Ìgbàgbọ́ という情報のリソースの信頼性を担保する。

情報は誰かからの情報であり、その人物に帰属する。それゆえに、誠実である、信頼できるというその人物の道徳的性質が、情報の信頼度に反映する。というのは、Ìgbàgbọ́ は多くの場合に imo とはならないからである。情報の信頼性は、直接経験できない限り、その語り手の道徳的信頼性に依存する。この道徳的信頼性は、道徳的な意味での「徳」ではない。そうした人格上の問題ではなく、語り手が、その情報についてしっかりと細かく説明し、不確かさや不正確さがないかどうかを気にかけている態度、いわば、現代の言葉を使えば、「説明責任」が、その情報についての道徳的信頼性を構成するのである。

上の図からわかるように、書籍や論文、学校教育での講義や講演など、西洋、そして日本でも、「知識」とされるもの情報のほとんどは、ヨルバでは、imo（真理）ではなく、Ìgbàgbọ́（信念）に過ぎないことになる。いや、Ìgbàgbọ́（信念）とは、聞き手が話し手と「話が一致する」

という状態（papo）になっている必要があるのだから、書籍や教育において西洋や日本で「真理」とされているもののかなりの部分が、ヨルバでは、Ìgbàgbọ́（信念）でさえない。

ヨルバ語では、「わたし（河野）は、富士山は、一七〇七年に噴火したと知っている」とは言えないのは、筆者はそれを自分で実証的に確認していないからである。ヨルバでは、「わたし（河野）は、富士山は、一七〇七年に噴火したと信じている」とさえ言えないのは、その事実に関してしっかりと細かく説明を受けた経験がないからである。それは、どこかの教科書でちらりと目にしたことから得ただけの情報に過ぎないからである。

したがって、ヨルバ語での認識論は以下の基準によっていることになる。

①知っている、信じている、あるいは何の情報もない、と主張する事柄の認識論的な基礎については、細心な誠実さを示さねばならない。

②良き聞き手にならなければならない。それは、礼儀正しくあるよりも、認知的な理解に注意を向けなければならない。

③良き話し手でなければならない。それは雄弁であるよりも、証拠を挙げ、思慮深く、明敏な仕方で話さなければならない。

④我慢強くなければならない。それは、礼儀正しいよりも、知的な判断において冷静で、

自己制御できていなければならない。

これらの基準は、いわば、オーラル・コミュニケーションの批判的リテラシー能力である。日本でありがちな、相手の心理状態を忖度する「礼儀」を重視する態度よりも、はるかに真理を重視していると言ってよい。

西洋の認識論における近年の潮流として徳認識論（virtue epistemology）に注目が集まっている。[3] その議論では、認識論にとって能力的な徳だけで十分だとする信頼性主義的な徳認識論と、それだけではなく、むしろ性格的（道徳的）な徳こそが重要だとする責任主義的な徳認識論がある。

しかし、その後者の責任主義においてさえも、問題となっているのは認識的探究における責任（道徳的徳）に過ぎず、知の伝達や普及・拡散における誠実性までは問題となっていないと思われる。知の伝達や普及における責任を問うてきたのは、むしろ現代西洋哲学の文脈では技術哲学や技術者倫理である。

だが、技術者倫理で問われているのは、科学技術の知がもたらす直接間接の利害であり、知の信頼性の問題ではない。すなわち、現代の西洋哲学の文脈では、探求者（認識者、科学者、学者）の立場に立って、自分の認識の信頼性や責任、道徳的生活が問われることが問題の中心になっていて、それを聞き、受け取り、利用する一般の人々の立場に本当には立っていなかったことが理解される。一言で言うなら、西洋の知識観は根本的に階層的であり、知識人中心の権威主義である。このことは教育などの分野で顕著な問題となってくるといえるだろう。「説明責任」は、この三〇年ほどかけて、ビジネス倫理の世界にようやく定着したのである。

ここからアフリカの認識論の根源的な道徳的特徴、あるいは知識に対する非常に批判的な態度が明らかになる。認識は、認知的な側面から真偽のみを扱うことはできない。私たちの社会の知なるものが、数少ない imo（真理）と圧倒的な量の ìgbàgbọ́（信念）から成り立っているかぎり、認識とは、誠実性や信頼といった道徳的な領域の問題ですらあるのだ。

†アカン語の真理概念

先に紹介したウィレドゥの比較哲学という方法に基づいた論文、「アカン語における真理の概念」を取り上げてみよう。[4] ウィレドゥによれば、英語の truth に該当するアカン語（ガーナ、コート・ジボワール東部の言語）は、nokware とされる。しかし、その反対語は、「偽」ではなく、「うそ（nkontompo）」である。

nokware という語は、一面において英語の truth と重複する意味を持つが、第一義的には「道徳 moral」という意味を持つ。nokware は、もともと二つの語からできており、言葉と心の一致、「二心なきこと（truthfulness）」を意味している。

しかし、アカン語での真理とは、共同体のメンバーにおける単なる合意を意味しているわけではない。賢者の認知能力（anyansofo）と共同体の一般メンバーの認知能力（akwasafo）には鋭い線が引かれ、両者は質的に異なるものとみなされている。これは、エリート主義というよりは、真なる「認識」は、単なる共同体の「合意」あるいは間主観的な「一致」とは異なるものとして、認識論的な強い基準が働いていることを意味する。

nokwareという概念には、ただ誠実だというだけではなく、真理であることが含意されている。アカン語では、ある人が誠実に語ることは、その人がそのことを真理だと信じていることが含まれているとされる。しかし、「asem（言明）がnokwareだ」といったときには、単に認知的な真を意味しているのに対して、その否定形は、道徳的な意味合いを含んでいる。すなわち、不誠実であることがその否定形には意味として含まれているのである。

したがって、アカン語には、英語の「truth」そのものに相当する一語はない。それは"nea ete saa"（that which is so「そのようなこと」）という文章を使うことによってしか、英語の"truth"の意味を伝えることはできない。同様にアカン語には、英語の「fact」に相当する言葉はない。やはり"nea ete saa"を使うしかない。

真理の対応説は、西洋哲学におけるアリストテレス以来に伝統的な真理観である。それによれば、真理とは、ある文（命題）が現実の世界に対応していることであるとする考えである。命題とは、先に述べたように、事実について述べている文のことである。「猫がマットの上にいる」が真なのは、現に猫がマットの上にいる場合である。ある命題が真であるのは、その命題が現実の事実と一致しているときである。それは、「「猫がマットの上にいる」のは真だ」といったように、「p is true（pは命題）」といった形で表現される。

しかし、西洋では表現として通用する真理の対応説は、アカン語ではトートロジー（同語反復）になってしまう。というのも、命題を主張することの中に、すでにそれが真であることが含意されているからである。「「猫がマットの上にいる」のは真であるが、それは真である」という冗長な表現になるだろう。単純に言えば、「……は真である（is true）」は不要ということになる。

ウィレドゥは、このアカン語に近い考え方を、アルフレト・タルスキの真理論に認めている。タルスキによれば、「真であると述べられる文そのものを、文が真であるための条件を記述するために使う」べきである。たとえば、「雪が白い」が真であるのは、雪が白いときかつそのときのみである。こうした文をある言語のすべての文について考えられるならば、それらはその言語における「真である」という述語の振る舞いを十分に記述していることになる。こうしたタルスキの考えをとれば、述語「＿＿is true」は、それが適用される節に含まれる命題を単に主張するだけであり、その命題や文に別の特性を付与するわけではないことになるだろう。これは、真理の冗長説と言われ、二〇世紀の西洋では、ゴットロープ・フレーゲや、フランク・プランプトン・ラムジーがこの考えを提示した。ウィレドゥによれば、冗長説は最初からアカン語の用法に含まれている。

以上からアフリカの認識論の根源的な道徳的特徴、あるいは知識に対する非常に批判的な態度が明らかになる。[5] アフリカのヨルバ語やアカン語での認識では、認知的な側面から真偽のみを扱うことはできない。先に述べた、ヨルバ語では、私たちの社会の知なるものが、数少ない imo（真理）と圧倒的な量の ìgbàgbọ́（信念）から成り立っているかぎり、認識とは、誠実性や信頼といった道徳的な領域の問題ですらある。

アカン語では、truth という概念と等価な一語はなく、それを表現するのには文章を必要とする。そして、真理の対応説の考えは同語反復に過ぎなくなる。これはアカン語では、西洋では通念として普及している言語の表象主義的考え、すなわち、言語は現実を鏡のように映し出すものであるという考えをまったくもっていないことを意味している。

このように考えたときに、真理を道徳や美学の領域から切り離し、純粋に認知的な側面に閉じ込めようとする認識論は、西洋では、おそらく近代以降に一般的になったのだが、そうした西洋の近代的な真理観とそれに基づいた認識論は、アカン語の話者にとっては、imo における偏った局面にのみ関心を集中させた、かなり特殊な態度に基づいていると見えるはずである。

先に述べたように、西洋でも、現代になってようやく、徳倫理学といった形で、認識と美徳とが関連させられるようになってきた。真理の領域と道徳の領域を切り離す認識方式には、西洋社会の構造が反映されているはずであり、これをより高次の文脈、たとえば、社会構造や社会史の視点から批判的に検討することができるだろう。ここにおいて、ウィレドゥがアフリカ哲学のあり方として提唱する比較哲学、あるいは、エスノグラフィに基づいたタイプの認識論(認識社会論)が、あらゆる哲学を高次の視点から捉える有効な方法として提案できるのである。すなわち、アフリカ哲学の観点から西洋哲学のエスノフィロソフィー性を検討することが求められるのである。

†アカン民族における心身関係

さて、再びアカン民族の言語を取り上げて、その心身関係についての考え方を明らかにしてみよう。心身論は、現代哲学の重要なテーマの一つであり、とりわけ一九八〇年以降の認知科学や人工知能の発達と連動して、精緻な議論が展開されてきた。

しかしそれ以前の西洋の近代的心身論は、デカルト的二元論が基本的であり、心理学や生理学など心の科学の暗黙のパラダイムになってきた。では、アフリカの伝統的心身論はどのようであるだろうか。クワメ・ジェチェの論述に従いながら、アカン民族の例を取り上げてみよう。[6]人類学の記述によれば、アカン民族は人間を三つの要素から構成されると考えているという。すなわち、「オクラ（ōkra）」、「サンサム（sunsum）」、「ホナム（honam または、ニパドゥア nipadua）」である。

オクラは、個人の最も内側にある自己であり、その本質を構成する個人の生命力だとされる。しかし、オクラは、個人の生命そのものであり、個人の運命（nkrabea）を具現化したものであり、その伝達者である。オクラは、人間の中にある至高の存在（オニャメ［Onyame］）の火花であると説明されている。それは、神であり、至高の存在の現れとして天地創造以前から存在しているとされる。

この神聖なる本質が、人間の中に存在しており、アカン民族では、「すべての人は神の子であり、誰も地の子ではない（nnipa nyinaa ye Onyame mma, obiara nnye asase ba）」という考えがことわざとして普及している。では、以上のことを考えると、オクラは、英語の「魂（soul）」と翻訳可能だろうか。

これについては、先に紹介したウィレドゥとジェチェの間に論争がある。ウィレドゥは、オクラを「魂」と訳すこともできないと主張するが、その理由は、西洋哲学ではこの用語は、肉体に何らかの形で宿る、「純粋に非物質的な存在」を指すからである。対照的に、ウィレドゥの解釈では、オクラは準物理的である。もちろん、空間的な制約を完全には受けないと信じられているし、肉眼で知覚できるものでもない。とはいえ、ある意味ではオクラは物理的な性質があると信じられているからだという。[7]

他方、ジェチェがオクラを魂と英訳するのは正しいと考えるのは、彼の見解によれば、オクラは、準物質的ではなく非物質的だからである。オクラは、体外離脱したり、死後の生命として存続したりするからであるという。しかし、ウィレドゥは、多くのアフリカの民族がそうであるように、アカン民族においては、死後の世界そのものも準物質的なものとして捉えていると主張している。[8]

オクラの概念は、もうひとつの概念であるホンホム（honhom）と密接に結びついている。ホンホムは、home（呼吸する）の名詞形として「呼吸」を意味する。人が死んだとき、「彼のホンホムは絶えた」、あるいは「彼のオクラは肉体から離れた」と言う。魂が肉体から離れることも、呼吸が止まることも人の死を意味する。しかし、これはホンホム（呼吸）がオクラ（魂）と同一であることを意味しない。呼吸を「引き起こす」のはオクラである。したがって、ホンホムはオクラの存在の具体的な現れであり、それが存在する証拠である。ホンホムは、ギリシャでの「プネウマ（呼吸、魂）」に近いと言えるだろう。

サンサム（sunsum）は人を構成するもう一つの要素である。英語では通常“spirit”（日本語で言えば、「霊魂」であろうか）と翻訳されている。サンサムはアカン民族の存在論において、知覚できない神秘的な存在や力であり、人を活動させる原理を指す言葉として使われている。

サンサムとは、「個人の人格」として表現される統合的な力を担うもの、あるいは、「人間の人格の基礎」と説明される。「勇気、嫉妬、優しさ、力強さ、威厳といった資質」を指している。しかし、サンサム（霊魂）は、オクラ（魂）と同一ではない。

人類学によれば、①サンサムは祖先から受け継がれる、②それは神に由来するものではない、③それはホーナム、つまり人間の身体の崩壊とともに消滅する、としてきた。すると、オクラは非物質的であり、ホーナムが物質的であるとするならば、サンサムはどうであろうか。サンサムが肉体とともに滅びるならば、サンサムもまた物理的存在となるのだろうか。

これについても議論がなされてきた。ジェチェは、サンサムは非物質的であると主張するのに対し、ウィレドゥはこれに疑問を呈している。だが、いずれにせよ、アカン民族にとって、サンサムは（心理現象としての）夢の原因である。また、オクラは寝ている間もその人物を離れることはないが、サンサムは寝ている間には、その人の身体を離脱することが可能であり、どこにも行くことができるとされる。人は深く眠っているにもかかわらず、自分が山の上に立っていたり、車を運転していたり、誰かと喧嘩していたり、性交していたりするのを「夢見る」ことがある。

これらの「行動」の主体はサンサムなのである。睡眠中にサンサムは肉体から解き放たれ、気の向くままに歩き回り、他のサンサムと出会い、他の冒険をすることができる。睡眠中、人のサンサムはあらゆる場所をさまようのである。したがって、サンサムは夢の主体であり、欲望を追求し経験するものである。これは、どこかで、フロイトの言う「無意識」あるいは「イド」を思わせる概念である。それは、物質的な存在ではないが、外界とも相互作用することができる能力をもっているとされる。

では、オクラとサンサムとは、どのように違うのだろうか。ジェチェは次のような言語用法上の違いに注目する。[9]

たとえば、オクラについて以下のような表現が可能であると言う。

・「彼のオクラは悲しい」(ne 'kra di awerêhow)と言うが、決して「彼のサンサムは悲しい」とは言わない。
・「彼のオクラは乱れている」(ne 'kra leelee)。
・「彼のオクラは逃げてしまった(彼は亡くなった)」(ne 'kra adwane)。
・「彼のオクラは良い」(ne 'kra ye)。この文の否定は「彼のオクラは良くない」であるが、もし「彼のサンサムは良くない」(ne sunsum nnye)と言ったとしたら、彼のサンサムは悪霊であるという別の意味になってしまう。

・「彼のオクラは身体から離れた（彼は亡くなった）」（ne 'kra afi ne ho）。

・「彼のオクラは幸せだ」（ne 'kra aniagye）

このような記述はすべて、オクラに関しては言えても、決してサンサムには当てはめられない。一方、アカン族はサンサムに関して次のようにいう。

・「彼はサンサムを持っている」（ōwōo sunsum）という表現は、威厳があり、存在感のある人を指すときに使う。なぜなら、人によって違うのは（「オクラ」ではなく）「サンサム」の性質だと信じられているからである。したがって、「優しいサンサム」、「力強いサンサム」、「弱いサンサム」、「強いサンサム」などと言うのである。

・「彼のサンサムは重い」（ne sunsum ye duru）。性格が強いと言う意味。

・「彼のサンサムは私のサンサムに勝る」（ne sunsum hye me so）。

・「ある人のサンサムが他の人のサンサムより大きい」（obi sunsum so kyen obi dee）。「誰かのオクラが他の人のオクラよりも大きい」と言う表現は意味をなさない。

・「彼は良いサンサムを持っている（ōwō sunsum pa）」。彼は寛大な人であるという意味。

このような表現ではすべて、サンサムに当てはまっても、決してオクラに関しては使えない。以上の意味分析から明らかなように、オクラとサンサムは、相互置換不可能であり、上記の文章で言葉を置き換えると無意味になるか、意味が変わってしまう。オクラとサンサムは、同じく非物質的で心的な存在であって、区別されるべきである。第一に、夢を見ているときに肉体を離れるのはオクラではなくサンサムであるという点に、ほとんどのアカン族は同意している。オクラが肉体から離れることは、その人の死を意味するが、夢を見ているときのように、サンサムが肉体から離れることは、その人の死を引き起こすことはない。第二に、「優しい」「力強い」「寛大」といった道徳や人徳に関する表現は、一般的にサンサムに適用される。

したがって、オクラとサンサムは、その機能においても異なっている。オクラは人の生命原理であり、その人の運命を表現するものである。しかし、その人物の性格や性質はサンサムの機能である。サンサムは、人間心理のダイナミズムや活動力の源である。それは超感覚的な力を持つと言われ、思考し、欲望し、感じる能力を司っている。しかし、それは、身体器官である脳と同一視されることは決してなく、むしろ脳に作用しているのであるとされる。よって、健康、社会的影響力や地位、世俗的な成功などは、サンサムにかかっていると信じられている。

だが、以上のような機能や性質上の違いにもかかわらず、ジェチェの解釈によれば、オクラとサンサムは、独立した二つのものが結び付けられているのではなく、存在論的には同一であるという。オクラとサンサムの区別は、二つの実体の区別なのではなく、サンサムは、オクラの活動的な部分として特徴づけられるはずだという。オクラとサンサムは精神的統一体を構成しており、それは死後も存続する。

したがって、両者を含む「魂」は死後もその個性を失うことはない。魂は個々に存続し、輪廻転生する。霊界に先祖が存在することというアカン民族の信念は、個々の魂の生存を前提としてなりたっているのである。

サンサムとオクラが精神的統一体を構成しているのであれば、アカン人の心身論は、三元論的ではなく、二元論的であると言える。人は、霊的なもの（非物質，ōkra）と物質的なもの（肉体，honam）の二つの実体から構成されている。アカン人にとっては、魂と肉体の関係は非常に緊密であり、両者が不可分または一体であるかのように語ることがある。

しかし、アカン人の格言のひとつに、「人が死んでも（実際には）死んでいない」（onipa wu a na onwui）というものがあり、人間の中には永遠であり、破壊不可能であり、死後の霊の世界に存在し続ける何かがある考えがもっとも強固な前提としてある限り、魂と肉体の不可分一体の教義は、アカン民族の心身論では主張されない。

アカン人は、魂は頭の中にあると信じているようだが、魂は非物質であるため、「魂は頭の中にあるが、自然の目で見ることはできない」と言われる。アカン人の概念は二元論的であるが、魂と肉体の関係について徹底的に相互作用主義的である。彼らは、肉体が魂に因果的な影響を及ぼすだけでなく、魂が肉体に影響を及ぼすと考える。魂に起こったことは肉体の状態に影響を及ぼし、反映される。

たとえば、精神的な汚れは不健康の要素であり、魂の浄化は健康のために必要であると信じていた。肉体に起こることは魂の状態を反映し、魂の状態を知ることができるのは、人の実際の身体的行動なのだ。魂が悪霊によって衰弱したり傷つけられたりすると、不健康になる。アカン人の間では、物理的な治療では治らないと信じられている病気もあり、その場合では、その人の生理的側面と心理的側面の両方に注意が払われる。魂が癒されない限り、身体は物理的な治療に反応しないとされる。魂の病気を取り除くのは、占い師や伝統的なヒーラー(adunsifo)の役割とみなされている。

これまで筆者が心理学史などを研究して学んできたことは、心理学的カテゴリーは、ある特定の社会の文脈のなかで形成されてきた分類であるということである。

たとえば、西洋で当然のものとして受け止めている、心的機能の三分類、知(認識)、情(感情)、意(意志)という分類は、じつはそれほど古いものではない。心的機能をはじめて三つに分類したのは、一八世紀のドイツの哲学者のヨハン・テーテンス(Johann Nikolaus Tetens, 一七三六〜一八〇七）である。テーテンス以前の、アリストテレスによる分類は、知覚（認識）と意欲の二つだけだった。現在の脳科学においても、情動（感情）が人間の行動を引き起こす動因となっているという主張を見かける。こうした分類は、哲学で言えば、一八世紀の代表的な経験論哲学者であるデイヴィッド・ヒュームの考えから始まったものである。しかし、人間の行動の動因が、情動（感情）だけにあるというのは、本当だろうか。義務感や理性は、行動の動力にならないのだろうか。

現在の私たちの心的機能の分類は、原子の周期表の発見のように、自然の中にもともと存在した規則を発見したのではない。膵臓や肝臓の機能のように、昔はよくわからなかったものが、科学の進歩のおかげで明確になったということでもない。心理学的カテゴリーは、社会的に構成され、社会的な意味を担っている「人工的に作られたカテゴリー」である。

何が「心」と呼ばれ、何が「魂」と呼ばれ、何か「感情」と呼ばれ、何か「知性」と呼ばれ、それが「理性」や「知能」とはどう異なるのか、何が個人を特徴づける心的性能であり、何が人間を結びつける共通の「精神」なのか。こうしたことは、その社会の構造や規範を如実に反映しており、心理学的カテゴリーは、あたかも社会的にコード化されている。「魂」と呼ばれているものが、どのように身体・肉体から概念的に分離され、その魂に、どのような機能や役割が当てはめられているのか。こうした心身に関するその社会の信念は、メタな視点から考察する必要があるだろう。

アカン語に見られる神からの授けものとしての生命原理であるオクラと、その個々人の心理的・道徳的・人徳的な特性に関係した側面であるサンサムの区別については、西洋諸語にはまったく等価な概念は存在しないだろう。日本語においても同様である。オクラという概念が人間の平等性を支えているとすれば、サンサムは個々人の性能や社会での力量を表現するものとなっていると解釈できるであろう。オクラとサンサムの区別も、やはりアカン民族の社会的価値を反映している。アカン民族の心身論はその社会の構造と価値の反映であるが、その光によって、西洋の心身論も独特のバイアスを明らかにすることができるだろう。同様に、日本語で日常的に使われているフォークサイコロジー的な言説も分析することができる。哲学的な心身論もまた比較哲学的な視点を必要としているのである。

†ヨルバ民族における人格の概念

人間とは何かと問う時には、その解答は文脈に応じて異なってくる。たとえば、人間は動物など、他の生き物とどう違うのか。人間と神などの超越的存在とはどういう関係にあるのかなどは、さまざまな哲学的議論のテーマとなってきた。人間の人格、英語でいう「パーソン」が問題となる時には、人間において、その個人の本質をなすのは何であろうかという問いになってくる。もちろん、この問いは、先の節で扱った心身論に関係してくる。アフリカ全体の「人間」概念を論じることは、過剰な一般化を犯すことになるだろうから、ここではヨルバ民族の人格概念を紹介し、アカン人の心身論と比較させて論じよう。[10]

ヨルバ語の「人」は、「エニヤン（ènìyàn）」という。しかし、エニヤンという言葉は、他の言語でもしばしばそうであるように、事実としての人間を指すだけではなく、規範的な意味もある。ある人間を指して、観察者が「Ki i se ènìyàn」（彼／彼女はènìyànではない）と言うことは珍しくないという。それは、日本語でも、「人でなし」とか「非人間的」という言葉が、誰かを道徳的に非難するための言葉であり、人間として認められるために必要な条件を満たしていないことを意味するのと同じである。ヨルバ人の哲学者であるバデゲセン（Segun Gbadegesin）によれば、ヨルバ語では、この規範的な側面が、おそらく英語における「人（person）」の概念よりも重視されているという。

ヨルバ語のエニヤンには、「アラ（ara）」、「オカン（okàn）」、「エミ（èmi）」、「オリ（ori）」という概念が関係してくる。バデゲセンは、ヨルバ人によるそれらの言葉の用法を説明し、それらの機能的相互依存の観点から、以下のように互いに関連づけている。

まず、アラとは、肉、骨、心臓、腸など、外的および内的な構成要素を含む人間の物理的・身体的な部分である。それらは、重い、軽い、強い、弱い、熱い、冷たいなど、物理的な性質で表現される。身体は感覚を収納しているケースのようなもので、世界への窓でもある。人は感覚を通して外界を知ることができる。

しかし、興味深いことに、"Ara re lo mó" といったような、その人全体を指す表現も可能であるが、これは、「彼女は自分自身しか知らない」すなわち、「彼女は利己的である」という意味になるという。ヨルバ人では、利己的な人間は、自分の肉体の幸福にしか関心がないと考えられており、逆に言えば、もし人間が自分の精神に関心を持つならば、利己主義にはならないことを示唆している。真の幸福に必要なものを知らないからこそ、人は利己的になるのだということである。ヨルバ人にとって、人間が身体以上の存在であることは当然過ぎて、人間は身体に尽きる存在なのかという問いは真剣に提起されないという。

これも興味深いことであるが、内臓が機能を担っているように、ヨルバ人においては、論理的推論と計算能力を担う機能は「オポロ (opolo)」と呼ばれ、頭部に位置するとされている。オポロは人間の精神活動を制御するものである。精神遅滞を起こしているものはオポロが完全でない者とされ、心神喪失者はオポロが機能していない者であるとみなされている。オポロは物質的に構成されており、それが果たす機能と活動も物理的な次元で実行され、認識されることになる。

エニヤンの第二の構成要素はオカンである。ヨルバ語ではオカンは二重の性格を持っている。

まず、オカンは血液の循環を司る物理的な器官として認識されている。しかし他方、感情的、心理的反応の源としても考えられている。動揺しやすい人は「okàn がない」と言い、悲しいときは「okàn が乱れている」と言う。オカンは、igboiyà（勇敢）、èrù（恐怖）、ifẹ̀（愛）、ikóríra（憎悪）、ayọ̀（喜び）、ìbànújẹ́（悲しみ）、ojora（臆病）などの人のさまざまな感情状態の基礎とされている。

この用法では、人の感情の状態は、その人の okàn の状態と相関しているとみなされる。第一の意味では、ヨルバ語のオカンは「心臓」と訳される。しかし、ヨルバ人は、心臓の活動と感情が直結していると考えているわけではない。オポロが、論理的思考の源であるとすれば、okàn はすべての意識と感情的な反応の源であると認識されているようだ。よって、オカンの第二の機能は、アカン語でのサンサムに近いと言えるかもしれない。

エニヤンの第三の構成要素は、エミである。エミとは、非物理的なものであり、神によって与えられた生命の活動原理である。エニヤンは、最高神オロデュマーレ（Olódùmarè）と何人かの下位神によって作られた。神は、エミを与えて、生命のない身体を活性化させる。エミは、神の息吹の一部とも解釈される。しかし、物理的な「息（èémí）」とは区別され、「息」は、エミの継続的な表れと解釈される。

つまり、神の神聖な働きによって身体にエミが授けられると、身体はエミを持つようになり、呼吸を始めるのである。エミは、神の息吹の一部であるため、神の意のままに、ある人間の生命の原理として継続する。エミが神に呼び戻されると、その人間は存在しなくなる。エミは、神によって人間の体に入れられた呼吸する精神である。したがって、エミを有することは、人が神の子どもであることである。神の子どもであるゆえに、人間は害から保護される価値があるという。

エミの性質については、学者の解釈論争が絶えない。非物質的で独立した実体であると主張する研究者もいれば、それ自体は実体を持たず、人間にさまざまな活動や作用をもたらす原理や力に過ぎないという研究者もいる。

最後に、エニヤンの四番目の要素は、オリである。オカンと同様、オリにも二重の側面があり、一方では、それは物理的・身体的な頭部を指している。頭部は身体の他の部分よりも重要であり、身体的にも生命を支えるものだとされている。しかし、オリのもう一つの側面は、オリがその人の運命の担い手であると同時に、人格を決定するものとして認識されているという事実にある。

人間は、最高神と何人かの下位神の共同作業で創造された。身体の創造者は、オリサーンラー（Orisà-nlá）であり、人間創造に携わったもう一人はアジャラー（Ajàlá）で、「オリ（Orí）の陶工」と呼ばれる。オリサーンラーが身体を完成させ、最高神がエミ（活動的な生命原理、神の息）を与える。

そして、この身体と生命原理は、準意識的な個人となり、オリの製造者であるアジャラの家に移動する。その使命は、自分の人生の一部を持つことである。人生の個々の部分は、様々な色合いや色彩の様々なオリの中に巻かれている。外見は美しくても、中身は汚物でいっぱいのオリもある。見た目は不細工だが、中はしっかりしていてきちんとしているものもある。オリの内部は見ることができないが、外部は見ることができる。だから、それぞれの身体生命原理、つまり準意識的個人は、自分の「好み」に応じて、オリをひとつ摘み取る。それを拾った後、個人は天国の門番のところへ進む。そこで、拾われたばかりのオリは、その持ち主がどうなるかという巻き上げられた情報を自動的に再生し始める。個人は自分の運命を知ることになる。その後、個人は地上への旅に出るが、その途中で忘却の川を渡る。そうして運命は、忘却され、封印される。このような流れで選ばれた（摘み取られた）「オリ」こそが、個人の運命の担い手として、その人の人格を決定する。オリは肉体的な頭部に象徴されるが、それと同一ではない。オリとは内なるもの、すなわち霊的な頭なのである。

オリは、運命の担い手ではあるが、運命そのものではない。運命とは、オリに封印された人生のあらかじめ定められた部分を指す。人間にはこの運命の割り当てがあり、運命は人生の大まかな流れを決定する。オリは選択されたものであるが、その内容がはっきりわからないままに摘み取られた以上、その選択は、厳密には選択とは言えない。それゆえ、ヨルバ人は、自分のオリに自分を正しく導いてくれるように祈るのである。

ただし、怠け者の貧困が運命のせいにされることはないし、悪名高い強盗が運命のせいで罰を免れることもない。非難や罰は共同体が勝手に課すものではなく、怠け者や強盗が選んだ運命の中にすでに含まれている。つまり、強盗という生き方を選ぶという行為において、そのような生き方に伴う罰も一緒に選んでいるはずなのだ。

運命の概念は、不死と輪廻転生の信仰に関係している。ヨルバ人は、この世の死が人生の終わりではなく、死ぬ前に成熟した人間は、後の世で別の姿に生まれ変わると信じている。このため、死んだ先祖を忘れることはなく、生まれたばかりの子どもに最近亡くなった年上の家族の名前を付けることもある。運命と輪廻転生の信念に加えて、死後の世界における神の制裁の信念がある。そのため、地上にいる間に著しい悪行を働いた者は、死後に罰せられることになり、そのような者のエミは、後世に動物の体に宿り、重荷を負わせる獣になる。

このヨルバ人の人格概念をアカン人のそれと比較したときには、以下のように言えるだろう。第一に、アカン語のオクラはヨルバ語のエミに相当すると思われるが、オクラが運命の担い手として仮定されているのに対し、エミはそうではない。第二に、アカン語のサンサムは、考えるもの、感じるものとして、ヨルバ語のオカンに相当するように思われるが、サンサムは力、成功、富を決定するものとして仮定されているが、オカンはそうではない。第三に、アカン語のオクラは、ヨルバ語でのエミとオリの働きの担い手として仮定されている。

さらに、アカン人にとっては、いかなる意味でも運命を選ぶのは個人ではない。むしろ、運命を課すのは最高神であり、神は常に良い運命を課し、それは不変である。最高神が決して悪い運命を押し付けず、運命は変えられないとしたら、悪いことはどこからこの世に生まれるのだろうか。もし自分の行く道が失敗の連続であるならば、それは、自分の行動、欲望、決断、意図のせいであり、あるいは邪悪な力のせいである。失敗は、自分自身が邪悪な力によって引き起こされるのである。ここには、ヨルバ人とは異なった運命概念をみることができるだろう。

ヨルバ人のエニヤンの概念は、先に触れたように規範的である。ヨルバ人にとって、運命とは、もう一人の自分が選び、神が封印した。運命は、その人がどのような目的のために存在するかという意味である。しかし、この目的は、個人的なものではあっても、その人が属している社会的現実から切り離すことはできない。個人の存在の目的は、社会的存在の目的と複雑に結びついており、その社会の外では十分に把握することができない。

西洋の個人主義は、この点を見逃している。運命は個人の個性を表すものであるが、同時にその個性を共同体に結びつけるものでもあり、個性と共同体は絡み合っている。個性は運命と共同体への訴えかけによって意味を持つようになる。というのも、個人は共同体によって育まれ、運命という観念そのものが共同体的な経験から生まれるからである。運命とは共同体を前提とした概念なのである。

したがって人格は、西洋近代におけるように原子的な個人として存在するものではない。人が共同体に依存している以上、今度は共同体の存続に貢献することが期待される。これがエニヤンの概念の規範的側面である。個人生活の栄冠は共同体の役に立つことである。

自分の人生の意味は、社会的理想と共同体的存在へのコミットメントによって測られる。したがって、「自分の存在とは何のためにあるのか」という問いは、自分に対して常に投げかけられるわけではない。その問いは、その人が自分の共同体にとって役立たずだと判断されたときに投げかけられるのである。したがって、それは、奉仕への呼びかけである。その目的は、宇宙の善の総体に貢献することである。ヨルバ人社会では、利己主義と個人主義が忌み嫌われ、発達した共同体意識に取って代わられることが期待されている。

以上、本章では、主にアカン語とヨルバ語を取り上げながら、その真理概念や認識論、心身関係論やパーソン論を紹介してきた。西洋にもさまざまな認識論や心身関係論があるが、それらのどれとも異なる概念化が行われているのがおわかりになっただろう。

前章で紹介したように、分析哲学を学んだウィレドゥは、アフリカの哲学者はアフリカの哲学的諸概念を西洋語で理解していることを意識すると同時に、西洋の哲学的諸概念をアフリカの言語で検討できるという意識を持たねばならないと述べた。以上の論考は、この実践となるだろう。

ウィレドゥによれば、あらゆる哲学は根本的に比較哲学でなければならない。というのも、非常に異なった概念の枠組みを持つ別の文明との比較がないままに、自分の思考を推し進めるならば、それは、無自覚のエスノフィロソフィーに留まってしまうからだ。エスノフィロソフィーは、アフリカにおける無自覚の信念体系を、西洋の文明との比較で言語化して、再評価する試みであった。したがって、他の文明との比較がなければ、エスノフィロソフィーですらないのである。西洋哲学が堂々巡りをして、常に同じような結論に到達している場合には、それは、無自覚のエスノフィロソフィーは、他の文明が受け入れることによって、あたかもそれが普遍であるかのような様相を帯びるのである。その無自覚のエスノフィロソフィーが提示する問いそのものを、最初から受け入れないという態度をとることもできるはずである。カブラルが、相互の文化的差異が大きければ大きいほど、政治的自律性を保てるのだと指摘していたことを思い出そう。

そして、もう一度、ウィレドゥの指摘を繰り返しておこう。もし私たちが、他文化（たとえば東洋のものなど）の哲学的示唆から抽出した洞察と、自分たち自身の土着の哲学的資源から得た洞察とを組み合わせることができれば、「東洋と西洋の双方が何かを学ぶことができるような近代的哲学を、私たち自身と我々の民族のために創造することができるだろう」[11]。

註

（1）Latour, B. & Callon, M. (1991) *La science telle qu'elle se fait.* La Découverte.
（2）Hallen, Barry (2004) "Yoruba Moral Epistemology" in Wiredu (2004), pp. 296-303; Hallen, Barry & Sodipo, J. Olubi (1986) *Knowledge, Belief, and Witchcraft: Analytic Experiments in African Philosophy.* Stanford UP.
（3）Battaly, H. (ed.) (2019) *The Routledge Handbook of Virtue Epistemology*, Routledge.
（4）Kwasi Wiredu (1985) "The Concept of Truth in the Akan Language" in P. O. Bodunrin (ed.) *Philosophy in Africa: Trends and Perspectives.* Ife: University of Ife Press Ltd. Cf. Gyekye, Kwame. (1995) *An Essay on African Philosophical Thought: The Akan Conceptual Scheme.* Revised ed. Temple University Press.
（5）Chimakonam, J. O. (2015) "The Knowledge Question in African Philosophy: A Case for Cogno-Normative (complementary) Epistemology. in Chimakonam (2015), pp. 67-81; Kaphagawani, D. N. & Malherbe, J. (1998) "African Epistemology" in Coetzee and Roux (1998), pp. 219-229.
（6）Gyekye, Kwame (1998) "The Relation of Ōkra (Soul) and Honam (Body): An Akan Conception." Emmanuel Chukwudi Eze (ed.) *African Philosophy: An Anthology*, Malden, MA, USA, Blackwell, pp. 59-66.
（7）Wiredu (1987), p. 161.
（8）Wiredu (1992), pp. 139-40.

(9) Gyekye (1998), p. 62.

(10) Gbadegesin, Segun (2002) "Enìyàn: The Yoruba Concept of a Person," *The African Philosophy Reader*. 2nd ed. Coetzee, P. H. & Roux, A. P. J. (eds.), Routledge, pp. 175-191; Menkiti, Ifeanyi A. (2004) "On the Normative Conception of a Person," *A Companion to African Philosophy*. Wiredu, K. (ed.), Blackwell, pp. 324-331; Kaphagawani, Didier Njirayamanda (2004) "African Conceptions of a Person: A Critical Survey," *A Companion to African Philosophy*. Wiredu, K. (ed.), Blackwell, pp. 331-342.

(11) Wiredu (1995), p. 21.

おわりに

本書は、アフリカの哲学を日本に導入しようという意図で書かれた入門書である。筆者自身、まだこの分野に十二分に精通しているとは言えず、言語にしても、アカン語とヨルバ語の入門レベルを齧ったに過ぎない。本書には、まだまだ誤認や認識不足の箇所がたくさんあることであろう。アフリカの言語や政治経済、人類学、歴史の専門家からのご指摘やご教授を願うばかりである。アフリカの言語をカタカナに置き換えるのは苦労する。詳しい者の発音を聞いて、何とか表記したが、自分の耳に自信がないのが、率直なところである。

とはいえ、本書を読んで、アフリカ哲学をもっと学びたいという若手が現れてくれれば、蛮勇を振るったかいがあったというものである。

本書を執筆するにあたって、ブルース・ジャンツ氏、ファイゼル・アリー氏からは多くのことを学ばせていただいた。お礼を申し上げたい。また、筑摩書房編集部の松田健氏には、本書の企画から校正まで大変にお世話になった。深く感謝いたしたい。

謝辞

本書は、科研費挑戦的研究（萌芽）21K18343「アフリカ哲学の導入から世界哲学への発展」（研究代表：河野哲也）、および、課題設定による先導的人文学・社会科学研究推進事業（学術知共創プログラム）〈課題B〉「分断社会の超克」「身体性を通じた社会的分断の超克と多様性の実現」（研究代表：床呂郁哉）の成果の一環です。

ちくま新書

1504 アフリカ経済の真実 ——資源開発と紛争の論理　吉田敦
豊富な資源があっても、大規模開発があっても、人々は貧しいまま。それはなぜなのか？　日本では知られていないアフリカ諸国の現状を解説し、背景を分析する。

1428 アフリカを見る アフリカから見る　白戸圭一
もはやアフリカは哀れみの目で「援助」する対象ではない。アフリカ諸国の過去と現在をどうとらえ、日本はどうかかわっていくべきか。篠田英朗氏との対談も収録。

900 日本人のためのアフリカ入門　白戸圭一
負のイメージで語られることの多いアフリカ。しかし、それらはどこまで本当か？　メディアの在り方を問い直しつつ「新しいアフリカ」を紹介する異色の入門書。

1240 あやつられる難民 ——政府、国連、ＮＧＯのはざまで　米川正子
いま世界の難民は国連と各国政府、人道支援団体の間で翻弄されている。難民本位の支援はなぜ実現しないのか。アフリカ現地での支援経験を踏まえ、批判的に報告する。

1721 紛争地の歩き方 ——現場で考える和解への道　上杉勇司
カンボジアからシリア、ボスニアまで世界各地の紛争地で現地の平和に貢献する活動を行ってきた国際紛争研究者が、紛争の現場を訪ね、和解とは何かを問いなおす。

1543 駒形丸事件 ——インド太平洋世界とイギリス帝国　秋田茂　細川道久
一九一四年にアジア太平洋で起きた悲劇「駒形丸事件」。あまり知られていないこの事件を通して、ミクロな地域史からグローバルな世界史までを総合的に展望する。

1539 アメリカ黒人史 ——奴隷制からＢＬＭまで　ジェームス・Ｍ・バーダマン　森本豊富訳
奴隷制の始まりからブラック・ライヴズ・マターが再燃する今日まで、人種差別はなくなっていない。アメリカ黒人の歴史をまとめた名著を改題・大改訂して刊行。

ちくま新書

1466
世界哲学史7
——近代Ⅱ　自由と歴史的発展
［責任編集］伊藤邦武／山内志朗
中島隆博／納富信留
旧制度からの解放を求めた一九世紀の「自由の哲学」とは何か。欧米やインド、日本などでの知的営為を俯瞰し、自由の意味についての哲学的探究を広く渉猟する。

1467
世界哲学史8
——現代　グローバル時代の知
［責任編集］伊藤邦武／山内志朗
中島隆博／納富信留
西洋現代哲学、ポストモダン思想から、イスラーム、中国、日本、アフリカなど世界各地の現代哲学までを渉猟し、現代文明の危機を打開する哲学の可能性を探る。

1534
世界哲学史 別巻
——未来をひらく
［責任編集］伊藤邦武／山内志朗
中島隆博／納富信留
古代から現代までの『世界哲学史』全八巻を踏まえ、論じ尽くされていない論点、明らかになった新たな課題について考察し、未来の哲学の向かうべき先を考える。

1734
中世哲学入門
——存在の海をめぐる思想史
山内志朗
基本用語を解説しつつ、存在の問題からアヴィセンナの存在論、存在の一義性、個体化論、普遍論争へと、存在の海をめぐる思想史を丁寧に案内する決定版入門書。

1165
プラグマティズム入門
伊藤邦武
これからの世界を動かす思想として、いま最も注目されるプラグマティズム。アメリカにおけるその誕生から最新の研究動向まで、全貌を明らかにする入門書決定版。

1322
英米哲学入門
——「である」と「べき」の交差する世界
一ノ瀬正樹
夢と現実って本当に区別できるの？　この世界に実は因果関係なんて存在しない？　哲学の根本問題を経験や言語を足場に考え抜く、笑いあり涙あり（？）の入門講義。

1060
哲学入門
戸田山和久
言葉の意味とは何か。私たちは自由意志をもつのか。人生に意味はあるか……こうした哲学の中心問題を科学が明らかにした世界像の中で考え抜く、常識破りの入門書。

アフリカ哲学全史（てつがくぜんし）

二〇二四年七月一〇日　第一刷発行

著　者　河野哲也（こうの・てつや）

発行者　喜入冬子

発行所　株式会社 筑摩書房
東京都台東区蔵前二-五-三　郵便番号一一一-八七五五
電話番号〇三-五六八七-二六〇一（代表）

装幀者　間村俊一

印刷・製本　株式会社 精興社

ISBN978-4-480-07636-6 C0210

人名索引

あ行

か行

さ行

た行

な行

は行

ま行

や行

ら行

わ行

ん